教育部中等职业教育专业技能课立项教材

中等职业教育
实 战 型
电子商务系列教材

电子商务商品知识
（第二版）

主　编　欧志敏　刘生娥

PPT课件　　电子教案　　课程标准　　习题试卷　　在线课程

中国人民大学出版社
·北京·

图书在版编目（CIP）数据

电子商务商品知识/欧志敏，刘生娥主编．--2 版．--北京：中国人民大学出版社，2023.3
教育部中等职业教育专业技能课立项教材
ISBN 978-7-300-31493-8

Ⅰ.①电… Ⅱ.①欧… ②刘… Ⅲ.①电子商务—商品—中等专业学校—教材 Ⅳ.①F713.36②F76

中国国家版本馆 CIP 数据核字（2023）第 036110 号

教育部中等职业教育专业技能课立项教材
中等职业教育实战型电子商务系列教材
电子商务商品知识（第二版）
主　编　欧志敏　刘生娥
Dianzi Shangwu Shangpin Zhishi

出版发行	中国人民大学出版社			
社　　址	北京中关村大街 31 号	邮政编码	100080	
电　　话	010-62511242（总编室）	010-62511770（质管部）		
	010-82501766（邮购部）	010-62514148（门市部）		
	010-62515195（发行公司）	010-62515275（盗版举报）		
网　　址	http://www.crup.com.cn			
经　　销	新华书店			
印　　刷	中煤（北京）印务有限公司	版　次	2018 年 2 月第 1 版	
规　　格	185 mm×260 mm　16 开本		2023 年 3 月第 2 版	
印　　张	15.75	印　次	2023 年 3 月第 1 次印刷	
字　　数	374 000	定　价	45.00 元	

版权所有　　侵权必究　　印装差错　　负责调换

前 言

在数字经济发展的背景下,移动电商、跨境电商、农村电商、社交电商、新媒体电商等新型电商模式不断涌现。但无论电商模式如何发展变化,商品的管理依然是现代服务业的重要内容,学习和掌握商品知识与管理技能具有重要性和必要性。

目前,传统的商品知识教材已无法满足电商专业的教学需求。为服务教学,对接现代服务业,服务电商行业高质量发展,我们联合京东教育研究院,组织有丰富教学和实战经验的老师,进行校企"双元"合作,开发岗课赛证融通教材,着力培养现代电子商务技能型人才。

本教材根据中等职业教育电子商务专业人才培养方案的能力要求,以"商品"为核心内容,以网店运营过程中商品管理的工作过程为主线,运用工作过程系统化的思维导向,对"商品品牌""商品定位与选品""商品采购""商品定价""商品描述及展现"等核心内容,创新性地使用模块化形式进行编写。通过典型任务、理实一体,把电子商务相关的岗位要求以及全国职业院校技能大赛电子商务技能赛项的商品知识与技能有机融入教材,丰富课堂教学和实践教学环节,打造岗课赛证融通的新型教材。

本次修订是根据电商行业的发展以及教育部 2022 年新发布的《职业教育专业简介》中电子商务专业的新变化,对第一版进行了优化。在内容方面,增加了"商品定位与选品"模块;在教材形式方面,运用数字化技术,丰富每个模块的拓展资料,增加微视频,充实课后测试习题。本教材力求让读者学习更全面的商品知识,了解更新的行业现状,掌握更实用的专业技能。

本教材具有以下特色:

1. 思政引领,立德树人。教材以习近平新时代中国特色社会主义思想为指导,坚持正确的政治方向、舆论导向和价值取向,坚守教育初心,坚持立德树人。通过知识目标、技能目标、素养目标构建三维学习目标。每个模块开发了"思政园圃""新时代 树理想 铸信念"等栏目,完成了知识体系和价值体系的双轨并建,体现了教材思政特色,助力课程思政融入教学。

2. 产业特色,对接现代服务业。根据电子商务企业的岗位能力要求,以网店运营的工作流程为主线,通过典型工作,设置任务,把知识、技能有机融入教材。

3. 信息赋能,创新教材形态。运用数字化信息技术,丰富教材配套资源,通过二维码技术拓展知识,配套网课教学资源、电子课件及习题,提供在线答疑服务,形成可听、可视、可练、可互动的数字化的新形态教材。

4. 模块教学,凸显职教特色。运用工作过程系统化的思维导向模块化进行教材编写，模块知识之间的衔接以现实工作流程为基础，循序渐进，符合学生的认知规律，凸显职教特色。

本教材由广东工贸职业技术学院教师欧志敏、刘生娥担任主编，参与编写的老师具有丰富的专业教学以及企业实践经验，保证了教材的理论性与实用性。此外，中国人民大学出版社编辑在书稿修订时给予了悉心指导与帮助，在此表示感谢。

由于编者水平有限，加之时间仓促，书中难免会出现不当与疏漏之处，恳请广大读者批评指正。

编者

目 录

模块 1　商品品牌　/ 1

第 1 节　品牌基础　/ 3

第 2 节　品牌设计　/ 11

第 3 节　品牌传播　/ 20

第 4 节　品牌延伸　/ 31

模块 2　商品定位与选品　/ 40

第 1 节　商品定位　/ 42

第 2 节　选品基础　/ 49

第 3 节　淘宝选品　/ 60

第 4 节　1688 选品　/ 68

第 5 节　抖音选品　/ 77

模块 3　商品采购　/ 87

第 1 节　商品采购基础　/ 89

第 2 节　供应商选择　/ 97

第 3 节　商品采购洽谈　/ 104

第 4 节　商品采购实施　/ 115

第 5 节　商品采购评价　/ 124

模块 4　商品定价　/ 134

第 1 节　商品定价的基础　/ 136

第 2 节　商品的成本计算　/ 144

第 3 节　商品定价的方法　/ 149

第 4 节　商品定价的策略　/ 159

第 5 节　商品定价的技巧　/ 166

模块 5　商品描述及展现　/ 179

第 1 节　服装类商品的描述及展现　/ 181

第 2 节　鞋类商品的描述及展现　/ 193

第 3 节　化妆品类商品的描述及展现　/ 205

第 4 节　厨房电器类商品的描述及展现　/ 216

第 5 节　塑料制品类商品的描述及展现　/ 229

参考文献　/ 245

模块 1

商品品牌

📹 模块背景

小明计划经营一家网店，跟很多电子商务的初学者一样，他没有商品品牌意识，对品牌的重要性也未曾理解，所以不知道应怎样创立属于自己的品牌。在注册申请网店的时候，应该如何根据品牌给自己的网店命名，怎样才能让品牌更好地发展……由于没有任何商品经营与管理的经验，因此他感到十分迷惘。

品牌是消费者对网店及其产品、售后服务、文化价值的一种评价和认知，是一种信任。品牌也是商品综合品质的体现和代表，当人们想到某一品牌的同时总会和时尚、文化、价值联想到一起。电商企业培育品牌就是在不断地创造时尚和引领潮流，随着企业做强做大，品牌能带动企业商品不断从低附加值向高附加值升级，向着产品的开发优势、质量优势以及文化创新等高层次优势转变。

如何正确理解品牌？如何发挥品牌的作用？如何进行品牌的设计？如何传播和延伸品牌？带着这些问题，我们一起来学习商品品牌的相关知识。

💻 模块目标

知识目标：

1. 了解品牌的概念、作用和分类；
2. 理解品牌设计的原则和策略；
3. 熟悉品牌延伸的概念、作用、风险及策略；
4. 熟悉商品定位的概念、特征、内容、步骤及方式。

技能目标：

1. 能对品牌的内涵进行分析；
2. 能为店铺进行品牌设计；
3. 能够根据网店的运营目标选择品牌传播方式，制定品牌传播方案；
4. 能根据网店的发展进行品牌延伸。

素养目标：

1. 树立品牌意识，讲好中国故事，建立民族品牌自信，培养民族情怀；
2. 培养乡村振兴情怀，树立品牌发展意识，助力乡村振兴；

3. 树立品牌传播意识和创新意识，培养审美思维，传播品牌的正能量；
4. 树立创新发展精神，培养善于因时制宜、知难而进、开拓创新的科学思维方法。

模块内容

第 1 节　品牌基础
第 2 节　品牌设计
第 3 节　品牌传播
第 4 节　品牌延伸

思政园囿

高举中国特色社会主义伟大旗帜，全面贯彻习近平新时代中国特色社会主义思想，弘扬伟大建党精神，自信自强、守正创新，踔厉奋发、勇毅前行，为全面建设社会主义现代化国家、全面推进中华民族伟大复兴而团结奋斗。这是党的二十大的主题。

党的十九大以来的 5 年，是极不寻常、极不平凡的 5 年。5 年来，以习近平同志为核心的党中央，高举中国特色社会主义伟大旗帜，全面贯彻党的十九大和十九届历次全会精神，团结带领全党全军全国各族人民，统揽伟大斗争、伟大工程、伟大事业、伟大梦想，有效应对严峻复杂的国际形势和接踵而至的巨大风险挑战，以奋发有为的精神把新时代中国特色社会主义不断推向前进，攻克了许多长期没有解决的难题，办成了许多事关长远的大事要事，推动党和国家事业取得举世瞩目的重大成就。

高举中国特色社会主义伟大旗帜、全面贯彻习近平新时代中国特色社会主义思想，是要郑重宣示，全党必须坚持以马克思主义中国化时代化最新成果为指导，坚定中国特色社会主义道路自信、理论自信、制度自信、文化自信，坚持道不变、志不改，确保党和国家事业始终沿着正确方向胜利前进。

职业岗位介绍

岗位名称：品牌专员
品牌专员是指在企业中协助品牌主管执行品牌推广计划、扩大品牌知名度的工作岗位。
岗位职责：
1. 定期分析市场情况，并提出有效的品牌推广建议；
2. 负责企业的品牌创意设计及品牌策划工作，形成策划方案；
3. 根据品牌定位方向，参与新品开发，完成和优化产品包装及配套物料的创意设计；
4. 做好企业品牌的保护工作，规范公司品牌形象的使用，监督、指导相关部门涉及品牌使用部分的工作；
5. 根据立项要求，完成品牌整套从调研、定位、文化概念化、视觉系统化、视觉衍生产品化的方案。
岗位要求：
1. 基本要求：热爱本行业及岗位工作，做事认真，严谨细致，有责任心，具备良好的敬业精神和团队协作能力。

2. 岗位知识：具备必要的品牌基础知识，了解品牌对企业发展的作用，对品牌设计的原则和策略有一定认识，熟悉品牌延伸的作用、风险及策略，熟悉商品定位的概念、特征、内容、步骤及方式。

3. 岗位技能：熟悉PS等平面设计软件，具备一定的审美能力和市场分析能力，能根据市场情况对市面上的同行品牌进行分析，能进行品牌创意设计工作，能结合需求制定品牌延伸规划，能制定商品定位方案。

▶ 第1节 品牌基础

▶ 学习目标

知识目标：
理解品牌的概念；
了解品牌的作用；
熟悉品牌的分类；
掌握品牌与商标的区别。

技能目标：
能够对品牌的内涵进行分析。

素养目标：
树立品牌意识，讲好中国故事，建立民族品牌自信，培养民族情怀。

案例导入

完美日记凭什么成为国货之光？

众所周知，完美日记的受众是一众年轻女性与学生群体，他们对价格的敏感度极高，相较于其他美妆品牌，更有竞争力的价格是激发他们买单的利器。国际大牌的"御用"代工厂，更丰富且多元化的产品，售价坚持"性价比"，售价仅为其他国际品牌的一半或者更低，完美日记物美价更美的品牌"人设"已然立住了。

2019年双十一，公司主品牌完美日记力压一众国际大牌，成为彩妆品类销售第一名，颠覆了中国美妆品牌的成长历史。2020年双十一，完美日记再次成为彩妆品牌No.1。一系列的突破和佳绩也让完美日记在品牌上的玩法更加多元化，如找目标用户追捧的流量明星来提升购买力，从而使年轻新潮的品牌形象进一步深化，个性青春的完美日记也被更多的消费者所接受。然而，完美日记并未止步新潮个性的品牌形象，而是希望在此基础上进行品牌升级。

关于品牌升级，完美日记是认真的，2020年4月，完美日记推出了全新品牌Logo，将无衬线体Logo换成奢侈品常见的交错式Logo，努力打造高端品牌。更重要的是，其

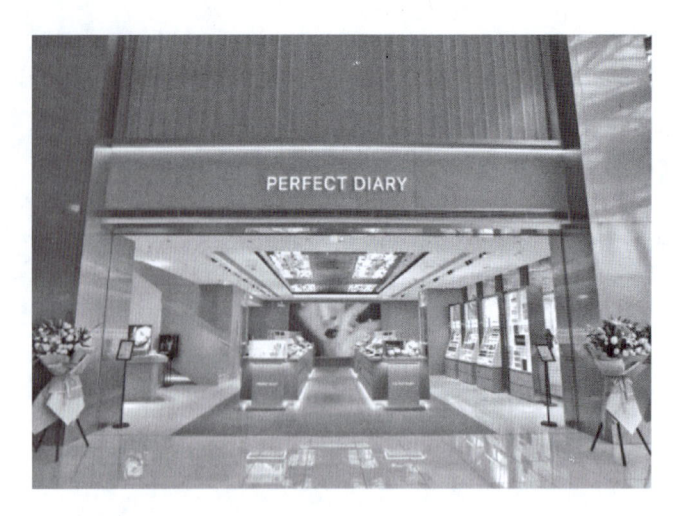

早已通过对线下渠道的拓展表现出十分的诚意。

"美妆品类讲求'望闻问切'——看得见、摸得到、易上手、拍得美。打通线上、线下渠道，才能撬动美妆新零售的新增长点。"完美日记70%的销售都来自线上的天猫，线下门店定位不是追逐销售成绩而是看重消费者的消费体验。从线上开始，再回到线下开店，这样就完成了一个新零售的闭环。

品牌线上线下联动，用户能够在线上线下形成一个闭环，无论任何时间、地点，都可以从不同的角度和维度得到产品的服务，继而完成品牌升级，增加竞争筹码，提升市场竞争力，最终在营收利润上有直观的体现。

思考：

品牌对电商企业的发展有什么作用？

（案例来源：年鑫. 仅4年，从0到800亿，它凭什么成为国货之光？［EB/OL］.（2021-01-20）[2022-09-06]. https://baijiahao.baidu.com/s?id=1689380701321250941）

知识介绍

一、品牌的概念

品牌是企业重要的无形资产，是企业生存和发展的核心要素之一。企业拥有强势品牌就能拥有市场，从而获得高利润。可以说，未来市场的竞争将是品牌的竞争。

品牌是用以识别某个或某群销售者的产品或服务，并使之与竞争者的产品或服务相区别的商业名称及标志，通常由文字、标记、符号、图案和颜色等要素或它们的组合所构成。

品牌是一个集合概念，它包括品牌名称（Brand Name）和品牌标志（Brand Mark）两部分。品牌名称是品牌中可以用语言称呼的部分，也称为"品名"，如美的（Midea）、海尔（Haier）等；品牌标志也称"品标"，是品牌中易于识别与记忆，但不能用语言称呼的部分，

拓展资料

国家电网位列世界品牌500强，中国品牌第一位

通常由图案、符号或特殊颜色等构成，如耐克的对钩造型、麦当劳的金拱门造型、香奈儿的双C造型等。

> 想一想
>
> 你最喜欢的电商品牌有哪些？

品牌，从其实质来说，代表着卖家对交付给买家的产品特征、利益和服务的一致性的承诺。好的品牌可以保证商品的质量，但品牌是企业很复杂的代号。品牌的概念总结起来有六个层次。

1. 属性

品牌代表着商品本身特定的属性，这是品牌最基本的含义。企业可以将商品的若干种属性作为宣传推广品牌的重要内容。例如，奥迪轿车意味着价格昂贵、工艺精湛、马力强大、制造优良、信誉良好、耐用、身份尊贵、设计大气等。

2. 利益

品牌代表着商品所具有的特定的利益。商品属性能给买家带来的好处就是利益，买家购买一款商品并不是购买它的属性，而是购买商品所带来的利益。这就需要我们将商品的属性转化为功能性利益或情感性利益。一般情况下，品牌利益受制于品牌属性。例如，奥迪轿车价格昂贵的属性可以转化为情感性利益，"这车可以令人羡慕，拥有这辆车可以让我感觉到自己很重要，也会受到他人的尊重"；其耐用的属性可以转化为功能性利益，"这车可以使用多年依然性能稳定，我不需要因为它的质量问题重新购买一辆新车"。

3. 价值

商品给买家提供的利益的提炼就是品牌的价值。这里的价值有三种含义：产品功效方面的价值性；买家情感满足方面的价值性；买家自我表达方面的象征性价值。例如，奥迪轿车代表着尊贵、安全、声望等。

4. 文化

品牌体现着特定的文化，是指隐含在品牌中精神层面的内容。例如，"百事可乐"这个品牌蕴含着"年轻、快乐"的美国文化，"香奈儿"蕴含着"优雅、浪漫"的法国文化，"奥迪"则蕴含着"组织严密、高效率和高品质"的德国文化。

5. 个性

一个人的个性，可以从其选择的品牌中有所体现。不同的品牌会使人产生不同的品牌个性联想。"奥迪"可能会让人联想到一位工作严谨、认真的老板，"百事可乐"可能会让人联想到一位新潮、活泼的年轻人。

6. 用户

品牌可以体现购买或使用产品的用户类型。品牌可以将用户区别开来，这种区别可以从用户的年龄、收入等表象特征中体现出来，但更多地体现在用户的心理特征和生活方式上。例如，我们看到一位20多岁的大学生开着一辆奥迪轿车有可能会感到惊讶，但我们看到一位事业成功的企业家或高级经理开着奥迪轿车会觉得很正常。

价值、文化和个性是品牌最持久的含义，它们是品牌的基础。我们可以通过价值、文化和个性来揭示各个品牌之间差异的实质。例如,"奥迪"的"高技术、高品质、成功"是其价值和个性的体现,"奥迪"品牌所属公司需要在其品牌战略中反映出这些价值和个性。

> **想一想**
>
> 你喜欢的那些品牌对你来说意味着什么呢?

二、品牌的作用

品牌的作用可以从多个角度来阐述,以下主要从品牌对买卖双方的不同作用来加以说明。

1. 品牌对卖家的作用

(1) 品牌有助于促进商品的销售。简洁、明快、易读易记的品牌特征,可以使买家对品牌下的商品质量、特征产生好的印象。因此,品牌是企业促销的重要基础。通过品牌,买家了解了品牌标定下的商品;通过品牌,买家在记住商品的同时,也记住了企业;通过品牌,即使商品不断更新换代,买家也会因对品牌的信任而产生新的购买欲望,这也正是我们平常所说的品牌忠诚度。

(2) 品牌有利于保护品牌所有者的合法权益。品牌经注册后获得商标专用权,其他任何未经许可的企业和个人都不得仿冒侵权,从而为保护品牌所有者的合法权益奠定了客观基础。

(3) 品牌有利于约束卖家的不良行为。品牌是一把双刃剑:一方面,品牌容易被买家认知、记忆,从而有利于商品的销售,品牌一旦被卖家注册,则会起到保护卖家利益的作用;另一方面,品牌对卖家也起着约束作用,为了企业的可持续发展,卖家必须规范自己的营销行为,不能做损害买家利益及社会利益的事情。

(4) 品牌有助于扩大产品组合。一般来说,卖家不可能只经营一种产品,其需要生产经营多种产品以适应买家的需求。而多产品组合并不是一成不变的,会依据市场的变化和需求,不断地更新产品,淘汰市场上已不为人接受的老产品,这是一个动态的过程,是企业产品策略的重要组成部分。卖家开发新产品或扩大产品组合时,品牌对其来说就是一股强大的无形力量。如果没有品牌,再好的新产品和新服务,也会因买家无从记忆而无助于产品更新或产品扩张。而一旦有了品牌,买家对品牌具有忠诚度后,则该品牌标定下的产品组合的更新和扩大,都比较容易为买家所接受。

(5) 品牌有利于卖家实施市场细分战略。不同的品牌对应不同的目标市场,这样针对性强,有利于进占、拓展各细分市场。

> **小提示**
>
> 原来品牌具有这么多作用,卖家更要有品牌意识才行!

2. 品牌对买家的作用

（1）品牌便于买家辨认、识别所需商品，有助于买家选购商品。随着科学技术的发展，商品的科技含量日益提高，对买家来说，同类型商品间的差别越来越难以识别。由于不同的品牌代表着不同的商品品质、不同的利益，所以，有了品牌，买家即可借助品牌辨别、选择所需商品。

（2）品牌有利于维护买家利益。有了品牌，卖家以品牌作为促销基础，买家认牌购物。卖家为了维护自己品牌的形象和信誉，十分注重同一品牌的产品质量水平同一化。因此，买家可以获得稳定的购买利益。

（3）品牌可促进卖家对产品进行改良，有益于买家。由于品牌实质上代表着卖家对交付给买家的产品特征和利益的承诺，所以，卖家为了适应买家需求的变化，适应市场竞争的客观要求，必然会不断更新或创制新产品，以变更、增加承诺。这是卖家的选择，也是买家的期望。可见，迫于市场的外部压力和企业积极主动迎接挑战的动力，品牌最终会给买家带来更多的利益。

品牌的作用还表现在有利于市场监控、维护市场运行秩序、发展市场经济等方面。

新时代　树理想　铸信念

海尔，中国品牌的骄傲

海尔是世界白色家电著名品牌，1984年创立于中国青岛。目前，海尔在全球建立了21个工业园，24个制造厂，10个综合研发中心，19个海外贸易公司，全球员工超过7万人。2010年，海尔全球营业额实现1 357亿元，品牌价值855亿元，连续9年蝉联中国比较有价值品牌榜首。海尔积极履行社会责任，援建了128所希望小学和1所希望中学，制作212集科教动画片《海尔兄弟》，是2008年北京奥运会全球白电赞助商。

海尔商标的演变是海尔从中国走向世界的见证。海尔的故事，就是一部中国企业商标创业史。1985年，海尔刚起步时，电冰箱生产技术从德国利勃海尔公司引进先进技术和设备，产出亚洲第一代"四星级"电冰箱，当时双方签订的合同规定，为体现双方合作，海尔可在德国商标上加注在青岛的厂址，于是海尔引进"琴岛—利勃海尔"作为公司的商标（琴岛，青岛的别称）。当时从冰箱装饰考虑，设计了象征中德儿童的吉祥物"海尔图形"（海尔兄弟），"琴岛—利勃海尔"和"海尔兄弟图形"成为企业第一代识别标志。

这些识别标志经广泛宣传，使海尔商标深入人心，为企业发展起到了积极作用。到20世纪80年代末90年代初，"琴岛—利勃海尔"冰箱在中国已是家喻户晓，成为优质产品的代名词。

（案例来源：品牌网．海尔品牌故事［EB/OL］．（2012-10-11）［2022-09-06］．https://www.chinapp.com/gushi/37181．）

三、品牌的分类

1. 根据品牌知名度的辐射区域划分

根据品牌的知名度和辐射区域划分，可以将品牌分为地区品牌、国内品牌、国际品牌。

地区品牌是指在一个较小的区域之内生产销售的品牌。例如，地区性生产销售的特色产品。这些产品一般在一定范围内生产、销售，产品辐射范围不大，主要是受产品特性、地理条件及某些文化特性影响，这有点像地方戏种——秦腔主要在陕西、晋剧主要在山西、豫剧主要在河南等现象。

国内品牌是指国内知名度较高，产品辐射全国，全国销售的品牌。

国际品牌是指在国际市场上知名度、美誉度较高，产品辐射全球的品牌。

2. 根据品牌产品生产经营的不同环节划分

根据产品生产经营的所属环节可以将品牌分为制造商品牌和经营商品牌。制造商品牌是指制造商为自己生产制造的产品设计的品牌。经销商品牌是经销商根据自身的需求及对市场的了解，结合企业发展需要创立的品牌。

3. 根据品牌来源划分

根据品牌的来源可以将品牌分为自有品牌、外来品牌和嫁接品牌。自有品牌是企业依据自身需要创立的。外来品牌是指企业通过经营、兼并、收购或其他形式而取得的品牌。嫁接品牌主要指通过合资、合作方式形成的带有双方品牌的新产品。

4. 根据品牌的生命周期长短划分

根据品牌的生命周期长短来划分，可以分为短期品牌、长期品牌。

短期品牌是指品牌生命周期持续较短时间的品牌，由于某种原因在市场竞争中昙花一现或持续一时。

长期品牌是指品牌生命周期随着产品生命周期的更替，仍能经久不衰、永葆青春的品牌。

5. 根据品牌产品内销或外销划分

依据产品品牌是针对国内市场还是国际市场可以将品牌划分为内销品牌和外销品牌。由于世界各国在法律、文化、科技等宏观环境方面存在巨大差异，一种产品在不同的国家市场上有不同的品牌，在国内市场上也有单独的品牌。品牌划分为内销品牌和外销品牌对企业形象整体传播不利，但由于历史、文化等原因而不得不采用，对于新的品牌命名应考虑到国际化的影响。

6. 根据品牌的行为划分

根据品牌产品的所属行业不同可将品牌划分为家电业品牌，食用饮料业品牌、日用化工业品牌、汽车机械业品牌、商业品牌、服务业品牌、服装品牌、女装品牌、网络信息业品牌等几大类。

除了上述几种分类外，品牌还可依据产品或服务在市场上的态势划分为强势品牌和弱势品牌等。

四、品牌与商标

1. 商标

商标是将某商品或服务标明是某具体个人或企业所生产或提供的显著标志,是经有关政府机关注册登记、受法律保护的整体品牌或该品牌的某一部分。商标可以是文字、字母或数字,也可以是它们的组合,还可以是图形、符号、立体标志、听觉标志、香味或具有区别特征的颜色等。商标注册人享有商标专用权,商标保护期限长短不一,期满之后,只要另外缴费,即可对商标予以续展,次数不限。

2. 品牌与商标的区别

(1) 品牌与商标的概念不同。品牌是一个市场概念,商标是一个法律概念。商标最大的特点是具有独占性,这种独占性是以法律来做保证的。而品牌是一种名称、术语、标记、符号或图案,或是它们的组合,是用来识别和区分其他组织及其产品或服务的。品牌最大的特点是它的差异化的个性,这种个性是通过市场来验证的。

(2) 品牌与商标的构件不同。一般而言,品牌的构件比商标的构件丰富。商标的构件是静态的,是图案、文字或二者的组合。而品牌的构件则由静态和动态两大部分组成,静态部分包括名称、图案、色彩、文字、个性、文化及象征物等,动态部分包括品牌的传播、促销、管理、维护、公关活动等。

(3) 品牌与商标的使用区域范围不同。商标有国界,而品牌无国界。每个国家都有商标法,在一国注册的商标只能在该国范围内使用,受该国法律保护,超过国界就失去了该国的保护,该商标不再具有排他性。而品牌与商标则不同,如"龙"及其图案在本国是品牌,在其他国家也是品牌,只是品牌的所有者不同而已。

> **小提示**
>
> 大家要注意品牌和商标的不同!

(4) 品牌与商标使用的时效不同。品牌的时效取决于市场,商标的时效则取决于法律。各国对商标的使用都有一定的年限要求,一些国家规定商标的使用年限为20年,我国商标法规定为10年,到期可以续注。事实上,商标具有永久性权利,而品牌则不同,即使法律允许,市场也不一定接受。品牌生命力的长短在于市场以及经营者的能力。

(5) 商标要注册审批,品牌只需使用者自己决定。注册商标必须经过法定程序才能取得,在注册成功之前称之为商标,宣称有独占性权利是不当的。一个标志、一个名称或两者组合能否成为商标不取决于企业,而取决于法律所规定的具有审批权的权力机构——商标局评审委员会。品牌则不同,公司随便取一个名称,请人画个图案就可以是品牌,而且用不用或怎么用都不需要谁来批。当然,一旦选定一个品牌,还是尽量去注册,以防品牌做大之后被别人抢注成商标,因为不是商标是不受法律保护的。

(6) 品牌与商标的延伸形式不同。品牌发展到一定程度可以从某一品类延伸到另外某一品类。如娃哈哈可以从营养液到果奶再到纯净水等。品牌的延伸没有改变品牌，因为品牌的名称、标志和图案等没有改变。但按照我国商标法的规定，当品牌延伸到一种新品类时，就必须作为一种新商标重新进行商标登记注册。因此，商标延伸必须进行申请注册，并标明用于什么产品。

岗位任务训练

品牌案例分析

● 工作典型任务：品牌案例分析

企业在进行品牌策划与管理过程中，应该定期分析市场上现有同行品牌的情况，知己知彼，才能脱颖而出。在对市场上品牌分析过程中，应该做充分的调研，能明确其品牌含义，能合理分析及评价该品牌，提出可行性建议，从而指导自有品牌的创立和发展。

● 训练目的

通过对知名品牌的案例进行分析，理解品牌的重要性，培养品牌意识。

● 训练内容

选择一个感兴趣的品牌，对该品牌进行分析。

● 训练要求

在品牌案例分析的过程中，需要结合本节课程的知识，明确品牌的含义和作用，做出合理的评价并提出可行的建议。

● 训练评价

训练测评				
序号	测评内容	分值	自评	小组评
1	品牌明确	10		
2	商标明确	10		
3	品牌含义明确	20		
4	品牌作用明确	20		
5	能对品牌进行合理分析，做出合理评价	20		
6	提出的建议具有可行性	20		
合计：		100		
学生体会：				
教师评语：				

案例评析

完美日记的成功，除了和销售渠道有关系，还和品牌的树立、企业文化的建立是紧密联系在一起的。

品牌对电商企业的发展的作用主要体现在：产品品牌建设经过优化升级后，可升级为企业品牌。企业品牌即是企业核心价值观的外观，品牌融入企业文化，使企业与时俱进富有生命力，所以品牌建设对于电商企业发展来说具有重要意义。

本节小结

知识方面：通过本节课程的学习，我们对品牌的概念、作用、分类有了初步的认识，了解了品牌与商标的区别。

技能方面：通过分析现有的品牌案例，理解了品牌对于企业发展的重要性，能对企业品牌的发展提出合理化建议。

通过知识的学习及技能的训练，达到了知行合一、学以致用的效果。本节课程我们学习了品牌的基础知识，为后续进行品牌设计打好了基础。

拓展实践

利用课余时间了解一下商标注册流程。

课后复习与思考

1. 什么是品牌？
2. 品牌的作用有哪些？
3. 品牌的分类有哪些？
4. 品牌与商标的区别是什么？

第 2 节 品牌设计

学习目标

知识目标：
了解品牌品名设计的原则；
掌握品牌命名的策略；
了解品牌标志设计的原则；
掌握品牌标志的分类。

技能目标：
能为店铺进行品牌品名和标志的设计。
素养目标：
培养乡村振兴情怀，树立品牌发展的意识，助力乡村振兴。

案例导入

为何最后叫小米？

现在很多互联网公司起的公司名字都代表了创办人的一种情怀或者美好的愿望，小米就是其中之一，不仅名字简单容易记，还包含了很多深层的寓意。

雷军当时其实是想叫红星科技的，因为红星更能代表他创业的决心。一颗红星放光芒，也代表了企业的创办初衷，但是因为工商那一关没有过去，后来就改叫小米了。小米其实就是"小米加步枪"的意思，代表了小米以小博大的决心。后来发现小米也确实符合公司的战略定位，经济实用，人人都能买得起，于是小米这个名字一直沿用下来，同时公司也保留了庆功宴必喝小米粥的传统。

小米公司正式成立于2010年4月，是一家专注于高端智能手机、互联网电视自主研发的新型科技企业。主要由前谷歌、微软、摩托罗拉、金山等知名公司的顶尖人才组建。"为发烧而生"是小米公司的产品理念。小米公司首创了用户联网模式开发手机操作系统、60万发烧友参与开发改进的模式。

小米，一个听起来亲切而平凡的名字，但是却不平庸。小米的标志设计简单却又能体现其用心。mi是米的汉语拼音，正好对应其中文名称。"MI"形，有 Mobile Internet 和 Mission Impossible 两层含义。Mobile Internet 代表小米是一家移动互联网公司；Mission Impossible 强调了小米应对挑战的突破能力。小米的 Logo 倒过来看就是一个少了一点的心字，寓意着让消费者放心一点、省心一点。

(案例来源：手机品生活. 小米 logo 的由来和寓意［EB/OL］.（2022-04-18）［2022-09-06］. https://view.inews.qq.com/k/20220418A03NYW00.）

思考：
1. 小米的品牌设计遵循了哪些原则？
2. 品牌设计对企业的发展有什么作用？

知识介绍

品牌命名是创立品牌的第一步，一个好的品牌名称是一个网店、一个商品拥有的永久性的精神财富。一个好的品牌名称不仅可以帮助消费者进行品牌认知，还可以在消费者的认知中建立相应的品牌联想。当然，前提是必须依据产品品类及一些特点来选择一个恰当的名称。

一、品牌品名设计原则

1. 易于传播原则

易于传播原则是创造品名的核心，由易识别、易传播、易记忆三个方面的要求共同组成。

（1）易识别。品名长度应该适中，名称太长会让消费者难以记忆，名称太短则消费者会难以识别。一个字的品名特别容易产生歧义，还可能招致竞争对手的恶意模仿而引起误会。如品牌"派"和品牌"哌"就难以区分。

（2）易传播。从心理学的角度讲，易传播的品牌名称字数不应超过4个，超过4个字的品名被传播的可能性会迅速递减。另外，在选字时尽量不要用生僻字或谐音字，因为越难传播的名称，其宣传成本就越高。比如：嬰婗游泳馆，这样的品名词语生僻，不易传播。

（3）易记忆。记忆在消费者的心理活动中起着极其重要的作用。实际上，这不仅发展、深化了认识过程，而且还把认识过程和情感过程联系起来。如"三只松鼠""小红书""饿了么"读起来朗朗上口，响亮易记。

2. 易于联想原则

一个优秀的品名是能够引发消费者联想的。要想使消费者朝着设计好的方向联想，就需要设计有丰富内涵的品名。

好的品名设计一定要使品名蕴含一种深刻的理念，能够引发消费者的联想，从而影响消费者行为。在品名设计时，既要让名称蕴含企业所要传达的理念，又要在用词方面达到一定的抽象程度，要确保该品名可以引发消费者的联想。因此，品名的设计最好不要太具体，包容度要大，能给人以一定的联想空间。

> 小提示
>
> 有这么多品牌品名设计原则，看来给品牌命名可不能随随便便！

3. 易于延伸原则

易于延伸原则，是指品名能扩展到其他的产品上。一个优秀品牌的品名设计既要符合产品定位和品牌定位，又要兼顾今后企业经营发展的需要。

一般认为，品牌延伸是指将一个著名品牌或某一具有市场影响力的成功品牌延伸到与成名品牌或与原产品不同的产品上。例如，当初只是用一部"为发烧而生"的手机走天下的小米科技，现在已经形成了一条小米生态链。小米不仅仅代表着手机，而且还延伸为一个具有丰富产品生态链的品牌。

4. 适应性原则

适应性原则是指品名的使用能适应时间、空间及消费者的变化。品名的设计在时间上不能有过强的时代特征，因为时过境迁后品名会随之陈旧过时；在空间上要注意地域差异引起的文化冲突，还要尊重各地区消费者不同的消费文化和消费习惯。此外，品名的适应性还包括以下几个方面：

（1）品名的选择设计遵循与企业的经营风格相适应的规律。

（2）品名的设计与产品及所处行业相适应。

（3）品名要与目标消费者的心理相适应。

"IKEA"是瑞典家具品牌，即便在瑞典也很少有人知道"IKEA"是什么意思。事实上，IKEA 是该品牌创始人 Ingvar Kamprad 和他的农场名 Elmtaryd 及村庄名 Agunnaryd 的首字母组合。进入中国时，聪明的中译者赋予了它"宜家"这一美好的含义。"宜家"在中国市场的反响，证明了这一品名设计的成功。中文名"宜家"不仅没有时代印记，还体现了品牌定位及产品适宜家居使用的含义。

5. 可保护性原则

可保护性原则是指品名在法律意义上得到充分的保护，最好可以在全球注册，尽量避免使用已经被注册的品名。例如，联想集团将原先使用的英文名称 legend 改成 Lenovo，联想在解释更名动机的时候说："联想品牌要国际化，首先需要一个可以在世界上畅通无阻的、受人喜爱的英文品牌，但 legend 的英文名在国外许多国家已经被注册。所以必须未雨绸缪，为公司未来业务拓展做好先行部署。"联想英文品名的变更充分诠释了可保护性原则的重要性。

> **想一想**
>
> 终于了解清楚品名设计的原则了，那么在品牌命名中有什么策略可以运用呢？

二、品牌命名策略

1. 从产品带给消费者的不同利益层面来命名

（1）功效性品牌。

这类品牌以产品的某一功能效果作为品牌命名的依据，如奔驰（汽车）、飘柔（洗发水）、波音（飞机）、佳能（相机）、捷豹（汽车）、舒肤佳（香皂）、汰渍（洗衣粉）等。

（2）情感性品牌。

这类品牌以产品带给消费者的精神感受作为品牌命名的依据，如金利来（服装）、美的（家电）、百威（啤酒）、七喜（饮料）、万事达（信用卡）等。

（3）中性品牌。

这类品牌没有具体意义，呈中性。如海尔（家电）、索尼（电器）等。

2. 以品牌本身的来源渠道命名

（1）以姓氏人名命名。

国内外都非常流行以姓氏人名作为品牌名。法国最早报道品牌商品的一篇文章说："消费者可以完全相信那些印有生产者自己名字的商品的质量，因为我们很难想象，哪一位生产者敢用自己的名字开玩笑。"用创始人名字命名成为一种通用的方法。有的创始人不但以自己的名字作为品牌名，还把自己的经历撰写成传奇故事，使品牌注入了文化元素。例如：李宁（创始人"体操王子"李宁）、adidas（创始人 Adolf Dassler 的小名 adi 加上姓的前 3 个字母 das 的组合）、福特汽车（创始人福特）等。

用作品牌名的姓氏人名还可以是虚拟的姓氏人名，例如神话故事或文学作品中的人物，如太阳神、悟空等。

（2）以地名命名。

用地名命名商品品牌，可以跟同行竞争者区别开来，起到商品唯一性的标志作用，所以许多企业会以地名作为商品品牌的名称。例如，中国的"珠江啤酒"来自广州，"贵州茅台"来自贵州茅台镇等。

除了使用真实地名来命名之外，也可以借助神话或小说中令人向往的地名来借势成名。香格里拉于 20 世纪 30 年代出现在英国作家詹姆斯·希尔顿创作的小说《失落的地平线》中而被世人所向往，它风景宜人，犹如世外桃源，后来被用作酒店的品牌名。

各国目前对于以地名作为品牌名的做法有不同程度的限制，根据我国《商标法》的规定，县级以上行政区的地名或公众知晓的外国地名不得作为商标，但是具有其他含义的除外。

（3）以物名命名。

以物名命名主要指以动植物名称命名的方式，如三只松鼠、小米、猎豹、骆驼、小天鹅、芙蓉、荷花、苹果、牡丹等。以动植物名称命名可以将人们对动植物的喜好转嫁到品牌身上，如熊猫的珍贵可爱对于极品香烟、猎豹的勇猛对于越野汽车、小天鹅的美丽纯洁对于洗衣机等。

（4）以现成词组合命名。

以现成词组合命名使用的词汇是可以从词典中找到的，有些还可以体现产品的功能或性质。如雷朋（Ray-Ban）太阳眼镜的功能是抵挡（ban）光线（ray），其广告语是"Ray-Ban, bans rays"。

（5）自创命名。

自创命名使用的品牌名一般是词典里没有的，它是经过设计与创造，为品牌量身定做的新词。这些新词使得品牌更容易被消费者识别，具备了一定的独特性，易于注册。此外，由于自创的词语并没有固定的含义，所以具备较强的转换性，可以囊括更多的产品种类。如日本的索尼（Sony）、中国的海尔（Haier）和联想（Lenovo）都是管理人员创造的一个新名词，都成了世界知名品牌。

3. 以品牌的文字类型命名

（1）以汉字命名。

以汉字命名的品牌名即中文品牌，这类品牌不仅是国内企业最主要的命名方式，而且也是一些国际品牌进入中国后实施本地化策略的命名方式。如黛安芬（Triumph）、桑塔纳（Santana）、劳斯莱斯（Rolls-Royce）、奥林巴斯（Olympus）、欧宝（Opel）等。

（2）以拼音命名。

以拼音为品牌命名是国内企业的独特做法，如 CHANGHONG（长虹）。拼音品牌一般与汉字品牌组合使用。

(3) 以数字命名。

因容易出现雷同，这类品牌比较少，我们常见的有999（药业）、555（香烟）、7-11（便利店）等。

(4) 以外语命名。

这是国外品牌的常见命名方式，而国内品牌要想进入国际市场，也需要给自己的品牌设计一个外语名称，如格力（GREE）、奥马（Homa）等。也可以利用首字母命名品牌赋予品牌美好的意义，如美国著名香烟万宝路（Marlboro）是英文短语"Men always remember love because of romantic only（爱情永记，只随浪漫）"的缩写，它也是万宝路的初始定位。

> **小提示**
>
> 有这么多品牌命名的好方法呀！那我可以参考用起来啦！

新时代　树理想　铸信念

吹响乡村振兴品牌化号角

乡村兴，国家兴。全面建成小康社会和全面建设社会主义现代化强国，艰巨而繁重的任务在农村，广泛而深厚的基础在农村，潜力和后劲也在农村。乡村振兴是三农工作的抓手，产业兴旺是乡村振兴的抓手，品牌强盛是产业兴旺的抓手。乡村振兴的总目标是"产业兴旺、生态宜居、乡风文明、治理有效、生活富裕"，其中都离不开品牌的参与。

位于浙北山区的湖州市安吉县孝丰镇白杨村，正走上一条品牌振兴之路。如今的白杨村，精致而又富有风情。10年前，白杨村春风餐厅厨师黎作森压根没想过能在家门口就业，还能拿到每月8 000元的收入。"村庄越来越好，我们实实在在享受到了福利。"黎作森说，"现在提起自己是白杨村人，大家都很骄傲，越来越多的村民不离家乡、生活美满。"黎作森的幸福笑容，藏在一组数据里：2019年到2021年，白杨村村集体经济收入从30万元增长到150万元，农民人均纯收入从3.7万元提高到4.5万元。近年来，白杨村还凝聚各方力量，充分发挥乡贤、青年引领作用，"春风·白杨"品牌越来越响，绘制出村强、民富、景美、人和的新时代美丽乡村生动画卷。

从20世纪七八十年代的小岗村、傻子瓜子，到走出乡村、进军全国的新希望集团、万向集团，再到电商时代金禾天润、麻阳冰糖橙等品牌的异军突起，乡村振兴的品牌实践一直都在中华大地上如火如荼地开展。

对于一个国家或地区来说，品牌强则地区强、国家强。品牌是一个国家或地区综合竞争力的标志，对于乡村振兴来说亦是如此，有品牌的乡村强于没有品牌的乡村，拥有强势品牌的乡村在乡村振兴中具有重要的标杆作用。品牌在乡村振兴中要发挥引领、示范、辐射效应，打造一批集五个总目标为一体的乡村品牌。

(案例来源：新华社客户端.吹响乡村振兴品牌化号角．[EB/OL].(2022-08-12)[2022-09-06].https://baijiahao.baidu.com/s?id=1740954482433724975.)

三、品牌标志设计

品牌标志设计和品名设计往往是连在一起的，因为它是品名设计的延伸，是品名形象化的表现。同时，标志设计是非常复杂的，它强调色彩、空间感以及各个元素之间的协调，同时设计者还必须真正理解企业的核心理念与经营风格。

1. 品牌标志的概念

品牌标志（Brand Logo）也称品牌标识，是企业识别系统（CI）的重要组成部分，是用于区别品牌的视觉符号，也称为视觉识别。品牌标志可以用图案或文字表示，也可以将文字与图案进行合理搭配，给予消费者和社会公众视觉上的冲击，使他们不但记住这个标志，而且可以产生积极的联想。

2. 品牌标志的类别

常见的品牌标志有三种：

（1）文字标志。文字标志是用独特形式书写的品牌全称或用首字母来表示品牌标志。品牌全称如 NIKE、JD、TCL、HUAWEI 等，首字母如麦当劳金黄色的"M"，有的是首字母的变体，如李宁运动品牌的变形"L"。

文字标志是品牌名称和品牌标志的统一，它直截了当地将品牌名称展示给公众，从而增强了公众对品牌名称的记忆。

（2）图案标志。图案标志是将标志设计成图案，包括形象的图案和抽象的图案。形象的图案如乔丹品牌的"一个运动员举手投篮"的标志，中国国际航空公司的简洁典雅、生机盎然的"红色凤凰"；抽象的图案如特步运动鞋的"一个叉"标志、奥迪汽车的"4个紧扣圆环"标志等。

形象的图案能够让人将对图案的印象转移到品牌身上，例如，苹果电脑的苹果图案让人联想到苹果的可口美味；而抽象的图案往往给人以想象的空间，有时抽象的图案背后通常有其深刻的寓意。因此，从激发联想的角度来看，形象的图案与抽象的图案效果各有千秋。

（3）图文标志。文字标志尽管展示了品牌名称，但不容易引起联想，而图案标志尽管容易引起联想，但不能直接展示品牌名称。因此，很多品牌采用了图文标志，即将品牌名称中的某个字母或字母的某一部分转化为图案的形式，或者文字加图案的形式，从而既让人记住了品牌名称，又给人一定的联想。以文字名称或名称首字母加图案作为品牌标志比较普遍，图案的设计与单独图案标志的设计思路和方法相仿，转化的图案可以是形象的，也可以是抽象的。相比较而言，抽象的图文难以清晰地让人知道其寓意，而形象的图文则让人一目了然。

> **小提示**
>
> 了解了品牌标志的三种类型，我们在设计的时候就有方向了！

3. 品牌标志的作用

品牌标志具有高度的抽象和凝聚作用，企业品牌 Logo 集中体现企业强大的整体实力、完善的管理机制、优质的产品和服务，通过不断反复的刺激和强化，深刻地影响着消费者的行为。品牌标志作为品牌形象的集中展现，充当着无声推销员的重要角色，其功能和作用体现在以下方面：

（1）生动形象，便于消费者记忆与识别。品牌标志产生的原因很简单，就是为了简化消费者的记忆，使消费者更易于识别品牌，因此识别是品牌标志最基本的功能。品牌是实现差异化的工具，品牌标志就是实现差异化的具体承担者。品牌标志使得各企业的品牌之间产生明显的差别，得以实现品牌差异化，再通过消费者认同的一致性，实现消费者的差异识别，最终达到品牌的识别。

（2）引发联想，促进消费者产生喜爱的感觉。风格独特的品牌标志能够刺激消费者产生美好的联想。品牌标志可以恰当地传达出品牌的定位、价值观和目标消费者的形象，使他们从中找到归属感，从而对该品牌产生良好的印象，促进消费者对该品牌产品产生好感。例如，星巴克"双尾鱼女神"标志使消费者联想到异域风情和浪漫色彩；三只松鼠的"可爱小松鼠"标志能够引起消费者的兴趣。一般来说，消费者倾向于把某种感情从一种事物传递到与之相关的另一种事物上。因此，消费者对于品牌标志产生好感，有利于企业经营者开展营销活动。

> **小提示**
>
> 品牌标志对企业有这么重要的影响，我们可要认真设计才行，不能随意哦！

4. 品牌标志设计的原则

（1）简洁鲜明。品牌标志是消费者认知品牌的载体，它设计的空间有限，传达的信息也有限。品牌标志设计应着重传达品牌最深层的内涵，便于消费者和社会公众识记并产生积极的联想。因此，品牌标志设计特别是图案的设计，应该简洁醒目、新颖独特，色彩搭配合理，不仅具有视觉冲击力，而且具有丰富的联想空间。

（2）优美典雅。品牌标志涉及色彩、线条、形状等要素的组合，需要从艺术设计的角度予以考虑。图案设计有现代主义风格和后现代主义风格之分。现代主义风格就是简单利用圆、方和线等几何图形体现"简单就是美"和"美在比例"的思想。例如，奔驰汽车的三叉星标志，简洁、大气。后现代主义风格强调感官愉悦、随心所欲、漫不经心，反映暂时性、片刻性、协调性和无关性的思想。例如，耐克图标简洁、动感、优美、独特，令人赏心悦目且印象深刻。

（3）创意。优秀的品牌标志应该成为一件艺术品，品牌标志设计应当强调创意。品牌标志的创意性越强，越能引发消费者和社会公众的共鸣，品牌成功的可能性就越大。例如，2008年北京奥运会标志是由一个舞者变形为篆体的"京"字，把主办地、书法文化和人们翩翩起舞的高兴心情紧密结合，成为一个优秀的艺术创意。

（4）情感。一个成功的品牌标志应当能让人产生情感上的偏好，这就要求标志设计必须具备以下特点：浓郁的现代气息、极强的感染力、给人美的享受、激发丰富联想、令人喜爱等。例如，2006年美的集团更换的新标志，以单一的浅蓝色替代了原来的紫色和橙色，以凸显简约、优雅和国际化，更符合现代人的审美情趣。

岗位任务训练

品牌名称和品牌标志设计

- 工作典型任务：品牌名称和品牌标志设计

企业的品牌建立是一个长期的过程，而品牌设计需要做到帮助企业构建形象，协助企业形成品牌价值，能对消费者的记忆产生影响，能提高消费者对于品牌的认同感。品牌设计包括品牌名称设计和品牌标志设计，企业应该根据自身店铺的定位，设计一个令消费者易识别易记忆的品牌名称，品牌标志应设计得生动形象又赋予一定意义，为后续的品牌宣传和延伸做好铺垫。

- 训练目的

通过设计品牌名称和品牌标志，理解品牌设计的重要性，了解品牌设计的内容和作用，学会为自己的网店进行适合的品牌设计。

- 训练内容

根据自己的网店定位，设计品牌名称和品牌标志。

- 训练要求

在品牌命名和品牌标志设计过程中，需要结合本节课程的知识，符合品牌品名设计原则和品牌标志设计原则。

- 训练评价

训练测评				
序号	测评内容	分值	自评	小组评
1	店铺定位明确	10		
2	品牌命名符合店铺定位	10		
3	品牌命名符合品牌品名设计原则	20		
4	品牌标志生动形象	20		
5	品牌标志富有意义	20		
6	品牌标志符合品牌标志设计原则	20		
合计：		100		

学生体会：

教师评语：

案例评析

简单亲切的名字加上简洁的拼音域名 xiaomi.com，对于流量有最大化的帮助。即便是一些很成熟的品牌，由于早期的考虑欠缺，往往没有在名字、标志和域名上做到"三位一体"的最优化,这样在搜索引擎和日常传播的流量上都有所损失。

1. 小米的品牌设计遵循了哪些原则?

小米在品牌设计上做到了名字、标志和域名的"三位一体化",主要考虑以下方面:中文名要易记易传播;配套的顶级域名可获得;商标可注册;便于国际推广;本身带有色彩感和富于情感。

2. 品牌设计对企业的发展有什么作用?

品牌设计能为企业带来超乎想象的经济效益。品牌设计影响企业商品的销售与市场竞争力,是企业发展的促进者,能增加员工的自信心,提高客户对企业的忠诚度。品牌设计还能给企业带来良好的社会口碑,形成品牌效应。

本节小结

知识方面:通过本节课程的学习,大家对品牌设计有了初步的认识,理解了品牌设计对网店发展的重要性;了解了品牌品名设计原则和命名策略,知道了品牌标志的分类和设计原则。

技能方面:通过品牌名称设计和品牌标志设计的训练,理解了品牌设计的重要性,能根据店铺及商品的定位进行品牌设计。

通过知识的学习及技能的训练,达到了知行合一、学以致用的效果。本节课程我们学习了品牌设计的基础知识,掌握了品牌名称设计和品牌标志设计的方法,为后续开展品牌设计工作打好了基础。

拓展实践

利用课余时间,了解一下国内市场上各大行业品牌的排名情况。

课后复习与思考

1. 品牌设计包含哪些内容?
2. 为品牌命名有哪些策略?
3. 描述品牌标志的含义和作用。
4. 举例说明哪些品牌在设计上有问题并提供建议。

第 3 节 品牌传播

学习目标

知识目标:

了解品牌传播的概念;

掌握品牌传播的方式；
掌握品牌传播方案策划的步骤。
技能目标：
能够根据网店的运营目标选择品牌传播方式，制定品牌传播方案。
素养目标：
树立品牌传播意识和创新意识，培养审美思维，传播品牌的正能量。

案例导入

百岁山

2017 年度中国体育赞助贡献奖（金赞奖）Top100 榜单在厦门体博会上隆重揭晓，百岁山赫然在列。实际上，这并非百岁山首次获此殊荣，2016 年 4 月初在北京举行的首届"体育赞助新趋势高峰论坛"上，百岁山就已将"2016 年度中国体育赞助贡献奖 Top20"这一荣耀纳入囊中。

"以天下之至柔，驰骋天下之至坚。"用这句话来形容百岁山相得益彰。百岁山以"水"而生，坚持鲜明的推广主线，将其特有的水文化与重要体育赛事相结合，打造高端饮用水品牌。

百岁山跟马术比赛的"联姻"一直为人津津乐道。马术比赛拥有 3 000 多年的历史，起源于贵族的娱乐休闲活动，是一项优雅高端的体育运动。而"水中贵族"百岁山在多年的发展历史中，凭借稀贵的水源品质赢得市场认可，在沉稳安静中自有一股让人无法忽视的优雅气质体现。2017 年 11 月，百岁山作为荣誉赞助商第一时间亮相"贵族运动"马术比赛，为骑手们提供最坚实的补给保障。事实上，这已是百岁山与马术大师赛第三次携手合作。

百岁山方面表示："百岁山希望通过企业对体育事业的长期投入和关注，能提升品牌在消费者心中的形象。同时，愿意尽己所能并以实际行动贡献着自己的一分力量，带动更多的人来关注和支持国家体育运动和文化发展，推进全民健身的普及。"

如今，作为"大赛用水专业户"的百岁山，其高雅、贵气的人文气质已深深地植根于消费者心中，备受推崇。未来，围绕着"个性、品味、文化、生活"的企业文化宗旨，百岁山将一如既往助力各类高端体育赛事，提供高品质、健康的矿泉水，将坚韧、坚强的体育精神，低调、沉稳的贵族文化发扬光大。

（案例来源：我要赞体育．金赞奖体育营销案例——百岁山："水中贵族"缔造非凡品质［EB/OL］．(2018-03-01)[2022-09-06]．https://www.sohu.com/a/224673954_99915717．）

思考：
1. 百岁山是如何进行品牌传播的？
2. 百岁山的品牌传播方式有什么参考意义？

知识介绍

一、品牌传播的概念

所谓品牌传播，就是企业以品牌的核心价值为原则，在品牌识别的整体框架下，选择广告、公关、销售、人际等传播方式，将特定品牌推广出去，以建立品牌形象，促进市场销售。品牌传播是企业满足消费者需要，培养消费者忠诚度的有效手段。

通过品牌的有效传播，可以使品牌为广大消费者和社会公众所认知，使品牌得以迅速推广。同时，品牌的有效传播，还可以实现品牌与目标市场的有效对接，为品牌及商品进占市场、拓展市场奠定宣传基础。品牌传播是诉求品牌个性的手段，也是形成品牌文化的重要组成部分。

拓展资料

跨境品牌出海
正当时

二、品牌传播的方式

整合品牌传播强调在品牌的发展过程中综合协调地利用各种形式的传播方式，以统一的目标和统一的传播形象传播一致的产品信息，实现与顾客的双向沟通。品牌传播的途径主要包括广告传播、促销传播、公关传播和人际传播。只有根据品牌的发展阶段，将这些传播渠道和工具有机结合起来，才能促进顾客最大限度的认知、联想和忠诚，提高品牌传播的效率和效益。

1. 广告传播

（1）广告的含义。广告是品牌传播的主要途径之一。在我们的生活中，每天都有各式各样的广告出现。企业为了成功地把自己的商品推向市场，广告是常用的方式之一。在实际生活中，并不缺乏依靠广告一夜成名的品牌。

广告包括以下4个层面的意思：广告是一种付费的信息传播活动，传播的内容可以是商品信息、服务信息，也可以是观念信息；传播的方式不是个体传播，而是通过媒介进行传播；它的传播对象是人数众多、分布广泛的社会公众；它的目的是影响公众的态度、观念和行为。

事实上，广告的主要功能仍然是向公众传播品牌信息、诉说品牌情感、构建品牌个性，进而在公众心理上形成强大的品牌影响力。广告对品牌信息的整合非常重要，无论是产品信息、品牌信息还是情感信息、个性信息等，不但要具有统一性、突出主题，还要通过声音、图案、画面、颜色等渲染戏剧性的变化，具有很强的艺术性。

(2) 广告代言人。广告除了向公众传播产品信息外，有时还需要传播人性化的信息。通过广告代言人来传递这样的信息，更容易被接受。目前广告代言人有 4 类：名人、典型顾客、专家和虚拟代言人（卡通人物或动物）。

选择名人代言品牌，可以利用名人的知名度和社会声誉提高公众对广告的注意力和记忆力，这能增加公众对品牌的信任度，强化品牌个性，提升品牌的人气和档次。但选择名人做代言人要注意以下几点：一是名人的个性特点应与品牌相匹配；二是要考量名人的道德水准问题，一旦名人出现道德问题，不但引起费用纠纷，还会影响品牌的声誉；三是名人事件风险，比如名人的某个无意的言行，有时会触怒公众，其代言的品牌也会受到牵连，使销售量下降。因此，选择名人做代言人除了要注意多方面的衡量，还要从法律上界定责任，避免牵涉法律纠纷，使品牌受损。

选用典型顾客做广告代言人，可以强化品牌的产品特点，增强品牌的亲和力，提高品牌信息的真实性，使品牌更具说服力。例如，大宝 SOD 蜜定位于普通劳动者，其选用的广告代言人是平民化的教师、地质工作者和普通的家庭成员，一句"大宝，天天见"的广告语家喻户晓。

选用专家做广告代言人，可以突出品牌专业性、产品制作工艺优良、使用效用较高的特点。专家对品牌依托的产品最有发言权，具有较高的可信性。例如，医药用专家代言宣传医药的配方、功效；精密仪器用专家代言阐述设备的高科技性能；高级营养品用专家代言表明其对身体的益处；高档酒用专业品酒人代言说明酒的制作工艺和储藏年限，表明酒的历史和文化等。

设计卡通做代言人，可以活泼又有趣，能提高公众对广告的注意和记忆。如果卡通人物具有鲜明的个性，具有人格特征，就更能引起人们的喜欢和爱戴。例如，腾讯 QQ 晃动的企鹅，勤劳又可爱，为腾讯公司赢得了巨大的客户群体，也在消费者心目中留下了深刻的印象。

小提示

广告代言人对网店经营有这么重要的影响，我们可要选择合适的才行，不能随便乱找哦！

(3) 广告媒体。合理地选用媒体，首先要对媒体的特点有一个清晰的认识和了解，然后依据各种传播媒体进行优化组合，发挥协同效应，达到传达品牌信息、与消费者沟通交流的目的。近些年，随着科技的发展，各种新媒体层出不穷。根据其形式的不同，媒体可以分为电视媒体、广播媒体、报纸媒体、杂志媒体、户外媒体、POP、网络媒体等。

1) 电视媒体。电视媒体具有覆盖面积大、受众范围广，市场反应快、感染力强，能引起受众的兴趣、激发受众记忆等优点，是目前广告媒体中最重要的一种类型。但是电视媒体的缺点也十分明显,如广告信息转瞬即逝、广告费用高、受众指向性差等。电视媒体广告的形式有普通电视广告片、栏目冠名广告、直销广告、贴片广告、字幕广告等。电视媒体广告要聚焦恰当的目标市场,创意要简单明了,品牌标识要清晰呈现,还要注意设计展示者的体态语言和面部表情。

2) 广播媒体。广播媒体的优点是传播迅速、成本低、灵活、受众指向性较强,缺点是信息一闪而过、缺乏图像而不足以引起人们的注意。广播媒体广告的形式有普通广播广告、特约栏目广告,也可以制作成与消费者沟通互动的广告。大卫·奥格威认为广播广告当中有4点很关键:尽早说出品牌名称;经常提及品牌名称;尽早说出受众可以获得的利益;经常重复播放广告。此外,美妙的音乐、个性化的音效、幽默或有悬念的对话都是广播媒体广告创意的要点。

3) 报纸媒体。报纸媒体是出现较早的广告传播途径。报纸广告的优点是信息发送及时,便于发布时效性较强的产品广告;专业报纸有固定的读者群,广告目标对象比较明确;信息容量大、说明性强、覆盖面广、成本低,可灵活调整内容。缺点在于保存寿命短、印刷效果较差、不易引起注意、读者层面有一定的局限性。鉴于这些优缺点,一些带有推销性质(如促销、新产品的信息)的广告更适合在报纸上刊登,而品牌形象广告则不太合适。

4) 杂志媒体。杂志媒体的优点是目标对象非常明确,生命周期较长,印刷精美、吸引力强,内容多、容量大。缺点是出版周期长,时效性较差,不易引起注意。所以,一些高档产品(如高级轿车、钻戒、别墅等)比较适合做杂志广告。

5) 户外媒体。常见的户外媒体有路牌广告、招牌广告、霓虹灯广告、旗帜广告、户外灯箱广告、显示屏广告、汽车车身广告等。户外媒体广告的优点是可精心选址、简洁明快、主题鲜明、重复出现、形象性强、易被注意、成本低廉。缺点是信息容量小,只适宜做形象广告,覆盖面小。户外媒体广告对创意的要求比较高,为了脱颖而出,户外媒体广告要在广告语、图片甚至造型上做文章,画面应具有冲击力。

6) POP。POP 广告是英文 point of purchase advertising 的缩写,意为"购买点广告"。广义的 POP 广告是指在商业空间、购买场所、零售商店的周围、内部以及在商品陈设的地方所设置的广告物,如商店的牌匾、店面的装潢和橱窗、店外悬挂的充气广告、条幅,商店内部的装饰、陈设、招贴广告、服务指示,店内发放的广告刊物,进行的广告表演,以及广播、录像、电子广告牌广告等。POP 广告的优点是比邻卖场,针对性强,容易吸引消费者,可以营造现场气氛。缺点是对设计要求高,在制作上要求醒目、简洁、易懂,过多的 POP 广告有时会削弱广告效果。

7) 网络媒体。网络媒体广告的优点是消费者主动点击,可以与消费者形成互动,视听结合、信息全面,传播范围广,不受时间限制,灵活性高、针对性强,方便计算点击率。缺点则是创意难度大,好的广告位不多。目前,网络媒体广告的形式主要有固定或移动条幅广告、网络视频广告、按钮广告、文本链接广告、赞助型广告、插播型广告等。还有一种是嵌入式广告,把品牌以道具的形式很自然地加入电影、电视、歌曲、小品中,潜移默化地强化受众对品牌的认知。例如,在电视剧《欢乐颂》中,我们就可以看到主角们手拿"三只松鼠"(坚果品牌)的画面。

> 📡 **小提示**
>
> 广告媒体有这么多类型，我们要为网店做广告传播的选择面可真广！

2. 促销传播

由于广告费用稳步提升、媒体环境被逐渐稀释、消费者需求日益多样化，现场促销正逐渐成为商家的重要选择，促销费用占比不断加大，成为提升销售业绩的重要途径。

（1）促销的定义。促销是生产厂家或零售商使用各种短期的刺激工具，刺激消费者和中间商快速、大量地购买某一特定的商品或服务的行为。有时一些商家定期对某些品牌的商品有序地使用短期刺激工具，其目的是吸引消费者光顾，使其在购买促销商品的同时购买非促销商品。

（2）促销的特征。促销有三个基本特征：1）传播信息：能经常提供信息，引起消费者注意，并把消费者引向产品。2）刺激：采取让步、诱导或赠送的办法，增加消费者消费。3）邀请：请消费者来进行交易。

（3）促销的优缺点。促销的优点在于能激发消费者的购买欲望，强化消费者对品牌的记忆、回忆和联想；可以引起市场的强烈反应，提高品牌的市场占有率，提升销售业绩；可以鼓励中间商增加库存，或获得新的销售渠道等。但促销的缺点也十分明显：消费者会感觉产品质量下降，品牌忠诚度降低，对价格的敏感度增强，产生低价购买的心理预期，长期促销有损品牌形象。

> 📡 **小提示**
>
> 每到节假日做促销活动时，商品的质量及服务也要跟上哦，否则得不偿失呢！

（4）促销工具。促销可分为以消费者为对象的消费者促销和以中间商为对象的交易促销。消费者促销意在影响消费者的购买决策，如品牌选择、购买数量等。消费者促销的形式分为两类：一类是与产品或品牌有关的促销活动，如演示、展销会等，这类促销活动的主要目标是影响消费者对品牌的态度，促进消费者对品牌的认知，增加品牌联想，进而影响消费者的品牌忠诚度，是增加品牌资产的手段；另一类是与产品或品牌没有直接关系的促销活动，如折扣、兑奖等，这类促销直接影响消费者的购买决策。交易促销是促销的主要方面，包括价格折扣、免费商品、销售竞赛等。

（5）促销活动设计。哈佛大学的约翰·奎尔奇（John Quelch）教授提出了促销活动设计中的6个注意事项：

1）应当使用何种促销方式。所有促销方式都各有优缺点，如折扣能迅速促进品牌销售，但会使品牌形象受损；样品、演示可以促进消费者认知，增加品牌资产，但销售业绩的提升会慢一些。所以，应当根据当时的营销目标选择促销方式。

2）促销哪些型号的商品。对品牌商品进行促销，应该按上市时间的长短、市场需求特点进行有序安排。比如，不同商品的促销政策要有所区别，有的型号参加促销，有的型号不参加,甚至不同型号商品的折扣幅度也不同。

3)在哪个地域的市场开展促销。选择某个地区还是选择全国开展促销活动,是由促销战略目标、企业实力、市场竞争情况综合决定的。

4)促销何时开始,持续多久。促销的选择时机有新产品上市时、产品有大量库存积压时、竞争者蚕食了市场份额时、产品销售出现淡季时、产品销售旺季到来之前等。促销持续时间要适当,时间太短促销效果尚未显现,时间太长容易降低品牌形象。

5)促销应当包括哪些折扣。在使用最为广泛的折扣促销中,折扣率的确定是一个关键问题。折扣太多和太少都对品牌销售业绩不利,所以折扣与品牌销量之间并不是简单的线性关系。为了找到折扣率与销量的最佳均衡点,企业需要分析该产品及品牌的需求价格弹性。

6)促销中应当附加怎样的销售条件。很多企业在促销时会增加一个"门槛",即购买到一定量时方可享受促销的好处。设置这个"门槛"也是一个比较复杂的量化的分析过程。例如,一些高档购物场所要求顾客消费到一定数额时才能申请办理白金卡,成为高级会员,享受折扣和免费停车的优惠等。

> **小提示**
>
> 促销活动设计有这么多注意事项,可要做好笔记哦!

3. 公关传播

(1)公共关系的定义。公共关系(Public Relation)是指某一组织为建立、改善与社会公众的关系,促进公众对组织的认识、理解及支持,达到树立良好组织形象、促进品牌商品销售的目标而实施的一系列活动。

(2)公共关系的功能。

1)有利于建立品牌与消费者和社会公众之间的关系。企业通过一系列公关活动,升华与消费者和社会公众的关系,增加消费者和社会公众对品牌的认同和好感。例如,2008年汶川地震,王老吉捐赠了一亿元,从而留下了良好的口碑。

2)积累品牌资产。通过品牌活动可消除品牌与消费者的心理距离,使品牌获得消费者的认可;通过品牌沟通可引发消费者共鸣,从而产生情感倾斜、欣赏、依恋和忠诚,达到提升品牌魅力、巩固品牌形象、厚积品牌资产的目的。

3)促进产品销售。公关不能直接导致品牌销售,但可以促进品牌的长期销售。公关不像广告那样直接宣扬品牌的卖点,所以短期内品牌的销量不会有很大提高,但公关活动多具有公益的性质,深入消费者的心里,所以对品牌的影响是长期的,产品销量也会长期保持增长。

4)树立品牌形象。公关活动可以形成政府、专家、目标消费者群体互动沟通,多方面赢得品牌支持者,增强品牌的说服力,有助于品牌形象的提升。

(3)公共关系的种类。

1)公开出版物。企业内刊或报纸是公开出版物最主要的形式。把这些刊物在工作场所赠送或邮寄给客户,将帮助客户了解企业动态,解答客户疑惑,使客户融入企业文化中。例如，招商银行的《招银文化》不但是招商银行企业文化的载体，也是联系招商银行与客户的纽带。有的企业甚至出版正式读物，如《华为真相》《海尔的品牌之路》等，在给读者带来管理智慧的同时也传递了企业的品牌精髓。

2）事件。企业可以主办研讨会、周年庆典等公众活动来吸引消费者关注产品和企业，与企业融洽关系。这些活动有时也会与其他品牌传播活动联合起来。例如，2001年北京申奥成功，可口可乐公司将其旗下的产品换上了金光灿灿的申奥成功纪念罐。

3）赞助。赞助是非常普遍的一种营销手法，大大小小的赞助随处可见。常见的赞助包括赞助文化活动、体育比赛等。企业的赞助活动有时与企业的价值取向紧密结合。例如，体育用品品牌阿迪达斯通过赞助奥运会、世界杯等大型比赛活动，向公众传达阿迪达斯的卓越表现和积极参与、振奋人心的品牌精神；而耐克则赞助运动员参加比赛，通过运动员的出色表现来诠释和宣扬耐克的富有进取心、直面挑战、生机勃勃的品牌精神。

4）公益服务活动。企业在自身发展的同时，必须以符合伦理道德的行动回报社会，将公益事业与企业经营结合起来。例如，某品牌果冻为了宣传自己"营养健康"的品牌定位，配合教育部提出的第二课堂，策划了一系列的青少年益智健康推广活动，邀请著名的营养专家、教育家和家长参加公益论坛等。

💻 想一想

你知道有哪些品牌运用了以上介绍的公关传播方式吗？

4. 人际传播

人际传播即人与人之间的直接沟通，主要是通过企业人员的讲解咨询、示范操作、服务等，使公众了解和认识企业并形成对企业的印象和评价。

人际传播是形成品牌美誉度的重要途径，在品牌传播的方式中，人际传播最易为消费者接受。不过，人际传播要想取得好的效果，就必须提高企业人员的素质，只有这样才能发挥其积极作用。

💻 想一想

品牌美誉度和品牌知名度有什么区别？

品牌传播效果的好坏与传播方式的选择及设计密切相关，如果传播方式选择不当、设计不合理，就可能收不到好的传播效果。因此，企业在进行品牌传播时一定要把传播方式的选择和设计放在重要的位置上。

新时代 树理想 铸信念

"三农分享官"叫响好山好水好品牌

在湖南省湘西土家族苗族自治州泸溪县椪柑节开园仪式上，来了一群"三农分享官"，他们以直播和短视频的形式为泸溪椪柑代言，讲述乡村振兴的"湖南故事"，擦亮了湘西柑橘第一品牌，让网络直播的分享与表达更具现实力量。

乡村振兴的成果，关乎着千千万万农民的幸福感和获得感。借助年轻的能量和传播的巧思，推荐农村的好风景、好产品，让农业成为有奔头的产业，让农民成为有吸引力的职业，农村才会成为安居乐业的家园。

释放各类人才活力，写好乡村振兴这篇文章。如果说，科技人才、管理人才是乡村振兴的"加速器"，那么善经营的"农创客"、懂创新的"田达人"，就是推动乡村产业高效转化的"催化剂"。

从选派科技特派员为农业生产传授"金点子"，到搭建电商平台让农产品销售搭乘"直通车"，再到打造"三农分享官"为"湘"字号椪柑升级为"国"字号产品创造机遇……一展身手的"新农人"正用鲜活的创意、充沛的体力和无限的激情，为乡村振兴注入时代活力。

"神山神水出神果，泸溪椪柑美名扬。"从天赐地造到匠心培育，湘西的水土滋养出泸溪椪柑的优质品质，再加上刚开通不久的张吉怀高铁释放了泸溪椪柑销往全国的历史机遇，农业高质高效、乡村宜居宜业、农民富裕富足的乡村振兴图景正在缓缓绘就，未来可期。

（案例来源：吕娜娜．"三农分享官"叫响好山好水好品牌［EB/OL］．(2021-12-15)[2022-09-06]. https://article.xuexi.cn/articles/index.html? art_id=2092657463853933800.）

三、品牌传播方案策划的步骤

根据菲利普·科特勒的传播策划需要经历的 8 个步骤，品牌传播方案策划一般也要遵循以下步骤。

1. 确定目标受众

信息传播者必须在一开始就有明确的目标受众。受众可能是公司产品的潜在购买者、目前使用者、经销决策者或影响者，也可能是个人、群体、特殊公众或一般公众。目标受众将会极大地影响信息传播者的下列决策：准备说什么，打算如何说，什么时候说，在什么地方说，由谁来说。

2. 确定传播目标

确认了目标受众及其特点后，要把品牌传播的目标转变为具体的媒体完成的目标，比如一定时间内目标市场的传播覆盖率、一定时间传播内容到达目标消费者的比例、地理覆盖率等。当然，最终的传播效果的衡量标准是购买，但购买行为是消费者进行决策的长期过程的最终结果。信息传播者需要知道如何把目标受众从他们目前所处的位置推向更高的准备购买阶段。

3. 设计信息

期望受众反应明确以后，信息传播者应进一步制订有效的信息。比如，在进入市场初期的告知信息，形成消费者对某品牌或商品、服务、组织、个人、思想的认知，最理想的状态是信息能引起注意、提起兴趣、唤起欲望、导致行动。

4. 选择传播渠道

信息传播者必须选择有效的信息传播渠道来传递信息，在不同的情况下应采用不同的渠道，在不同的阶段采用不同的信息传播渠道或者渠道组合。例如，女孩的新款服装，用视觉形象的传播方式促销更有效果，这种情况下电视广告和服装模特图片展示与表演是传播的优秀渠道，而广播促销则收效甚微。

5. 编制促销预算

公司面临的最困难的营销决策之一是在促销方面应投入多少经费。促销预算与销售额之间保持怎样的比例才能达到利润最优，这中间涉及短期利益与长期利益的权衡取舍问题。

6. 决定促销组合

每种促销工具都有各自独有的特性和成本，在选择它们时一定要了解这些特性，并且根据行业特色、预算经费以及传播目标进行组合。例如，经营消费品的公司一般把大部分资金用于广告，其次是人员推销和公共关系；经营工业品的公司大部分资金用于人员推销，其次是广告和公共关系。

7. 衡量促销结果

促销计划贯彻执行后，信息传播者必须衡量它对目标受众的影响。对此，可采用定量的方法，例如，统计销售额是衡量受众行为最直观的方式；也可采用定性的方法，如用访谈法询问目标受众：他们是否识别和记住了信息；他们看到信息几次后记住了哪几点；他们对信息的感觉如何；他们对产品及公司过去和现在的态度是怎样的。

8. 管理和协调整合营销传播过程

品牌机构根据所制定的品牌战略与地位，以及动态更新的品牌资产图与品牌资产报告，对整合营销传播的每一个环节进行优化，跟进每一种传播方式，以确保品牌利益相关者得到的是一个一致的、完整的品牌特征。为了确保品牌信息的一致性，很多品牌机构往往采取给新品牌建立品牌使用手册的方式来协调各类传播渠道，以正确地阐释品牌的核心价值与定位。

小提示

品牌传播方案的策划有这么多步骤，要学会灵活运用哦！

岗位任务训练

制定品牌传播方案

- **工作典型任务——制定品牌传播方案**

品牌传播是品牌力塑造的主要途径，是企业参与市场竞争、培养消费者品牌忠诚度、树立企业形象的有效手段。品牌传播管理岗需要有效协调相关营销、产品、采购等部门，进行跨部门沟通与协作，为企业的品牌项目进行策划、制定、执行传播方案等。

● 训练目的

通过制定品牌传播方案的训练,理解品牌传播的重要性,了解品牌传播的内容,培养品牌传播活动组织与策划的能力。

● 训练内容

根据自己的网店定位,制定合理的品牌传播方案。

● 训练要求

在制定品牌传播方案的过程中,需要结合本节课程的知识,明确品牌传播方案策划的 8 个步骤,使方案科学、具体,具有合理性和可行性。

● 训练评价

训练测评				
序号	测评内容	分值	自评	小组评
1	店铺定位明确	10		
2	目标受众明确	10		
3	传播目标明确	10		
4	传播渠道有效	20		
5	促销预算合理	10		
6	促销组合合理	20		
7	促销结果衡量合理	10		
8	方案具有可行性	10		
合计:		100		
学生体会:				
教师评语:				

案例评析

百岁山是景田公司最早推出的一个品牌,也是市场认知度最高的一个品牌。从 2013 年推出以"水中贵族"为核心的第一条品牌宣传片后,百岁山就牢牢抓住了市场的眼球。

1. 百岁山是如何进行品牌传播的?

百岁山走的一直是"水中贵族"的理念,在推广渠道上,也将贵族圈层营销进行到底。在世界互联网大会、第十九届国际植物学大会上,以及在拥有百年历史的"上海杯"帆船赛、拥有百年历史的澳网公开赛中,都能看到百岁山的身影,高端会议、贵族体育项目与品牌格调完美融合。百岁山电视广告投放的角度独到,央视与一线卫视齐头并进。

2. 百岁山的品牌传播方式有什么参考意义?

百岁山定位"水中贵族",重点传播展示贵族精神文化,这就是百岁山的品牌传播策略。百岁山的品牌传播方式多元化,传统媒体与体育赛事跨界合作,使其在国内市场有了不可撼动的地位。

本节小结

知识方面：通过本节课程的学习，我们对品牌传播有了初步的认识，在理解品牌传播概念的基础上，了解了品牌传播的方式，对品牌传播方案策划进行了详细的学习。

技能方面：通过制定品牌传播方案的训练，理解了品牌传播的重要性，巩固了对品牌传播方案各项内容的理解，达到了能根据店铺及商品的定位，制定合理的品牌传播方案的能力目标。

通过知识的学习及技能的训练，达到了知行合一、学以致用的效果。本节课程我们学习了品牌传播的概念和方式，掌握了品牌传播方案策划的步骤，为后续开展品牌传播工作打好了基础。

拓展实践

利用课余时间查阅资料，寻找你认为非常成功的品牌传播案例，并与同学们分享。

课后复习与思考

1. 品牌传播的含义是什么？
2. 你认为哪一种品牌传播方式更能打动消费者？
3. 在应用促销方式进行品牌传播时如何避免对品牌形象的伤害？
4. 人际传播有什么作用？
5. 为你喜欢的品牌构思一个视频广告。

第4节 品牌延伸

学习目标

知识目标：
了解品牌延伸的概念；
理解品牌延伸的作用；
熟悉品牌延伸的风险；
掌握品牌延伸的策略。

技能目标：
能够根据网店的发展进行品牌延伸。

素养目标：
树立创新发展精神，培养善于因时制宜、知难而进、开拓创新的科学思维方法。

案例导入

娃哈哈：从营养液到纯净水

"娃哈哈"品牌诞生于1989年。宗庆后在当时发展迅速的营养液市场上发现了一个市场空白——儿童市场，于是开发出一款以"给小孩开胃"为诉求的儿童营养液产品，并起名为"娃哈哈"，企业更名为"杭州娃哈哈营养食品厂"。得益于一首著名的儿歌以及娃哈哈品牌天然的亲和力，在强力的广告宣传下，娃哈哈儿童营养液的销量迅速增长。1990年销售额突破亿元，1991年增长到4亿元。娃哈哈在两年之内成功成长为一个具有极大影响力的儿童营养液品牌。

1992年，娃哈哈又开发了针对儿童消费者的第二个产品——果奶。虽然当时市场上已经存在不少同类产品，但凭借娃哈哈营养液的品牌影响力，再加上两年来建立的销售渠道和规模生产的优势，果奶上市并没有遇到什么困难，一度占据市场的半壁江山。由于目标市场没有变，新产品的核心诉求"有营养，味道好"和营养液切合度非常高，娃哈哈在品牌延伸上迈出了一步。

1995年，当娃哈哈决定进入成人饮料市场，并沿用"娃哈哈"品牌生产纯净水时，受到了几乎一边倒的非议。一个儿童品牌如何能打动成人的心是娃哈哈面临的最大挑战。针对这个垂直线的品牌转型，很多人认为此举并不能利用娃哈哈原有的优势，只会让品牌个性变得模糊，建议娃哈哈采用多品牌战略。但考虑到创造新品牌所涉及的巨额推广费用以及娃哈哈当时的资金情况，宗庆后决定坚持品牌延伸之路。相应地，在广告宣传上，娃哈哈纯净水淡化了原先的儿童概念，采用"我的眼里只有你""爱你等于爱自己"等宣传年轻、活力、纯净的时尚感觉，寻找在成人特别是年轻人心中的品牌认同。娃哈哈依托纯净水使企业规模和实力完成了又一次飞跃。

(案例来源：全球品牌网．娃哈哈，品牌延伸的得与失．[EB/OL]．(2006-05-18)[2022-09-06]. https://www.globrand.com/2006/50411.shtml.)

思考：
1. 娃哈哈的目标市场拓展是否成功？为什么？
2. 如果娃哈哈涉及食品以外其他行业，还能采用品牌延伸策略吗？

知识介绍

一、品牌延伸的概念

品牌延伸（Brand Extensions）是指凭借现有成功品牌推出新产品的过程。品牌延伸并非只是简单借用表面上已经存在的品牌名称，而是对整个品牌资产的策略性使用。

二、品牌延伸的作用

品牌延伸是企业为了推出新产品并使其快速占有并扩大市场的有力手段，是企业对品牌无形资产的充分发掘和战略性运用，因而成为众多企业的现实选择。

拓展资料：品牌延伸面临的机会与陷阱

（1）加快新品定位。品牌延伸可以加快新产品的定位，保证企业新产品投资决策迅速、准确。尤其是开发与本品牌原产品关联性和互补性极强的新产品时，它的营销方式与原产品的完全一致，对它的需求量则与原产品等比例增减，因此不需要长期的市场论证和调研，原产品逐年销售增长幅度就是最实际、最准确和最科学的佐证。由于新产品与原产品的关联性和互补性，它的市场需求量也是一目了然的。因此，投资规模的大小和年产量的多少是十分容易预测的，这样就可以加速决策。

（2）减少市场风险。品牌延伸有助于减少新产品的市场风险。一般来说，开创一个新品牌需要巨额费用。品牌延伸使新产品一问世就已经品牌化，甚至获得了知名品牌赋予的勃勃生机，这可以大大缩短被消费者认知、认同、接受、信任的过程，极为有效地防范了新产品的市场风险，并且可以节省巨额开支，有效地降低了新产品的成本费用。

（3）增加新鲜感。品牌延伸有利于增加新鲜感，为消费者提供完整选择。成功的品牌延伸能为现有的品牌或产品带来新鲜感，可以丰富企业的产品组合，壮大企业的声势，为企业增加活力，同时也为消费者提供更充分的选择机会。消费者很容易"喜新厌旧"，很少有消费者对某一个品牌忠诚到对其他品牌不想试一试的程度，面对这些品牌转移者，最好的方法就是品牌延伸。随着品牌伞下聚集的延伸产品的增加，品牌的声势不断壮大，消费者在同一品牌下对不同用途的产品的选择将更加完整。

（4）强化品牌效应。品牌延伸有助于强化品牌效应，增加品牌这一无形资产的经济价值。品牌原产品起初都是单一产品，品牌延伸效应可以使品牌从单一产品向多个领域辐射，这样就会使部分消费者认知、接受、信任本品牌的效应，强化品牌自身的美誉度、知名度，品牌这一无形资产也就不断增值。

（5）增强品牌形象。品牌延伸能够增强核心品牌的形象，能够提高整体品牌组合的投资效益，即整体的营销投资达到理想经济规模时，核心品牌的主力产品也因此而获益。如果品牌内容一成不变，长此以往会使消费者产生厌倦情绪。品牌延伸通过新产品或产品更新，重新证明或强化自己的品牌形象，从而抓住消费者，跟上时代的节奏。

> 小提示
>
> 品牌延伸对网店经营这么重要，我们可要好好学习并且理解掌握才行！

> **新时代 树理想 铸信念**

有创新的产品力才有强大的品牌力

2022中国电子商务大会于9月1—2日在北京国家会议中心举办。大会由商务部、北京市人民政府主办，商务部电子商务司、北京市商务局承办。会议高度聚焦数字经济与实体经济的融通、展现"丝路电商"国际合作成果、探索新模式新业态的高质量创新。

波司登创始于1976年，是一家有着46年历史的传统国货品牌。四十多年来，我们从只有8台缝纫机11位农民的村办缝纫组起家创业，伴随着国家改革开放的步伐，走过了从"来料加工"到"贴牌代工"再到"品牌授权"的早期创业发展历程，并萌发了最早的品牌意识。从1992年注册自主品牌"波司登"开始，我们视品牌为生命，坚定不移实施名牌发展战略，聚焦羽绒服核心主业，以品牌建设为引领，以改革创新为动力，赢得市场和消费者的广泛认可，走出一条民营企业实施名牌战略的成功之路，成为家喻户晓的国民羽绒服第一品牌，获得"世界名牌""中国工业大奖"等荣誉，连续27年蝉联中国市场销量冠军，规模总量全球领先。

行程万里，初心如一。这几年来，波司登积极践行"三个转变"重要指示，紧跟供给侧改革和消费升级的大趋势，回归品牌引领的发展模式，确立"聚焦主航道，聚焦主品牌"的战略定位，以品牌建设为引领，以数字化转型为纽带，通过产品的深度、渠道的宽度支撑品牌高度，重塑品牌力、渠道力和产品力，波司登"大品牌、好品质、羽绒服代名词"的品牌认同感不断强化，重新赢得时代主流消费人群的认可和选择。

（案例来源：新浪财经. 有创新的产品力才有强大的品牌力［EB/OL］.（2022-09-01）［2022-09-06］. http://finance.sina.com.cn/jjxw/2022-09-01/doc-imizirzw0700536.shtml［EB/OL］.（2021-12-26）［2021-12-28］. https://www.sohu.com/a/511838781_208899.）

三、品牌延伸的风险

品牌延伸策略运用得当，能给企业营销活动带来许多方便和利益；倘若品牌延伸策略把握不准或运用不当，会给企业带来诸多方面的危害。因此企业在运用品牌延伸策略时，要谨防以下情况对企业经营活动产生不利影响。

1. 损害原有品牌形象

当某一类产品在市场上取得领导地位后，这一品牌就成了强势品牌，它在消费者心目中就有了特殊的形象定位，甚至成为该类产品的代名词。将这一强势品牌进行延伸后，由于近因效应（即最近的印象对人们认知的影响具有较为深刻的作用）的存在，就有可能对强势品牌的形象起到巩固或减弱的作用。如果品牌延伸运用不当，原有强势品牌所代表的形象信息就被弱化。例如，三九集团以"999胃泰"起家，后来"999"延伸到啤酒，消费者在喝"999冰啤"的时候，可能会怀疑是不是有药味。此外，"999胃泰"是提醒消费者少喝酒甚至不喝酒，而"999冰啤"则是劝人喝酒，自相矛盾。幸运的是，

"999冰啤"只在部分地区销售,把负面作用降到了最低。

2. 有悖消费心理

一个品牌取得成功的过程,就是消费者对企业所塑造的这一品牌的特定功用、质量等特性产生的特定的心理定位的过程。企业把强势品牌延伸到和原市场不相容或者毫不相干的产品上时,就有悖消费者的心理定位。这类不当的品牌延伸,不但没有什么成效,而且会影响原有强势品牌在消费者心目中的特定心理定位。

3. "跷跷板"现象

当一个名称代表两种甚至更多的有差异的产品时,必然会导致消费者对产品的认知模糊化。当延伸品牌的产品在市场竞争中处于绝对优势时,消费者就会把原强势品牌的心理定位转移到延伸品牌上。这样,无形中就削弱了原强势品牌的优势。这种原强势品牌和延伸品牌竞争态势此消彼长的变化,即为"跷跷板"现象。

4. 株连效应

将强势品牌名冠于别的产品上,如果不同产品在质量、档次上相差悬殊,就会使原强势品牌产品和延伸品牌产品产生冲击,不仅损害了延伸品牌产品,还会株连原强势品牌。若把高档产品品牌用在低档产品上,就有可能产生灾难性后果。例如,美国"派克"钢笔以质优价高闻名于世,被誉为"钢笔之王",然而该企业1992年上任的总经理为扩大销售额,决定进军低档笔市场,将"派克"品牌用在仅售3美元的低档笔上,结果形象、声誉大受影响,非但没有在低档笔市场上站住脚,连高档市场也被竞争对手夺去很大一块份额。

5. 淡化品牌特性

当一个品牌在市场上取得成功后,在消费者心目中就有了特殊的形象定位,消费者的注意力也集中到该产品的功用、质量等特性上。如果企业以同一品牌推出功用、质量相差无几的同类产品,会使消费者晕头转向,该品牌特性就会被淡化。

> **小提示**
>
> 原来品牌延伸是把双刃剑!还是要根据网店定位及实际经营情况来决定,不能随意进行品牌延伸哦!

四、品牌延伸的策略

1. 产业延伸

从产业相关性上分析,品牌延伸可向上、向下或同时向上向下延伸,即双向延伸。例如,石油工业向价值链上游石油开采业方向延伸是向上延伸;向石油精细加工或销售即价值链下游延伸是向下延伸;同时向价值链的上游与下游延伸则是双向延伸。

还有一种是产业平行延伸,如鲜奶向酸奶、豆奶、果奶的延伸。平行延伸一般适用于具有相同(或相近)的目标市场和销售渠道,相同的储运方式,相近的形象特征的产品领域,一方面有利于新产品的行销,另一方面有利于品牌形象的巩固。

2. 产品线延伸

企业通常采取产品扩展线来增加产品线的长度。产品线扩展即在档次上延伸,企业超出现有的范围来增加它的产品线长度，具体策略如下。

（1）向上延伸。即在产品线上增加高档次产品生产线，使商品进入高档市场。由于处于低档市场的产品常常受到终端零售商及消费者的价格挤压，所以企业的成长空间可能在高档市场，而且该市场的目标消费者对价格不那么敏感。

向上延伸的好处是高档产品具有较高的增长率和利润水平，但也有一定的风险。例如，高档产品市场上的竞争对手可能不仅巩固原有市场，还有可能借机进入低档市场；顾客可能不愿相信企业能够生产出优质的产品；企业的销售人员和分销商缺乏培训，不能很好地为高档市场服务等。

（2）向下延伸。即在产品线中增加较低档次的产品。企业进行向下延伸可能是由于消费者对价格的敏感增加，或者销售渠道的力量增加，或者技术进步使得产品成本下降；也可能是由于企业在高档市场的地位受到竞争对手的威胁而增长缓慢，或者当初进入高档市场只是为了树立产品质量形象，或是为了填补市场空白。向下延伸有利于利用高档名牌产品的声誉，吸引购买力水平较低的顾客慕名购买这一品牌中的低档廉价产品。如果原品牌是知名度很高的名牌，这种延伸极易损害名牌的声誉，风险很大。它还可能由于新的低档产品品目蚕食高档产品品目，使得企业面临更加尴尬的局面；也可能使得竞争者转移到高档市场；经销商也可能不愿意经营这种产品。

（3）双向延伸。即原定位于中档产品市场的企业掌握了市场优势以后，决定向产品线的上下两个方向延伸，一方面增加高档产品，另一方面增加低档产品，扩大市场阵容。

双向延伸的风险主要是一些消费者认为高档、中档、低档产品之间的差别不大，因而更愿意选择低档产品；同时，可能会模糊原有品牌的定位。

3. 其他相关延伸

其他相关延伸，也叫扩散法延伸，具体包括：

（1）单一品牌扩散延伸到多种产品上去，成为系列品牌。
（2）一国一地的品牌扩散到世界，成为国际品牌。
（3）一个品牌再扩散衍生出另一个品牌。
（4）名牌产品扩散延伸到企业上去，使企业成为名牌企业。

其他相关延伸对于刚成长起来的名牌非常有意义。

> **小提示**
>
> 不同的品牌延伸策略各有优势，根据网店的自身需要合理选用就好！

岗位任务训练

制定品牌延伸规划

● **工作典型任务：** 制定品牌延伸规划

品牌延伸是许多成功品牌常做的事情，品牌延伸看似是一个貌似轻松的事，但是操作不好，结果有可能很糟糕。成功的品牌延伸，是遵循了正确的原则才得以成功的；失败的品牌延伸，则往往是进入了品牌延伸误区造成的结果。

在制定品牌延伸规划过程中，应该明确自身品牌定位，正确评估品牌实力，充分了解品牌延伸的风险和策略，充分分析品牌延伸的结果，制定合理且可行的品牌延伸方案。

● 训练目的

通过制定品牌延伸规划的训练，理解品牌延伸的重要性，了解品牌延伸的内容，培养品牌分析与品牌发展规划能力。

● 训练内容

根据自己的网店定位，制定合理的品牌延伸规划。

● 训练要求

在制定品牌延伸规划的过程中，需要结合本节课程的知识，明确品牌延伸的内容，使规划充实、具体，具有合理性和可行性。

● 训练评价

训练测评				
序号	测评内容	分值	自评	小组评
1	店铺定位明确	10		
2	品牌定位明确	10		
3	正确评估品牌的实力	10		
4	正确审视品牌的核心价值	20		
5	充分分析将要品牌延伸的产品价值	20		
6	品牌架构合理	20		
7	规划具有合理性与可行性	10		
合计：		100		

学生体会：

教师评语：

案例评析

1. 娃哈哈的目标市场拓展是否成功？为什么？

当娃哈哈儿童营养液供不应求，"娃哈哈"的名字家喻户晓，品牌誉满全国时，娃哈哈适时推出了果奶，并坚持用"娃哈哈"这个品牌名称。凭借娃哈哈儿童营养液的影响，同时加强产品质量、口感和广告，新产品一上市就很快风靡全国，迅速被广大消费者接受并喜爱。娃哈哈的目标市场拓展之所以获得成功，是因为其能根据市场的发展和需求在不变中求变化，适时契合并领先市场，稳健经营。

2. 如果娃哈哈涉及食品以外其他行业，还能采用品牌延伸策略吗？

娃哈哈从一家校办工厂发展成为中国饮料行业的巨无霸，并在一定程度上奠定了一种不可撼动的地位。娃哈哈自进军饮料行业以来，就开始不断将"触角"伸向各种饮料之外的领域。2002年，娃哈哈以为儿童带来健康和欢乐的形象跨行业对童装市场发起挑战，打算在全国开设2 000家专卖店，打造儿童服装品牌，但这一次的品牌延伸结果并不太令人满意。有了童装市场受挫的经历，娃哈哈再次启用品牌延伸策略开发出饮料类关联性产品，利用自己雄厚的研发能力和技术创新能力，自主研发营养快线等系列新产品，企业规模得到不断壮大。

本节小结

知识方面：通过本节课程的学习，我们对品牌延伸有了初步的认识，理解了品牌延伸的重要性，了解了品牌延伸存在的风险，掌握了品牌延伸的策略。

技能方面：通过制定品牌延伸规划的训练，理解了品牌延伸的重要性，加强了对品牌延伸内容的理解，学会了收集及分析相关资料，达到了能根据店铺及商品的定位制定合理的品牌延伸规划的能力目标。

通过知识的学习及技能的训练，达到了知行合一、学以致用的效果。本节课程我们学习了品牌延伸的基本知识，掌握了制定品牌延伸规划的方法，为后续开展品牌延伸工作打好了基础。

拓展实践

利用课余时间查阅资料，寻找一个失败的品牌延伸案例，并与同学们分享。

课后复习与思考

1. 什么是品牌延伸？
2. 品牌延伸可能有哪些结果？
3. 结合实际说明品牌延伸的利弊。
4. 品牌延伸策略有哪些？
5. 作为消费者，如何评价品牌延伸？
6. 所有品牌都适合做品牌延伸吗？为什么？

模块总结

本模块的学习内容是商品的品牌知识，为后续开展其他模块知识的学习打下基础。当下定决心准备开网店之前，首先要树立商品的品牌意识，认识品牌的重要性，把品牌与网店结合在一起谋划今后的运营发展。

品牌是消费者对网店及其产品、售后服务、文化价值的一种评价和认知，是一种信任。品牌也是商品综合品质的体现和代表，当人们想到某一品牌的同时总会和时尚、文化、价值联想到一起。电商企业培育品牌就是在不断地创造时尚和引领潮流，随着企业做强做大，品牌能带动企业商品不断从低附加值向高附加值升级，向着产品的开发优势、质量优势以及文化创新等高层次优势转变。

在开设网店的时候，应根据品牌给自己的网店命名，这是开启网店运营工作前必备的重要环节。本模块围绕品牌和商品定位知识，让学生认识品牌和商品定位的重要性，帮助学生建立品牌意识，培养学生对品牌设计、品牌传播、品牌延伸等知识的运用能力。

模块1 商品品牌	
章节名称	相关知识点
第1节 品牌基础	1. 品牌的概念 2. 品牌的作用 3. 品牌的分类 4. 品牌与商标
第2节 品牌设计	1. 品牌品名设计原则 2. 品牌命名策略 3. 品牌标志设计
第3节 品牌传播	1. 品牌传播的概念 2. 品牌传播的方式 3. 品牌传播方案策划的步骤
第4节 品牌延伸	1. 品牌延伸的概念 2. 品牌延伸的作用 3. 品牌延伸的风险 4. 品牌延伸的策略

重点巩固

1. 品牌对网店经营有什么重要作用？
2. 品标设计应该遵循什么原则？
3. 品牌传播方案策划有哪些步骤？
4. 品牌延伸有哪些策略？

模块2

商品定位与选品

▶ 模块背景

小明计划经营一家网店,但没有任何的开店经验,因此感到十分迷惘。面对着新开的店铺,他在纠结着经营什么商品才是最合适的。

商品定位和选品是商品经营的首要工作,是网店经营者根据目标消费群体以及网店自身的经营情况,动态分析确定商品的经营结构,实现商品配置的最优化状态。那么,小明网店的商品定位是选择男性还是女性,是婴幼儿还是青少年,或者老年人的商品?是选择定价高的还是定价低的商品呢?一系列问题困扰着小明。

如何合理定位商品?如何开展选品?选品有什么有效可行的方法?本模块我们一起来学习商品定位和选品的入门知识,学习商品定位的内容和方法,选品的原则、方法以及基本步骤,并详细了解以淘宝为代表的需求导向选品、以1688为代表的供应导向选品以及以抖音为代表的新媒体导向选品,帮助大家打开选品的思路,解决在经营网店过程中定位不清、选品不准的问题,为后续的商品采购打好基础。

▶ 模块目标

知识目标:

1. 了解商品定位的概念、特征、内容、步骤以及方式;
2. 理解选品的概念、原则、基本步骤、方法以及工具;
3. 熟悉淘宝选品的优势、思路以及适用的选品法;
4. 熟悉1688选品的优势、思路以及适用的选品法;
5. 熟悉抖音选品的优势、思路以及适用的选品法。

技能目标:

1. 能对网店商品进行合理定位;
2. 能运用合理的方法、使用合适的工具进行选品;
3. 能运用淘宝选品的思路和方法,在各网购零售平台进行选品;
4. 能运用1688选品的思路和方法,在各网络采购平台进行选品;
5. 能运用抖音选品的思路和方法,在各新媒体平台进行选品。

素养目标：

1. 培养创先争优的竞争意识，树立踔厉奋发、勇毅前行的工作作风；

2. 树立服务意识，强化社会主义核心价值观，培养解决群众困难、服务社会的能力；

3. 培养法治意识，做一名知法守法护法的好公民；

4. 树立实事求是的职业素养，培养洞察市场、客观分析能力；

5. 树立认真细致的工作作风，强化责任意识，培养全心全意对产品负责、真心实意为用户着想的责任担当。

模块内容

第 1 节　商品定位
第 2 节　选品基础
第 3 节　淘宝选品
第 4 节　1688 选品
第 5 节　抖音选品

思政园囿

党的二十大报告中指出，全党要坚持全心全意为人民服务的根本宗旨，树牢群众观点，贯彻群众路线，尊重人民首创精神，坚持一切为了人民、一切依靠人民，从群众中来、到群众中去，始终保持同人民群众的血肉联系，始终接受人民批评和监督，始终同人民同呼吸、共命运、心连心。

电子商务从业人员需要加强实践锻炼、专业训练，掌握正确的选品方法，在选品工作中增强服务群众意识，树立认真细致的工作作风，强化责任意识，培养真心实意为用户甄选优质商品的责任担当。

职业岗位介绍

岗位名称：选品专员

选品专员是根据企业经营和发展的需求，通过收集市场信息，深度纵横比较商品价格、品质和渠道等情况，并通过适当的技术手段，分析汇总数据，筛选出适合经营商品的一种重要的岗位。

岗位职责：

作为选品专员，不仅需要有对产品独特的审美眼光、对市场的敏感度，还需要有对各种繁杂信息进行搜索和筛选的综合判断能力。因此，作为选品专员的工作职责主要有三点：

1. 负责挑选电商售卖商品，根据时间、热点挖掘潜在爆品和流行品；

2. 定期分析、复盘现有商品数据，对商品种类、品牌和价格有建设性意见，优化选品方案；

3. 与商品供应商建立联系，独立完成前期选品和谈判，保证价格；

4. 管理样品、商品，建立管理流程，妥善管理商品的进出库；

5. 协助产品主管了解用户需求，编写产品需求说明，并协调公司产品的研发、测试、实施和服务等工作，进行产品的相关市场分析和同行业竞争水平的分析。

6. 协助产品主管进行产品市场活动、推广方案的策划和执行，并在市场活动中负责进行产品讲解和演示等操作，以及撰写和制作各种产品宣传文档、销售工具。

岗位要求：

1. 基本要求：热爱本行业及岗位工作，做事认真，严谨细致，有责任心，具备良好的敬业精神和团队协作能力；熟悉电商供货渠道、质量标准、价格行情和验收标准。

2. 岗位知识：了解商品定位的概念、特征、内容、步骤以及方式，理解选品的概念、原则、基本步骤、方法以及工具，熟悉各大电商平台选品的优势、思路以及适用的选品法。

3. 岗位技能：有较强的分析能力和谈判能力，具有良好的市场敏锐度，能对网店商品进行合理定位，能运用合理的方法、使用合适的工具进行选品，能运用选品的思路和方法，在各网购零售平台、网络采购平台、新媒体电商平台进行选品。

▶ 第 1 节 商品定位

▶ 学习目标

知识目标：
理解商品定位的概念；
了解商品定位的特征；
了解商品定位的内容；
熟悉商品定位的步骤；
熟悉商品定位的方式。

技能目标：
能对网店商品进行合理定位。

素养目标：
培养创先争优的竞争意识，树立踔厉奋发、勇毅前行的工作作风。

案例导入

良品铺子拿什么一统零食江湖？

在食品饮料的细分市场中，休闲零食市场是始终无法被忽略的。目前我国休闲零食市场规模接近两万亿元，市场上存在的零食品牌接近两万个，良品铺子以 286 亿市值排行第一。

　　健康的经营模式加上高端化的产品定位，使得良品铺子成为未来零食垄断者最有力的候选人。2006年第一家良品铺子在武汉开张，从一家零食小店成长到近300亿市值的上市公司花了15年的时间。

　　良品铺子主营各种休闲零食，包括果干果脯、坚果炒货、糖果糕点等。目前公司市场占有率约为5%，位列第三。同样是做零食，良品铺子凭什么就能有这么稳定的业绩和高市值呢？健康的经营模式与准确的产品定位是良品铺子成功的关键。与其他零食品牌不同，良品铺子将自家产品定位高端，故意给消费者留下"小贵"的印象。在符合消费升级趋势的同时，也为良品铺子增加了记忆点。

　　我们从售价就能发现：同样类别同样质量的产品，良品铺子的售价明显高于其他零食品牌。那么产品高端化首先要应对的风险就是：消费者买不买账。只有产品质量能够支撑起高定价时，才能获得理想的效果。所以良品铺子在主打高端化的同时也在主打高质量。

　　良品铺子确实在质量方面下了很大功夫，曾定下了瓜子的标准是一公斤1 700颗、藕的种植田水要有20厘米深等，给良品铺子供货的企业都有自己的经营品牌，这也能从一定程度上降低上游带来的产品质量风险。

思考：
1. 良品铺子在休闲零食市场的成功要素有哪些？
2. 定位对企业的发展有什么主要意义？

（案例来源：20 000个品牌与20 000亿市场，良品铺子拿什么一统零食江湖？[EB/OL].(2020-09-03)[2022-09-06]. https://new.qq.com/rain/a/20200903A05TR900）

知识介绍

一、商品定位的概念

　　商品定位是指网店经营者针对目标消费者和网店经营的实际情况、动态分析确定商品的经营结构，实现商品配置的最优化状态。商品定位包括对商品品种、档次、规格、价格、服务等方面的定位，既是网店经营者对市场判断分析的结果，同时又是网店经营理念的体现，通过商品定位以设定网店在消费者心目中的形象。

商品定位也是一种经营策略的体现。商品定位正确与否、结构是否合理、能否保持正常运转，都关系到网店的生存与发展。消费者对商品的体验与评价，往往取决于商品功能所满足他们需要的程度。成功的网店经营者都有一个共性，就是把商品与消费者的需求联结起来，通过这种方式将商品的定位明确地传递给消费者。一种商品特别是知名商品，能唤起消费者的想法、情感、感觉等内在感受。因此，商品定位的关键是要对目标消费群体进行详细分析，只有得到目标消费者的认可，商品定位才是成功的。

拓展资料

华为云的战略定位

> **小提示**
>
> 商品定位这么重要，我们可得重视哟！

二、商品定位的特征

商品定位的特征主要有消费者满意度、长期性、竞争性。

（1）消费者满意度是商品定位的首要条件。网店经营者要通过商品定位，满足消费者的需求，不断提高消费者满意度。

（2）商品定位必须具有长期性。网店经营者只有长期满足消费者需求，才能在消费者心目中树立网店的良好形象。正是在此意义上，我们才说商品定位是一个动态的过程。因为消费者的需求不是一成不变的，所以商品定位需要不断地调整、适应，因此也是一个长期的过程。

（3）商品定位必须具有竞争性。也就是能够从竞争商品中显示出自己的独到之处，这样消费者才会选择并重复购买，才会赢得竞争优势。

网店经营最重要的挑战就是根据目标消费者的需求为商品定位，最持久的竞争优势就是让消费者认为你的商品比别家的好，这就是制胜"定位"。

> **小提示**
>
> 要学会理解商品定位的几个主要特征哦！

新时代 树理想 铸信念

小米立誓三年拿下全球第一

自二季度小米全球手机出货量超越苹果位列全球第二后，小米距离第一的目标就不再遥远。故而，在 8 月 10 日的小米 MIX4 发布会上，雷军正式宣告要"力争三年拿下全球第一"。当时，雷军特别有底气地表示："梦想一定要有，梦想也一定会实现！"

当然，要冲击全球第一，最主要的是要完全站稳高端市场，而高端市场一直是苹果的天下，所以小米的目标不止是挑战三星的全球销量第一，更重要的是要挑战苹果在高端市场一家独大的局面。

那怎么挑战苹果呢？从这次的小米 12 系列的产品定位可以看出不一般。

首先，小米仔细研究了苹果的产品矩阵和战略战术，简单来说，苹果就是利用 iPhone 的不同定位、不同尺寸针对性覆盖了更广泛的用户群体。比如在安卓阵营很少注重的小屏旗舰产品布局上，iPhone13 这一小屏定位产品市场表现就特别好，占据总销量的 75%~80%。所以，小米 12 系列也对产品进行了重新规划和设计——小米 12 主打小屏旗舰对标 iPhone13，小米 12 Pro 则直接对标 iPhone13 Pro，这种"贴身"式产品定位和打法，明摆着是要与苹果正式拉开市场份额争夺战了。

其次，从网友的曝光来看，小米 12 系列还留有余手——不止有小米 12、小米 12 Pro，以及后续另外发布的小米 12 Ultra 外，还有一款命名为小米 12X 的产品。据称，小米 12X 采用了更为成熟稳定、综合体验较好的骁龙 870 处理器。其与小米 12 标准版的区别，除了处理器和部分功能外，其他几乎完全一致，比如一样的获得 DisplayMate A+ 评级的华星光电屏、一样的小屏定位、一样的做工设计等。不过由于处理器上的区别，小米 12X 的价格相比小米 12 标准版应该会低一些，其目标显然是要吃定 3K 市场，不给友商留一丝一毫的机会。

虽然说，与苹果 PK 可谓困难重重，但小米本次敢直接向 iPhone13 叫板并全产品 PK，相信是拥有十足信心的。具体情况，我们就等 28 号的发布会了。

（案例来源：E 网走天下．小米立誓三年拿下全球第一：当头炮小米 12 从全面对标 iPhone13 开始 [EB/OL]．(2021-12-26)[2021-12-28]．https://www.sohu.com/a/511838781_208899．)

三、商品定位的主要内容

商品定位的主要内容有：目标市场定位、商品品类定位、商品品牌定位、商品价格定位、商品服务定位等。

1. 目标市场定位

目标市场定位就是根据市场细分的原则，确定特定商品的市场位置。这里所说的市场是经过细分以后的市场。例如，主要面对男性消费者的市场，主要面对女性消费者的市场；主要面对婴幼儿的市场，主要面对青少年的市场；主要面对精英阶层的消费市场，主要面对中产阶层的消费市场，主要面对工薪阶层的消费市场。

2. 商品品类定位

商品品类定位是网店商品定位中应被重点考虑的问题之一。流通的商品约有 30 万种，一个网店不可能销售所有的商品，应该有所选择并强调重点商品的品类，只有把重点商品品类做精、做细，做得与众不同，才会具有专属于该网店的特色。

3. 商品品牌定位

品牌代表着商品的质量，体现了网店的形象和信誉，也体现了目标消费者的价值观念和兴趣爱好。对于大多数消费者来说，同类商品若价格相当，他们会选择品牌商品。网店经营应根据大多数消费者的消费习惯，明确店铺的商品品牌定位。

> 💻 **想一想**
>
> 什么样的商品比较适合在网上进行销售呢？

4. 商品价格定位

通常情况下，商品的档次与商品的价格是相对应的。价格定位是商品定位中最令人难以捉摸的一项工作。一方面，价格是店铺获取利润的重要指标，最终会直接影响店铺的盈利水平；另一方面，价格也是影响消费者选购商品的一个主要因素，会直接影响消费者的购买决策。

价格定位方法主要有以下三种：

（1）高价定位：要想实行商品高价定位策略，商品的优势必须明显，使消费者能实实在在地感觉到。

（2）低价定位：在保证商品质量、店铺有一定的获利能力的前提下，采取薄利多销的低价定位策略容易进入市场，有利于在市场竞争中的占有优势。

（3）中价定位：介于高价和低价之间，在目前全行业都流行减价或折扣等低价定位策略，或者高价定位策略时，店铺经营者采用中价定位，可以在市场中独树一帜，吸引消费者的注意。

此外，商品的价格定位并不是一成不变的。在不同的营销环境下，或在商品生命周期的不同阶段，或在网店发展的不同阶段，价格定位都应与时俱进地灵活作出相应变化。

5. 商品服务定位

网络是虚拟的世界，网店经营者需要多与客户沟通，为客户提供优质的服务，才能让客户有兴趣尝试网上消费的乐趣。网上店铺可以合理合法地追踪客户，当某商品销售后，商家可以回访客户，了解客户满意度和意见，充分做好售后工作，使客户再次光临网店。

> 💻 **想一想**
>
> 商品定位有这么多内容，那具体操作步骤有哪些呢？

四、商品定位的步骤

网店经营者进行商品定位时，一般有以下五个步骤：

步骤1：分析自身商品与竞争者商品，这是商品定位的起点。

步骤2：找出差异性。与竞争者商品比较，找出商品的目标市场正面及负面的差异性，这些差异性是销售商品营销组合的关键因素，必须详细罗列。

步骤3：列出主要目标市场。

步骤4：指出主要目标市场的特点、需求等。

步骤5：将商品的特征与目标市场的需求相结合。

商品定位要扬长避短，切忌人云亦云，跟风经营。有了正确的商品定位，网店才能更有效地经营和管理。

五、商品定位的方式

根据不同的战略思想，商品定位通常有避强定位、对抗性定位、重新定位等三种方式。

1. 避强定位

避强定位是在目标市场中避开强有力的竞争对手的一种定位方式。网店经营者可以根据自己的资源条件另辟蹊径，将自己的产品定位在另一个市场区域，使自己的产品特色与竞争对手存在明显的差异，以取得相对的优势地位。

2. 对抗性定位

对抗性定位是为了争夺同一细分市场，与市场中占支配地位的竞争者主动对抗的定位方式。虽然从竞争者手中进行"虎口夺食"可能困难重重，但是一旦成功就能取得较大的市场优势和巨大的市场份额。

3. 重新定位

重新定位是由于外界压力造成的危机情况，或者出现新的消费趋势或新的消费群体时的一种商品定位方式。网店经营者做出这种选择必须慎重，因为这样可能会引起品牌忠诚者的反感，也可能会使网店定位变得模糊。

> **小提示**
>
> 商品定位并不是定位好了之后就一成不变，是可以根据网店的发展进行调整的哦！

岗位任务训练

制定商品定位方案

● 工作典型任务：制定商品定位方案

企业在对自己经营的商品进行定位的时候，往往会存在定位不明确的问题，让消费者分辨不清其商品定位到底是什么，因此无法让消费者从其定位中过渡到自己的需求，从而弱化了企业的商品在消费者心中的形象。

在制定商品定位方案中，需明确自身店铺定位、目标市场定位、自身商品优势定位、价格定位、服务定位等，同时还要充分掌握市场情况，了解竞争者的定位，方可制定合理可行的商品定位方案。

● 训练目的

通过制定网店的商品定位方案的训练,理解商品定位的重要性,了解商品定位的内容,培养分析资料与数据的能力,掌握商品定位的实施方法。

● 训练内容

根据自己的网店定位,结合市场调查的情况,制定合理的商品定位方案。

● 训练要求

制定商品定位方案过程中,需要结合本节课程的知识,明确商品定位的主要内容,使方案合理,具备可行性。

● 训练评价

训练测评				
序号	测评内容	分值	自评	小组评
1	店铺定位明确	10		
2	目标市场定位明确	10		
3	自身商品特点分析明确	10		
4	竞争者商品分析明确	10		
5	商品品类定位明确	10		
6	商品价格定位明确	10		
7	商品品牌定位明确	10		
8	商品服务定位明确	10		
9	能将商品的特征与目标市场相结合	10		
10	方案合理,具有可行性	10		
合计:		100		

学生体会:

教师评语:

案例评析

我国休闲零食市场还处于增量期,目前来看良品铺子是模式、结构表现最健康的市值龙头,未来公司能否继续守住初心、应对消费者不断变化的零食需求并实现弯道超车,就留给市场检验。

1. 良品铺子在休闲零食市场的成功要素有哪些?

健康的经营模式、高端化的产品定位、高质量的产品标准。

2. 定位对企业的发展有什么主要意义?

定位对于企业的发展有着十分重要的作用。现代企业市场定位的重要性就是企业通过对顾客需求的分析，认清自己，对比竞争对手，充分发掘自己的优势，把消费者放在第一位，又能有和竞争对手相区别的独到之处，以此确立企业及产品或服务的独特形象，并把它推向市场，渗透到消费者的意识之中。

本节小结

知识方面：通过本节课程的学习，我们对商品定位有了初步的认识，在理解了商品定位的重要性的基础上，了解了商品定位的主要内容和方式，对商品定位的步骤进行了学习。

技能方面：通过制定网店商品定位方案的训练，理解了商品定位的重要性，巩固了对商品定位各项内容的理解，学会收集分析相关资料，达到了能为网店进行准确商品定位的能力目标。

通过知识的学习及技能的训练，达到了知行合一、学以致用的效果。本节课程我们学习了商品定位的基本知识，掌握了商品定位的内容和步骤，为后续开展实际的商品定位工作打好了基础。

拓展实践

利用课余时间，根据自己的网店情况，结合市场调查的结果，完善商品定位方案。

课后复习与思考

1. 什么是商品定位？
2. 商品定位有哪些特征？
3. 简述商品定位的内容。
4. 商品定位包括哪些步骤？

第 2 节　选品基础

学习目标

知识目标：
了解选品的概念；
熟悉选品的原则；
掌握选品的基本步骤；
认识选品的方法；
了解选品的工具。

技能目标：
能运用合理的方法、使用合适的工具进行选品。

素养目标：

树立服务意识，强化社会主义核心价值观，培养解决群众困难、服务社会的能力。

案例导入

歌手转行直播　带货能力令人震惊！

某歌手进行了一场带货直播，在这场近4小时的直播中，累计观看人数突破5万人，社交平台上，他的粉丝增长突破6万人，可谓人气火爆！

不仅如此，当晚上架的23款产品中，新疆灰枣销量突破1 750千克，蛋黄酥销量超过230盒，芒果干、五谷鸡蛋等多款产品全部销售一空……如此成绩使该歌手成为当下炙手可热的主播之一。

听起来令人惊讶，然而他确实做到了。在这份好成绩的背后，我们能看见他近千万的粉丝群体所发挥的势能。除此之外，这也离不开他在背后所付出的努力。这次直播的选品，据说每一件都是由该歌手认真挑选的国货，他希望可以通过直播让观众深入了解国货产品的品质及超高性价比。

直播间的山东大樱桃，是该歌手主动联系山东特产大樱桃的生产基地，提出为他们在直播中带货，帮助果农减少因疫情导致的损失，希望可以用实际行动加入"全民抗疫"的行列中来！

（案例来源：中国日报网. 歌手"转行"直播 带货实力令人震惊！［EB/OL］.（2020-05-19）［2022-09-06］. https://baijiahao. baidu. com/s? id＝1667109432270001177.）

思考：

1. 这位歌手的直播带货为什么能获得成功？
2. 如何选品才能带来好的经营效果？

知识介绍

一、选品的概念

选品，即选择商品。具体是指网店经营者根据自身的定位和条件，结合商品市场和经营环境的实际情况进行综合分析，选择适销对路的商品进行经营的过程。

电商行业中有着"七分靠选品，三分靠运营"的说法，一语道破了"选品"在网店运营中的重要性。选品是网店成功的关键，如果选到一款好商品，不仅该商品能得到好的销量，还能带动起整个店铺的流量、收藏量、销量等店铺的关键经营数据，提升店铺的权重。否则，一旦选品出了问题，不仅是单品不能盈利，还会影响整个店铺的运营。即使在日后的运营中投入大量的精力做各种推广引流，也只会昙花一现，徒劳无功。最终使网店的经营陷入被动的困境。

拓展资料

直播带货如何
解决国潮困境

> "七分靠选品，三分靠运营"，由此可见选品是一项非常重要的工作！

二、选品的原则

选品是网店运营的一项重要的工作，尽管不同行业的选品方法不尽相同，但在选品过程中，都需要遵循以下原则。

1. 质量优先原则

质量优先原则是指在选品过程中把商品的质量因素放在首位，优先其他选品考虑的因素，享有最高优先级的原则。

商品的质量会直接影响到网店的信誉与销量，商品质量好，能给顾客带来放心选购的感觉。但如果顾客发现商品存在质量问题，就会直接给店铺带来不良的影响，顾客可能直接给差评，有些顾客还会要求退换货，增加了网店的运营成本，而且还影响顾客的印象，以后也不会再来光顾了。所以商品的质量需要特别重视。

商品的品质，要以国家或国际有关法规、商品标准或订购合同中的有关规定作为衡量标准。选品时既要从商品的内在质量进行选择，即包括实用性、可靠性、寿命、安全、卫生等在生产过程中形成的商品体本身固有的特性；同时也要从商品的外观质量进行选品，包括商品外观构造、质地、色彩、气味、手感、表面疵点和包装等。此外，还要考虑商品的社会质量，是否违反社会道德、是否对环境造成污染、是否浪费有限资源和能源等。

2. 消费需求原则

消费需求原则是指在选品过程中需要依据市场的消费需求导向进行商品选择的原则。

"有需求才有市场，有市场才有发展。"选品前，需要进行充分的市场调查，寻找市场上尚未被满足或未充分满足的消费者需求，根据市场的消费需求对商品进行定位，推出有潜力、有市场的商品。通过把控消费者的需求点，来保证商品符合市场的消费需求。只有商品符合了消费需求，才能获得更多成交的可能。相比之下，市场消费需求小的商品，会出现网店访客少、商品订单少等问题，直接影响店铺的权重，给店铺运营带来很多的难题。因此，选品过程要遵循"消费需求原则"，要做好市场调查与分析，做好目标人群定位，根据消费者需求进行选品，选择适合市场消费需求的商品。

3. 性价比原则

性价比是商品的性能值与价格值之比，是反映物品的可买程度的一种量化的计量方式。无论是商家进行选品采购，还是消费者选购商品，性价比都是选购商品的一项重要指标。性价比原则是指在选品过程中需要进行货比三家，以"品质好、价格低、性价比高"进行选品的原则。

网络消费日趋成熟，消费者不再以价格作为选购商品的唯一的因素，也不再一味追求低价格的商品。消费者一般会考虑商品的性价比，性价比越高的商品，吸引消费者购买的概率也就越大。

4. 生命周期原则

生命周期原则是指在选品过程中根据商品所处的生命周期而作出选品判断的原则。商品都存在一个生命周期，在市场营销学中，商品的生命周期曲线被分成了四个部分：引入期、成长期、成熟期和衰退期。

引入期是商品生命周期的开始，商品刚进入市场时期。在这个阶段，经营者、消费者对商品不甚了解，存有疑心，商品销量少，销售速度处于缓慢增长；商品生产批量小，某些技术问题尚未解决；生产成本高，推销费用大，特别是"广告大战"花费更大，往往发生亏损。

成长期的商品已为广大的潜在购买者（消费者）所了解和熟悉，商品生产成本下降，销量增加，利润上升。

成熟期的商品已为广大购买者（消费者）所接受，销量稳定，甚至达到顶峰，继而缓慢下滑；利润相应地不再继续保持增长的势头，只是维持在较稳定的水平上。

衰退期的商品生命进入寿终时期，销量迅速下降，利润减少，直到商品被淘汰而退出市场。然而，此时的商品仍有一定的使用价值，即商品的自然生命仍存，而商品的经济生命结束。

根据以上阶段对商品所处的生命周期作出判断，是选品成功的关键。在进行产品选择时要进行详细的调查分析，密切关注商品所处的发展阶段，进而做出选品的判断。

5. 量力而为原则

量力而为原则是指在选品过程要根据网店经营者的自身情况（目标定位、资金、个人偏好和专业程度等）进行合理选品，不要超出自身能力范围的选品原则。

市场中好的商品很多，但并非每一款都适合你的网店。网店经营者在选品中要考虑到自己的资金情况、个人偏好和专业程度等自身情况。面对一个好的商品，如果在网店运作资金不够的情况下盲目地进行选择，就会受到资金链的压力和拖累。在选品中，要"一分钱办一分事"，可用资金的多少决定了网店经营者什么商品可选、什么商品不可选。

选品时还要考虑到个人偏好。有时候因为网店敬业者对某类产品的偏爱，就愿意投入更多的时间和精力去研究商品和市场，而用心的研究又会转化为网店在竞争中的优势。而如果对这类商品完全不感兴趣，那还是不选为好。

专业程度是指对某一类目商品的熟悉程度。专业程度之所以重要，是因为市场竞争到最后就会变成行业专业度的竞争。专业度越高，越容易获得行业优势。在选品过程中，如果当前对该商品和行业不熟悉，就需要在选品之前做好相关学习和研究，以达到一定的专业程度。

> 选品原则适用于各种商品，具有广泛的适用性，大家在选品时，都要对照一下，看看是否都遵循了这些原则喔！

> **新时代　树理想　铸信念**

全国报业电商深入藏区选品助力群众增收

青海好物不少。牦牛肉、牦牛奶、青稞、藏羊肉、枸杞……8月7日至8日,"中国报业电商青海特色农产品产销对接扶贫行动"原产地考察活动在青海省海南藏族自治州兴海县展开。本报电商负责人随团重点考察牦牛奶产地,体验牦牛自然散养的优良生态和洁净环境。

兴海县位于青海省海南藏族自治州西南部,地处三江源国家自然保护区,具有得天独厚的畜牧业资源优势,共有天然草场1 515万亩,2000年起连续19年通过国家有机畜牧业生产基地认证。

长期以来,兴海县与青海其他牧业县一样,资源优势没有转化为产品优势,好产品难以进入内地市场。在扶贫攻坚战役中,尤其是兴海县实施国家电子商务进农村示范县以来,经过认真测算,发现牦牛奶销售对于藏族群众增收更加明显。2018年,兴海县通过"政府+党报+企业+合作社+牧户"方式,生产出高品质牦牛奶。

兴海县委常委、县政府常务副县长达哇旦周介绍,兴海县牦牛奶具有其他牛奶中不具有的免疫球蛋白成分,乳蛋白、共轭亚油酸含量均大幅高于国家标准,钙、铁及多种氨基酸含量均高于普通牛奶,常喝牦牛奶对于提高人体免疫力十分有益。

本报电商平台负责人在兴海县,通过品尝,发现兴海县牦牛奶奶香味更足,没有丝毫想象中的膻味,比我们常喝的普通牛奶好喝。通过考察,发现兴海县平均海拔达到4 300米,广袤的兴海草原如绿毯一样遍布高寒草甸植物,星星点点的白色帐篷如珍珠一样散落草原,黑色的牦牛悠然觅食,所到之处,看不到工厂和矿场,没有任何工业污染。

本报电商平台及来自全国各报业电商平台负责人一致决定将兴海县牦牛奶产品引入本地市场销售,共同助力藏区脱贫,推动乡村产业振兴。

(案例来源:山西新闻网. 全国报业电商深入藏区选品助力群众增收[EB/OL]. (2020-08-09) [2022-10-28]. http://news.sxrb.com/GB/314064/9607480.html.)

三、选品的基本步骤

很多新手刚开始经营网店的时候,对选品无从下手,不知道如何进行选品。选品是一个简单而又复杂的过程,有没有一个科学可行的步骤可以遵循呢?以下是选品的基本步骤(如图2-1所示),希望能帮助网店经营新手在选品过程中少走些弯路。

明确网店定位 → 寻找选品灵感 → 调研商品潜力 → 预算商品成本 → 落实供货渠道 → 完成选品决策

图2-1　选品的基本步骤

第1步：明确网店定位。选品之前，需要明确网店的定位。规划好网店的定位，是选品的基础。俗话说："方向错了，努力也就白费了。"如果网店定位不清，就会导致选品过程缺少目标和方向，难以选到适销对路的好商品。

第2步：寻找选品灵感。根据网店的定位，明确选品的目标行业，到相应的行业市场寻找选品灵感。对行业市场和商品敏感是选品的重要因素，如果对行业不了解或者对商品没有认知，都会导致选品的失败。网店经营者可以通过浏览线上商品采购平台或者同类型网店、走访线下商品批发或者零售市场、参观行业展会等途径来获知商品的行情信息，以激发选品灵感。

第3步：调研商品潜力。当发现有选品意向的商品后，我们需要对该商品进行调研分析，以判断商品的市场表现及经营潜力。可以通过专业的数据分析工具，获取商品的销量、需求量、供应量等经营指标，并对数据进行整理分析，判断商品的经营潜力。调研过程需要使用客观真实的数据进行判断，而不能凭自己的感觉随意拍脑袋选品。

第4步：预算商品成本。选品的目的是选到合适的商品，能给网店带来良好的经营效果。商品成本对网店的盈亏有着重要的影响，因此，在选品过程中要了解清楚产品的成本及相关费用。如采购商品的货款、运输费、装卸费、保险费、包装费、仓储和保管等方面的费用。合理估算商品的成本，为选品提供一个重要的参考指标。

第5步：落实供货渠道。经过上述4个选品步骤，已经可以初步选出具有发展潜力的商品，此时我们需要寻找供货商商谈合作细节，以落实供货渠道。最好寻找两到三家供货商进行拿样，以及商谈合作细节，如价格能否优惠、包装能否改进、是否支持贴标、是否包邮等。通过拿样与商谈，选择有合作潜力的供货商，能保障商品持续稳定的销售，这是选品工作的一个重要环节。

第6步：完成选品决策。确定了样品和供货商之后，根据我们自身的情况，结合此前市场调研、与拿样过程中发现的商品问题，与供货商商讨改进细节。

选品是一个认识市场、了解市场的过程，通过以上的基本步骤，帮助大家在选品的时候做到"人无我有、人有我优、人优我特"。

> 在选品步骤的指引下，我们的选品就有思路了，就不会感到迷惘而无处做起了。

四、选品的方法

常用的选品方法有很多，按选品标准和参考条件的不同，有以下几种常用的选品方法。

1. 热销榜单选品法

"热销榜单选品法"，是通过分析平台热销榜单，以商品在市场中销售情况为依据的选品方法。各大电商购物平台，一般都有商品的热销榜单，提供完整的各个类目商品的畅销排行榜。这可以在选品上给网店经营者提供参考，了解市场近期销量排行靠前的商品。根据商品的实时销售情况和历史的销售情况来进行排名，反映了市场对该类商品的接受能力以及消费者对该类商品的购买能力。

2. 平台热词选品法

"平台热词选品法"，是通过调研用户对商品的搜索情况，以市场对商品需求度为依据的选品方法。在电商购物平台上选购商品时，消费者一般都是通过搜索关键词找到心仪的商品再进行购买的。所以根据商品词的搜索量进行选品也是一个简单有效的方法。搜索量多的就说明该商品的市场需求潜力大，同时看搜索量的增长趋势还能够分辨出该商品目前处于的需求阶段是什么。根据热词分析得出的数据，容易选到培养爆款的商品。

3. 同行选品法

"同行选品法"，是通过观察市场中同类网店，以竞争店铺的选品情况为依据的选品方法。通过竞品可以判断竞争对手的专业度，如果同类卖家是老手，而且还有价格优势，建议不要与这类卖家进行正面的选品竞争。我们可以选择商品的其他细分市场，进行差异化的选品定位。例如，行业资深的竞争对手经营的商品是各种款式的服装，我们可以选择"童装"这一细分市场进行选品，避开正面竞争。

4. 高利润率选品法

"高利润率选品法"，是通过计算商品的运营成本，以追求高的商品利润率为依据的选品方法。利润率是销售商品获得的利润与成本的比值，商品的利润率越高，网店盈利能力越强。由于商品的成本由多方面构成，而且有部分成本是在销售过程中甚至在售后才发生，因此本方法需要对商品未来成本和销量有良好的预判性。预测准确，选品就容易成功，反之之很可能是无法达到预期利润甚至出现亏损。所以，在选品的时候，就要严格把关利润率。

5. 品牌选品法

"品牌选品法"，是基于对优质品牌的认可和信任，对品牌商品的特点、周期、毛利率、服务保障以及品牌知名度、美誉度等多个维度进行综合评判的选品方法。品牌是消费者对商品及商品系列的认知程度，因此如果同一品类有多个品牌可以选择，则可以保留一线品牌，放弃二三线品牌。如果一线有多个品牌选择，则保留趋势好、利润高、服务好的品牌进行选品。选择管理规范的品牌，不仅铺货容易，而且可以让客户产生黏性和忠诚度，尤其是利润可观的品牌商品，对网店的经营成长十分有利。

6. 热点选品法

"热点选品法"，是一种基于社会热点进行选品的方法。在现代信息社会，一个热点能引起社会的广泛关注，并通过网络进行传播和发酵。热点的出现，往往可以带动周边商品的一波热潮，网店经营者如果能够敏锐地捕捉此类热点信息，则可以为选品提供有力的参考依据。热点可以通过短视频带货、社交平台的热点话题、网络热词、热点新闻、热门事件等渠道进行获取。依据热点进行选品，往往能在短期内吸引人气和流量，但持续时间一般不会很长，因此需要网店经营者经常关注各种渠道信息，及时把握热点带来的商机。

> 选品方法各有特点，需要我们深入领悟，根据不同环境灵活选用。

五、选品的工具

选品是网店运营中一项重要的工作,不能凭感觉或者个人的喜好随意进行。选品需要通过真实的市场调研,掌握客观的行业商品数据,经过科学的分析做出选择。"工欲善其事必先利其器",如果我们运用专业的工具进行辅助,就能使选品工作更为精准而高效。

以下是淘宝网店中常用的选品工具。

1. 生意参谋

生意参谋集数据作战室、市场行情、装修分析、来源分析、竞争情报等数据产品于一体,是商家统一数据产品平台,也是大数据时代赋能商家的重要平台。

生意参谋(如图 2-2 所示)运用大数据为网店经营者解决选品的痛点,是基于阿里巴巴全域数据资产层,在陆续整合量子恒道、数据魔方等基础上增值创新,发展成为统一的数据产品平台。通过生意参谋,网店经营者可以看到口径标准统一、计算全面准确的店铺数据和行业数据,从而为选品决策提供依据。

图 2-2 生意参谋

2. 关键词词典

关键词词典(如图 2-3 所示)是一个基于淘宝/天猫直通车操作需求,汇集所有关于关键词操作方面的页面。它分为四大板块,分别从关键词分类汇总、小二建议、精华学习及卖家反馈维度为卖家提供帮助。每周更新一次,不断为网店经营者提供最新的关键词学习资料。

3. 第三方选品工具

"生意参谋"和"关键词词典"都是阿里巴巴集团提供的官方数据分析工具,此外在选品中还有很多第三方的选品工具可供使用。

(1)淘数据。

淘数据是淘宝各行业类别下的热销宝贝排行榜数据,通过热销宝贝榜,可以发掘热门的宝贝产品。

图 2-3 关键词词典

(2) 千里眼。

千里眼(如图 2-4 所示)是一款商品的分析工具,具有一键分析商品关键词数量、展现量、点击量、点击率、转化率的功能,能自动推荐类目热门关键词,可以随时了解客户搜索需求,还可以一键测试竞争对手的商品,分析流量转化词,为网店经营者选品提供有效的数据帮助。

图 2-4 千里眼

(3) 魔镜市场情报。

魔镜市场情报是一款电商数据的 SaaS(软件即服务)系统产品,主要提供在线市场的行业和品牌数据。它将散落在互联网各个角落的公开网页数据整理成高价值的商业数据,覆盖电商、外卖、物流、房产、汽车等多个行业领域。基于采集到的数据,分析师可以定期撰写报告,覆盖热点行业,发现新鲜动态,还可以使用专门的 AI 算法来从数十亿商品数据中发现"新奇特"商品,帮助电商经营者发现蓝海机会。

(4) 蓝海工具箱。

蓝海工具箱(如图 2-5 所示)是一款集淘宝蓝海词采集与分析、标题组合、蓝海选品、随机设置、选品数据库、店铺上传等多功能为一体的电商工具，能帮助淘宝中的卖家高效选品。

图 2-5 蓝海工具箱

> 利用好这些工具提供的专业数据，可以为我们选品决策提供更为准确的帮助。

岗位任务训练

制定网店选品方案

● 工作典型任务：制定网店选品方案

企业在开展选品工作前，都会制定具体可行的选品方案。方案的质量直接影响选品的效果，优秀的选品方案是选品成功的重要保障。因此，在制定选品方案的时候，需要运用本节课程的内容。在认识选品的概念和重要性的基础上，遵循选品原则，规划选品步骤，细化选品工作，明确选品方法和使用工具，力求制定出符合企业需求的选品方案。

● 训练目的

通过指定网店选品方案，体会选品的重要性，运用选品的原则和基本方法，学会为自己的网店进行合理的选品。

● 训练内容

根据自己的网店定位，制定合理的选品方案。

● 训练要求

在设计选品方案过程中，需要结合本节课程的知识，遵循选品的原则、根据选品的基本步骤、运用合适的方法和工具进行选品。

● 训练评价

训练测评				
序号	测评内容	分值	自评	小组评
1	商品定位明确	10		
2	符合选品原则	10		
3	选品步骤具体可行	20		
4	选品方法合理有效	20		
5	选品工具操作得当	20		
6	选品方案科学合理	20		
合计:		100		

学生体会:

教师评语:

案例评析

2020 年的疫情促进了电商行业迅猛的发展和跨越，带货直播逐渐走入人们的日常生活中，成为消费者茶余饭后的消遣方式。淘宝、抖音、快手等平台邀请了大量艺人明星入驻直播间，开启了全新的线上营业模式，在众多跨行入局的明星中，涌现出了不少带货实力强劲的人气主播，他们用专业的态度和丰富的内容，让我们看到了"流量光环"背后仍旧"圈粉"的无限可能。

某歌手在双十一期间冲进了淘宝直播"超级带货小时榜"的前列位置，并获得了官方授予的"金牌主播"称号。他的每场带货直播的观看量已达到了至少 100 万人次，全网粉丝量已突破了 2 000 万。

1. 这位歌手的直播带货为什么获得成功?

该歌手和团队从选品阶段就进行了严格把控，每款最终能够上架的产品必然经过了至少三轮的选择，只有经过多重挑选和真实试用才会被推荐给消费者。而该歌手和团队们也考虑到了直播间观众群体的画像，将选品品类聚焦在美妆个护、食品、生活日用品等种类上，尽量匹配关注直播间的爱美、爱生活人士。从直播间最终得到的数据反馈来说，这印证了他们的正确决策。

2. 如何进行选品才能带来好的经营效果?

成功的选品离不开明确的定位。该歌手的成功就在于正确的选品定位，能从消费者的角度去思考和探索选品的问题。除了定位之外，还要需要有选品的灵感、调研商品的潜力、预算商品的成本、落实商品的货源及供货渠道，最后才能完成选品的决策。

本节小结

知识方面：通过本节课程的学习，我们学习了选品的概念，认识了选品的原则，掌握了选品的基本步骤，了解了选品的方法和工具。

技能方面：通过制定网店选品方案，体会了选品的重要性；通过运用选品的原则和基本方法，学会了为自己网店进行合理的选品。

通过知识的学习及技能的训练，达到了知行合一、学以致用的效果。本节课程，我们学习了选品的基本知识，掌握了选品的工具和基本方法，为后续的网店开展选品工作打好了基础。

拓展实践

利用课余时间，根据自己的网店情况，完善网店选品方案。

课后复习与思考

1. 什么是选品？
2. 选品需要遵循哪些原则？
3. 选品过程有哪些基本步骤？
4. 选品有哪些方法？
5. 选品可以运用哪些工具？

第 3 节 淘宝选品

学习目标

知识目标：
了解淘宝选品的优势；
熟悉淘宝选品的思路；
掌握淘宝适用的选品法。

技能目标：
能运用淘宝选品的思路和方法，在各网购零售平台进行选品。

素养目标：
培养法治意识，做一名知法守法护法的好公民。

案例导入

故宫口红一夜爆红上新两天售罄

在移动互联网时代，故宫博物院虽在紫禁城中，但"故宫淘宝"早已带着一股清流快速侵袭了我们。可以说，这几年故宫淘宝是火到不行，好多人都说因为"故宫淘宝"终于明白了什么叫作"一入宫门深似海，从此钱包是路人"。

12月9日,"故宫淘宝"上新,而这一次它带来的是文创与美妆摩擦出来的火花。本次上线的商品是6款口红和2款面膜。6款"国宝色"口红其外观均从后妃服饰与绣品上汲取灵感,以黑、白、赤、青、黄五色体系结合"宫廷蓝"底色,并饰以仙鹤、蝴蝶、瑞鹿等图案,售价为199元。故宫口红上新两天就售罄。

(案例来源:新华社客户端.故宫口红一夜爆红上新两天售罄 专家:涂口红的正确姿势 [EB/OL].(2018-12-23)[2022-09-06].https://baijiahao.baidu.com/s? id=1620598602688460382.)

思考:

1. "故宫淘宝"为什么会选择口红进行销售?
2. "故宫淘宝"在选品方面给我们什么启发?

知识介绍

一、淘宝选品概述

淘宝网是一个具有行业影响力的网购零售平台,阿里巴巴集团公布的数据显示,阿里巴巴2021财年(2020年4月到2021年3月)中国零售市场的月活跃用户数已达9.02亿,新增活跃商家数创下2017年以来5个财年的最高值。2020年1月,2020年全球最具价值500大品牌榜发布,淘宝排名第37位。

以淘宝网为代表的网购零售平台,聚合了市场的各种消费需求,因此通过搜集调研淘宝网的商家和商品信息,可以让我们了解网购零售市场行情,为我们的选品提供真实客观的参考依据。

淘宝选品的思路和方法,可以拓展到同类的网购零售平台,如天猫、京东、拼多多、亚马逊等。

> 淘宝选品不是开淘宝店如何选品,而是通过淘宝网所代表的各网购零售平台进行选品。

二、适用的选品法

对应上节"选品基础"所介绍的常用选品方法，淘宝选品适用的选品方法包括热销榜单选品法、平台热词选品法、竞争对手选品法。

1. 热销榜单选品法

"热销榜单选品法"，是通过分析平台热销榜单，以商品在市场中销售情况为依据的选品方法。淘宝可以通过排行榜获取平台商品的销售趋势，如搜索上升、热门搜索、品牌上升、品牌热门等信息。它可以在选品上给网店经营者提供参考，了解市场近期销量排行靠前的商品以及有发展潜力的商品（如图2-6所示）。

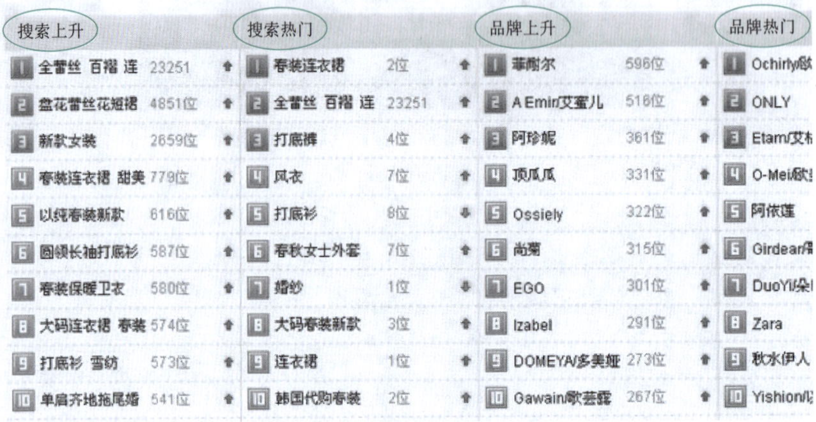

图 2-6 淘宝排行榜

淘宝排行榜现已并入"生意参谋"，通过"生意参谋"的"市场"模块，可以获得店铺排行、商品排行、品牌排行、搜索排行等重要的行业市场数据（如图2-7所示）。

图 2-7 生意参谋

2. 平台热词选品法

"平台热词选品法",是通过平台的热词了解用户对商品的搜索情况,以平台用户对商品的需求热度为依据的选品方法。

在淘宝搜索栏中,图2-8中的①会显示当前热门的词,以提示消费者。在搜索栏下方,图1-8中的②也列出了平台当前的热词,从而引导消费者进行搜索选购。

图2-8 淘宝热词

在搜索商品时,搜索栏也会进行该商品的关联热词提示(如图2-9所示)。

图2-9 热词提示

消费者一般都是通过搜索关键词找到心仪的商品再进行购买的,所以根据商品词的搜索量进行选品也是一种简单有效的方法。搜索量多的就说明该商品的市场需求大,同时看搜索量的增长趋势还能够分辨出该商品目前处于哪个需求阶段。因此,根据热词分析得出的数据,容易选到培养爆款的商品。

3. 竞争对手选品法

"竞争对手选品法",是通过观察市场中同类型网店,以行业竞争者的选品情况为依据的选品方法。

在淘宝搜索页面(如图2-10所示),可以通过该类商品的细分,搜索定位与本店相近的同行网店,以此收集同行店铺的销量、信用、资历、风格、服务情况以及商品种类、款式、价格等重要参考信息。

图 2-10 淘宝搜索页面

> 淘宝网不仅可以提供便捷的网购服务，而且还能提供专业的数据参考，有助于使用多种选品方法的运用。

新时代 树理想 铸信念

辛某被曝"售假"600万背后

4月18日，网曝辛某和旗下主播在快手直播间疑似卖假货，销售金额超600万元。4月22日晚间，涉事品牌发表声明，辛某所售商品未经官方授权，要求其销毁侵权商品并赔偿500万元。

接二连三的"翻车"，让人不得不联想到辛某的选品团队或许真该改改了。今年1月，辛某发布了一封所谓的"内部信"，承诺将"会与大家一起冲在一线，去产地、去选品、去谈价、倾听消费者最直接也最真实的反馈"，并提到"这是辛某安身立命之本"。3月，辛某还对外表示，作为直播电商企业，他们从供应链源头到销售端打造了全方位的品控体系，成功保障了产品质量。没想到，不到一个月便又"翻车"了。

对直播行业来说，选品是重中之重。一位业内人士称，90%以上的直播都是"货带人"，"燕窝事件"就正面反映出直播选品及供应链管控的重要性。一名优秀的主播，首先得是一名优秀的选品官。

资深直播运营人员小圈告诉《天下网商》，大主播通常会把选品交给手下的招商、选品团队，通过他们的层层筛选后再进入大主播的选品环节，而大主播大多会关注品牌和价格，一定程度来说，他们较为信任手下的选品团队。因此，招商和选品团队的权力变大了。

"很多招商并不专业，可能只关注主播能不能播，风格、费用是否合适。"他表示，"很多大主播会选择专业和自己信赖的人负责选品，但选品团队也存在与品牌互相牟利的情况，拿着回扣优先插队等情况都存在。"

与此同时,直播行业还存在着大批"黄牛",他们服务于这些头部主播,为其招商、找货,一旦成功入选,就能拿到一笔丰厚的佣金。"以辛巴为例,黄牛一个货品抽成十几万都有可能,一个货品就能赚一年的钱。"小圈表示,"如果货品反复出现问题,这个货品团队确实该好好调整一下。"

(案例来源:天下网商. 辛巴被曝"售假"600万背后,代理商、选品团队谁来背锅?[EB/OL]. (2022-04-23)[2022-10-28]. https://www.thepaper.cn/newsDetail_forward_17765664.)

三、拓展方法

以淘宝网为代表的网购零售平台选品,除了以上的热销榜单选品法、平台热词选品法、竞争对手选品法等法外,还可以收集更多有关消费者对商品的需求信息,例如:

(1)"您是不是想找"可以了解该类商品当下的潜在消费需求(如图2-11所示)。

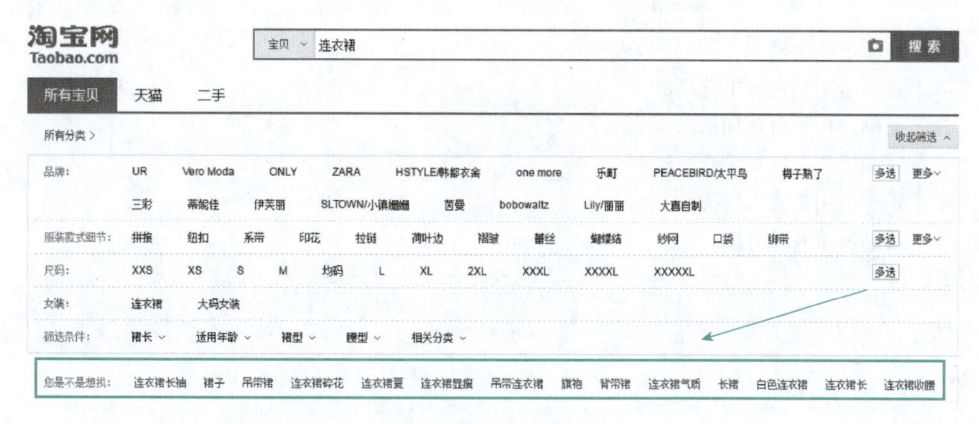

图 2-11 商品提示

(2)"排序"可以了解自己与同行的排名(如图2-12所示)。此外,还可以了解消费者喜欢的价位分布比例,以及通过"发货地"了解商品的发货地的分布情况等。

图 2-12 综合排序

岗位任务训练

淘宝选品

● 工作典型任务:淘宝选品

淘宝网是一个具有行业影响力的网购零售平台,以淘宝网为代表的网购零售平台,聚合了市场的各种消费需求,因此通过搜集调研淘宝网的商家和商品信息,可以让我们了解网购零售市场行情,为我们的选品提供真实客观的参考依据。

● 训练目的

通过淘宝网进行商品信息收集和选品决策分析,运用本节介绍的三种淘宝常用的选品方法,掌握网购零售市场获取市场行情的方法,学会运用数据信息进行科学选品。

● 训练内容

运用热销榜单选品法、平台热词选品法、竞争对手选品法等方法,通过淘宝网进行商品信息收集,通过分析后,完成选品的决策。

● 训练要求

在淘宝等网络零售平台上开展选品练习。在选品过程中,需要结合本节课程的知识,合理运用热销榜单选品法、平台热词选品法、竞争对手选品法以及拓展方法,真实客观地收集网购市场的行情信息,并结合自己的网店完成选品决策。

● 训练评价

训练测评				
序号	测评内容	分值	自评	小组评
1	商品定位明确	10		
2	正确运用热销榜单选品法	20		
3	正确运用平台热词选品法	20		
4	正确运用竞争对手选品法	20		
5	正确运用拓展方法选品	20		
6	选品决策有理有据	10		
合计:		100		

学生体会:

教师评语:

案例评析

2016 年 7 月,故宫博物院与阿里巴巴签署战略合作协议。故宫博物院在阿里巴巴开设官方旗舰店,也就是"故宫淘宝",现为"故宫文创官方旗舰店",利用互联网进一步拓展影响力,深度优化故宫爱好者的参观和文化体验,游故宫、逛旗舰店将成为游客的新体验。

近年来,"故宫淘宝"迎来了"火箭式"发展,先后推出了大家故宫手机壳、"奉旨旅行"行李牌、"格格"书签等"萌贱萌贱"的周边产品。据济研咨询统计,故宫的文创产品销售额从 2013 年的 6 亿元增长到 2016 年的近 10 亿元。而在 2017 年,故宫文创部线下收入近1亿元,线上淘宝网店收入近5 000万元。此外,故宫也有其他部门贡献文创产品收入,故宫所有的文创产品全年总收入达15亿元。

1. "故宫淘宝"为什么会选择口红进行销售?

"故宫淘宝"的成功是多方面的,包括了文创、品牌、产品、质控、口碑、运营等。其中选品是一个很重要的因素,本次发布的"故宫口红"新品,一夜爆红、两天售罄,就是选品的重要体现。

贝恩咨询于今年发布的报告显示,奢侈品市场在连续四年表现平庸和下滑后,在2017年取得了惊人的整体增长,其中以美妆为代表的女性日化品类以28%的增长领先珠宝、服装、箱包,成为增长最迅速的品类之一。而故宫正是看中了美妆日用品这一风口,同时借此进一步拓展"90后""00后"的消费群体。

2. "故宫淘宝"在选品方面给我们什么启发?

"故宫淘宝"选品的成功离不开对市场的分析、抓准市场热点和结合自身特色精准选品定位。它通过专业的市场调研和科学的分析,发现了奢侈品市场发展的拐点,并结合自身文创的优势,选择了"口红"作为选货对象,创造出具有自身特色的商品,并与知名的美妆日用品厂家进行合作,保障货品质量以及供货保证。口红是"故宫淘宝"在选品上的又一次成功,给我们在选品方面有很大的启发。

本节小结

知识方面:通过本节课程的学习,我们对淘宝选品有了初步的认识,在认识淘宝网的业务类型和优势的基础上,了解了淘宝选品的思路和方法;对上节课程内容的选品方法通过淘宝平台实施具体的应用,让我们掌握了如何从网购零售平台进行选品。

技能方面:通过淘宝选品的训练,认识了淘宝选品的优势,了解了淘宝选品的思路,掌握了淘宝适用的选品方法,达到了能运用淘宝选品的思路和方法,在各网购零售平台进行选品的技能目标。

通过知识的学习及技能的训练,达到了知行合一、学以致用的效果。本节课程我们认识了淘宝网的优势和选品思路,掌握了以淘宝网为代表的网购零售平台的选品方法,为后续店铺开展选品工作打好了基础。

拓展实践

反复练习热销榜单选品法、平台热词选品法、竞争对手选品法,熟练掌握淘宝网的选品决策方法。

课后复习与思考

1. 淘宝网是一个什么类型平台?
2. 为什么网络零售平台可以作为选品的平台?
3. 淘宝选品适用的选品方法有哪些?

第4节 1688选品

学习目标

知识目标：

了解1688选品的优势；

熟悉1688选品的思路；

掌握1688适用的选品法。

技能目标：

能运用1688选品的思路和方法，在各网络采购平台进行选品。

素养目标：

树立实事求是的职业素养，培养洞察市场、客观分析能力。

案例导入

"超级买家天团"深入工厂，精准对接

2020年11月24日，首届大湾区全球电商直采节暨1688超级买家天团佛山站在中国陶瓷城举行，上百家佛山企业与来自阿里巴巴1688平台的"超级买家天团"现场对接。截至24日下午5时，共有500余名各地买家与佛山厂商达成了意向采购订单，意向金额超5 000万元。

1688平台是阿里巴巴旗下的B2B电商平台，"超级买家天团"则为1688平台聚焦买家服务的项目，旨在依托大数据筛选具有采购意向的买家，组建超买天团，深入城市产业带源头工厂，促进买卖双方精准对接。

参与活动的佛山企业主要来自家装建材、童装和小家电等行业。受访企业认为，活动有助于帮助企业拓展销路。

"这次接触到的买家，包括贸易公司、社区团购、母婴连锁、线下门店，甚至微商，这些客户渠道更加广泛，有利于帮我们打开销路。"佛山韩童衣舍服饰有限公司负责人赵婵说。

11月23日，超级买家天团还走进10家佛山家装建材企业、8家童装企业、8家家电工厂，实地考察"佛山制造"的实力。截至24日下午5时，有500余位买家与百余家的厂商达成了意向采购大单，意向金额超5 000万元。

今年以来，为了带动更多佛山企业拓宽线上线下营销渠道，佛山加大与主流电商平台的合作力度。

3月22日，佛山市商务局、阿里巴巴1688、佛山市电子商务协会联手举办了"源头产地复苏计划——佛山站"活动。当天，活动共拉动佛山本地企业在1688平台实现2 230万元的销售额。

5月15日，佛山市政府与拼多多达成全面战略合作协议，"佛山优品馆"上线拼多多平台。当天，佛山市副市长乔羽还与拼多多联合创始人达达，携手美的、格兰仕、海天味业、新明珠陶瓷等企业现场带货。

"在数字化浪潮的推动下，很多佛山优秀的制造企业已经把数字化转型作为未来发展的方向，本次活动是打通买家资源的又一重大举措。"佛山市人民政府副秘书长吴文志说。

（案例来源：南方新闻网．采购意向金额超 5 000 万［EB/OL］．(2020-11-25)[2022-09-06]．https://baijiahao.baidu.com/s?id=1684296963006190003．）

思考：

1. 1688平台的功能定位是什么？
2. 如何发挥1688平台优势助力电商选品？

知识介绍

一、1688选品概述

1688（阿里巴巴批发网）是全球企业间B2B电子商务的著名品牌。1688是以批发和采购业务为核心，已覆盖原材料、工业品、服装服饰、家居百货、小商品等行业大类，提供从原料采购—生产加工—现货批发等一系列的供应服务，为买家采购批发提供风向标。

以1688网为代表的网络采购批发平台，聚合了市场的各种供应和采购信息，因此通过搜集调研1688平台上的商家和商品信息，可以让我们了解网购批发市场行情，为我们的选品提供真实客观的参考依据。

1688选品的思路和方法，可以拓展到同类的网购采购批发平台，如慧聪网、中国供应商、义乌购、爱采购、京满仓等。

> 1688选品是通过网络采购批发渠道进行选品的一种方式。

二、适用的选品法

对应本模块第2节"选品基础"所介绍的常用选品方法，1688选品适用的方法包括热销榜单选品法、高利润率选品法、优质品牌选品法。

1. 热销榜单选品法

"热销榜单选品法"，是通过分析平台热销榜单，以商品在市场中销售情况为依据的选品方法。1688可以通过阿里指数获取平台商品的采购数据信息，如搜索排行榜、产品排行榜、公司排行榜、企业官网排行榜等。这些信息能在选品过程中给网店经营者提供重要的参考，了解市场近期采购排行靠前的商品以及有发展潜力的商品（如图 2-13 所示）。

图 2-13　阿里指数

与淘宝排行榜一样，阿里指数现已并入"生意参谋"，通过"生意参谋"的"市场竞争"模块，可以获得行业大盘、店铺排行、商品排行、属性排行、搜索词排行等丰富的行业市场数据（如图 2-14 所示）。

图 2-14　生意参谋

"热销榜单选品法"不仅在淘宝平台可以运用，在 1688 平台也是适用的。"七分靠选品，三分靠运营"，由此可见选品是一项非常重要的工作！

2. 高利润率选品法

"高利润率选品法",是通过计算商品的运营成本,以追求高的商品利润率为依据的选品方法。在 1688 的商品信息页中(如图 2-15 所示),可以清晰地了解到商品的采购起批量、采购价格、优惠信息、物流费用等,从而帮助网店经营者估算商品的成本。

图 2-15 1688 商品信息

网店经营者还可以通过"找同款"找到同款货源,货比三家,择优选品(如图 2-16 所示)。

图 2-16 1688 找同款

3. 优质品牌选品法

"优质品牌选品法",是基于对优质品牌商品的认可和信任,对品牌商品的特点、周期、毛利率、服务保障以及品牌知名度、美誉度等多个维度进行综合评判的选品方法。

1688"找供应商"提供了对商品供货商的横向对比。搜索关键词后,平台提供了该类商品供货商整体情况,如供货商的名称、地址、供应能力以及各项供应的服务能力指标,可以使网店经营者了解供货商以及商品的情况(如图2-17所示)。

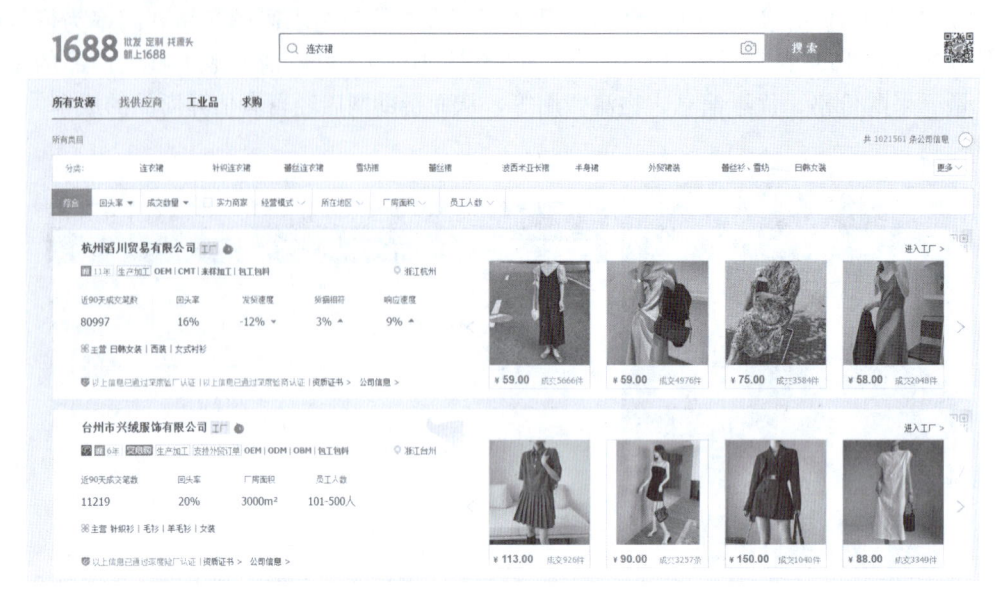

图2-17　1688找供应商

1688也提供了对供货商的综合评价,如综合服务、采购咨询、退换体验、品质体验、纠纷解决、物流时效。通过这些供货商和品牌的客观信息,有助于网店经营者选择行业的优质品牌进行选品(如图2-18所示)。

图2-18　1688供应商综合评价

> **新时代 树理想 铸信念**

英国消费者"猫冬"场景　花样取暖买不停

要论近期的选品大热门，非取暖器莫属！

以英国市场为例，由于今年冬天能源费用成本的飙升，英国消费者未来几周甚至几个月内正在优先考虑寻找其他的取暖和保暖方法。为了度过这个凛冬，他们大量通过eBay、亚马逊等平台抢购毛毯、取暖器，乃至蜡烛等产品，试图以此降低家庭的能源成本支出。

这不，来自 eBay Ads 的最新见解向我们揭示了英国消费者正在采取的"猫冬"采买趋势。研究发现，由于能源费用的上涨，37%的消费者正计划购买相关取暖产品以防止冬季集体供暖的缺位。

来自 eBay Ads 的洞察表明，此类购买通常会在秋季开始时增加。例如，在2021年10月，在 eBay 网站上搜索"加热毯"与同年9月相比增加了147%，同时搜索"热水瓶"和"阁楼保温材料"的搜索量分别增加了121%和80%。

然而，伴随着能源账单高筑和可能肆虐的强大寒流，今年这一趋势愈加猛烈！首先，从我自己和身边卖家圈的交流来看，今年英国消费者为凛冬所做的购买准备提早了，且购买力更强了。这一趋势在 eBay Ads 的趋势洞察中也有所体现：2022年7月，"加热毯"的搜索量比2021年7月高出132%，"阁楼绝缘"的搜索量则比去年同期增长了37%。

事实上，单就10月来看，这一增长趋势也十分显著。百货连锁店 John Lewis 数据指出，10月，英国消费者对羽绒被和电热毯的需求增长了8%，对蜡烛的需求增长了9%，且越来越多的英国人正在加入这一采买团队中。

其实不仅仅是英国，包括德国、法国、意大利、西班牙等国家在内，近期对应"猫冬"产品也十分畅销。希望卖家朋友们都能够及时挖掘市场潜力，结合平台活动激励和补贴，在即将到来的"寒冬"出奇制胜！

（案例来源：跨境新说. 英国消费者"猫冬"场景大赏：花样取暖，买买买不停［EB/OL］.（2022-10-14）[2022-10-28]. https://new.qq.com/rain/a/20221014A06XVF00.）

三、拓展方法

以1688为代表的网络采购批发平台选品，除了以上的热销榜单选品法、高利润率选品法、优质品牌选品法等方法外，还可以收集更多有关于商品的供应信息，例如：

（1）"公司档案"可以了解到供货商的供货能力、服务水平、生产档期、地理位置、工商档案、诚信登记、品牌的产品目录等情况（如图2-19所示）。

图 2-19　供应商档案

（2）供货商很多时候对商品的图片进行了处理，我们看到的照片是经过美化的，为了真实了解商品，需要多看看用户对商品的"评价"，特别是多参考用户在评论区留言和晒图，以此可以更客观地了解商品（如图 2-20 所示）。

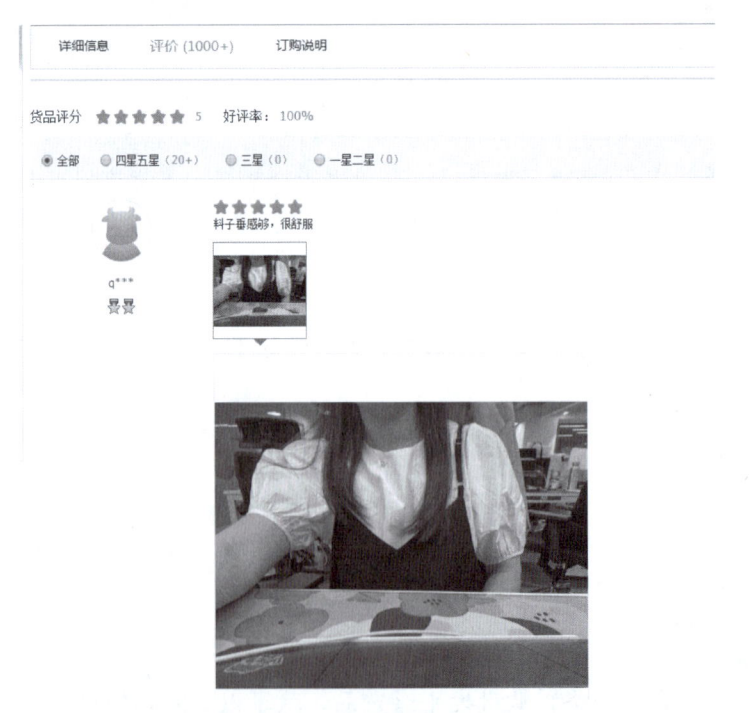

图 2-20　商品评价

领先的批发采购服务能为选品提供决策帮助，这些方法都学会了吗？

岗位任务训练

1688 选品

- 工作典型任务：1688 选品

1688 是全球企业间 B2B 电子商务的著名品牌，以 1688 网为代表的网络采购批发平台，聚合了市场的各种供应和采购信息，因此通过搜集调研 1688 平台上的商家和商品信息，可以了解网购批发市场行情，为企业选品提供真实客观的参考依据。

- 训练目的

通过 1688 平台进行商品信息收集和选品决策分析，运用本节介绍的三种 1688 常用的选品方法，掌握网络采购批发市场获取市场行情的方法，学会运用数据信息进行科学选品。

- 训练内容

运用热销榜单选品法、高利润率选品法、优质品牌选品法等方法，通过 1688 进行商品信息收集，通过分析后，完成选品的决策。

- 训练要求

在 1688 选品过程中，需要结合本节课程的知识，合理运用热销榜单选品法、高利润率选品法、优质品牌选品法以及拓展方法，真实客观地收集采购批发市场的行情信息，并结合自己网店的定位完成选品决策。

- 训练评价

	训练测评			
序号	测评内容	分值	自评	小组评
1	商品定位明确	10		
2	正确运用热销榜单选品法	20		
3	正确运用高利润率选品法	20		
4	正确运用优质品牌选品法	20		
5	正确运用拓展方法选品	20		
6	选品决策有理有据	10		
合计：		100		
学生体会：				
教师评语：				

案例评析

后疫情时代，经济复苏成为社会主话题，但目前看，经济复苏并非是要回到过去的发展模式，而是会诞生出适应新时代的全新玩法。在疫情影响之下，现在整个社会的运转体系和销售通路，都正在进行非常深度的变化。

比如传统线下渠道受到巨大冲击，在线服务诸如直播带货等全新模式开始走红，涌现出一大批新品牌、新网红、新平台。新的商业形态崛起对上游供应链流转效率提出了更高要求，推动批发领域的变革和升级。从买家入手，重塑采购链条成为批发领域升级的一个重要路径。

经过敏锐洞察，阿里巴巴1688重磅打造——"1688超级买家天团"，开启组团买买买行动，打造批发新通路的一个积极举措。

1. 1688平台的功能定位是什么？

1688即阿里巴巴的前身，现为阿里集团的旗舰业务，是中国领先的小企业国内贸易电子商务平台。为天下网商提供海量商机信息和便捷安全的在线交易市场。从海量的商品中甄选热销新品、优质好商，为买家采购批发提供风向标。

2. 如何发挥1688平台优势助力电商选品？

在1688上，有着超百万优质生产商和贸易商供应资源，5 000个以上工业正品品牌商家资源，超2亿个商品数量。在选品的时候，我们可以借助1688完善的平台服务和海量的数据信息，进行优中选优，充分比价，实现最高效的选品决策。

本节小结

知识方面：通过本节课程的学习，我们对1688选品有了初步的认识，在认识1688平台的业务类型和优势的基础上，了解了1688选品的思路和方法，对本模块第2节课程内容的选品方法通过1688得以具体的应用，让我们掌握了如何从网购采购平台进行选品。

技能方面：通过1688选品的训练，认识了1688选品的优势，了解了1688选品的思路，掌握了1688适用的选品方法，达到了能运用1688选品的思路和方法，在各网购采购平台进行选品的技能目标。

通过知识的学习及技能的训练，达到了知行合一、学以致用的效果。本节课程我们认识了1688的优势和选品思路，掌握了以1688为代表的网购采购平台的选品方法，为后续店铺开展选品工作打好了基础。

拓展实践

反复练习热销榜单选品法、高利润率选品法、优质品牌选品法，熟练掌握1688的选品决策方法。

课后复习与思考

1. 1688是一个什么类型平台？
2. 网络批发平台可以为选品提供哪些帮助？
3. 1688选品适用的选品方法有哪些？

第5节 抖音选品

▶ 学习目标

知识目标：

了解抖音选品的优势；

熟悉抖音选品的思路；

掌握抖音适用的选品法。

技能目标：

能运用抖音选品的思路和方法，在各新媒体平台进行选品。

素养目标：

树立认真细致的工作作风，强化责任意识，培养全心全意对产品负责、真心实意为用户着想的责任担当。

案例导入

直播电商持续处在在线直播行业"风口"

网络直播利用互联网实现了信息的实时共享，开启了全新的社交网络交互方式。据艾媒咨询数据显示，2021年我国在线直播用户规模预测将达6.35亿，较2020年增长4 800万，增长率为8.2%。直播电商仍是在线直播行业的主要盈利模式，预计2021年直播电商整体规模将继续保持较高速增长，规模将接近12 012亿元，迈向万亿市场。

2021年我国在线直播用户规模预测达6.35亿
2016—2022年中国在线直播行业用户规模及增长率预测

年份	用户规模（亿人）	增长率
2018年	4.56	—
2019年	5.04	10.5%
2020年	5.87	16.5%
2021年	6.35	8.2%
2022年	6.60	3.9%

数据来源：艾媒咨询

如今"直播+"模式的内容形态渗透到了生活的方方面面，如电商、教育、游行、公益、赛事等。据微热点大数据研究院统计，2021年第一季度，"直播+电商"模式的热度最高，热度指数高达71.32。

直播类型

"直播+电商"的消费模式热度位居首位
网络直播类型热度指数TOP10

类型	热度指数
电商直播	71.32
游戏直播	56.92
演唱会直播	56.54
教育直播	54.02
美食直播	48.58
旅游直播	48.45
体育直播	43.80
社交直播	42.46
公益直播	41.70
真人秀直播	13.50

统计时段：2021年1月1日—2021年3月31日
数据来源：微热点大数据研究院

（案例来源：微热点大数据研究院.2021年一季度直播电商行业网络关注度分析报告［EB/OL］.
(2021-05-12)［2022-09-06］.https://baijiahao.baidu.com/s? id=1699532176384699339.）

思考：
1. 抖音平台的功能定位是什么？
2. 如何发挥抖音平台优势助力电商选品？

知识介绍

一、抖音选品概述

抖音是一款音乐创意短视频社交软件，通过抖音短视频或者直播可以分享用户的各种生活趣事。基于拥有庞大的使用人群，抖音近年来不断向电商领域进行拓展。抖音2021年的目标是日活跃用户数量达到6.8亿，电商规模达到5 000亿～6 000亿元。抖音的日平均访客时长已经超过微信，达到73分钟，并且还有向全球蔓延的趋势，这款产品的国外版TIKTOK已经覆盖全球150个国家和地区，苹果应用商店下载量全球第一。

拓展资料

抖音直播如何选品

以抖音为代表的新媒体，聚合了市场上各种类型的内容创造者以及相应的粉丝人群。因此，通过搜集调研抖音上的商家和商品信息，可以很快了解到各地方的热点事件、奇闻趣事、潮流资讯，帮助网店经营者及时了解市场热点行情，为选品提供真实客观的参考依据。

抖音选品的思路和方法，可以拓展到同类的新媒体平台，如快手、微博、今日头条、知乎、火山等。

> 抖音等新媒体不仅是一种网络社交工具，同时也含有各种电商资源。我们仔细挖掘，一定可以为选品提供有用的帮助。

二、适用的选品法

对应本模块第2节"选品基础"所介绍的常用选品方法,抖音选品适用的选品方法包括热销榜单选品法、平台热词选品法、热点选品法。

1. 热销榜单选品法

"热销榜单选品法",是通过分析平台热销榜单,以商品在市场中销售情况为依据的选品方法。抖音"人气好物榜"是抖音官方盖戳认证的产品推广类视频热度排名,以榜单的形式将一日周期内热度最高的 TOP10 商品视频进行直接呈现。我们可以点进这些带货视频中,查看产品销量,并持续关注榜单和排名变化,以及销量浮动情况,辅助我们选择热度更高的产品(如图 2-21 所示)。

图 2-21 人气好物榜

2. 平台热词选品法

"平台热词选品法",是通过调研用户对商品的搜索情况,以市场对商品需求度为依据的选品方法。抖音作为一款短视频的社交软件,经常会产生很多的热词。"抖音热搜"这一功能,可以方便用户直接从榜单上追踪实时热点。对热搜榜上的热点进行分析,与周边的商品进行关联选品,往往能够选出爆款。

如图 2-22 所示,"火龙果盆栽"上了7月29日抖音热搜的第3条,说明火龙果盆栽是近期的热词,大家的关注度很高,因此我们选品就可以考虑"火龙果"和"盆栽"的相关商品。

3. 热点选品法

"热点选品法",是一种基于社会热点进行选品的方法。在现代信息社会,一个热点能引起社会的广泛关注,并通过网络进行传播和发酵。抖音"热点榜"是抖音平台上新鲜热门点的排行榜。"热点榜"以搜索量为基础,此外还涉及传播热度、话题热度、事件

图 2-22 抖音热搜

的转评赞等因素。因此，从"热点榜"可以了解到反映当下的热点信息。依据热点进行选品，往往能在短期内吸引人气和流量，但持续时间一般不会很长，因此需要网店经营者经常关注各种渠道信息，及时把握热点带来的商机（如图 2-23 所示）。

图 2-23 抖音热点

> 每个热点的产生，都可能带来良好的商机。谁能洞察到，谁就能抢占先机喔！我们借助1688领先的批发采购服务，能为选品提供决策帮助，这些方法你都学会了吗？

新时代　树理想　铸信念

细致的选品，是对每一位消费者的尊重

直播带货，选品是十分关键的环节。甚至可以说，一名带货主播的成败与否，与选品有着极大的关系。

从各种不同的新闻当中，我们可以看到许多主播在选品上把控不严，或是昧着良心，选择一些本身品质就有问题的产品，最终只能是自食恶果，失去消费者的信任，甚至丢了饭碗，名誉扫地。

选品应该细致到方方面面。商品的各类属性必须要清楚，用途一定要明确，尤其是护肤品，哪种品牌的哪个系列是什么功效，都必须要弄得明明白白，否则就无法全面地给消费者进行讲解。主播有一个专业的选品团队，这个团队每天要做的工作，就是对各品牌方送来的样品进行选择，而通过团队筛选出来的商品，主播还会再亲自把关，层层保障商品的品质，保证它不会出现一些质量问题。

美妆是使用在脸上的，如果品质出现问题，就会伤害消费者的面部，让消费者承担巨大的外貌风险；食品是吃到肚子里的，如果品质出现问题，不仅会对消费者的消化系统造成伤害，甚至还会影响消费者的身体健康；母婴用品的使用者都是需要格外呵护的，尤其是新生儿宝宝，他们的身体还十分的脆弱，如果所使用、所食用的物品出现了质量问题，造成的问题是难以想象的。

为了每一位消费者的身心健康，主播对于商品品质的要求，应该是无比严格的，对于商品的筛选，也会做好细节的把控。在主播看来，选品不单单是工作的需要，更是对每一位消费者的尊重。

（案例来源：杨老师爱财经．细致的选品，是对每一位消费者的尊重［EB/OL］．（2022-08-20）［2022-10-28］．https://baijiahao.baidu.com/s? id=1741647810045149420.）

三、拓展方法

以抖音为代表的新媒体选品，除了以上的热销榜单选品法、平台热词选品法、热点选品法等方法外，还有以下的一些方法可以用来收集商品的市场行情。

1. 关注电商达人

基于短视频全新的媒介传播形式，并依托平台强大的流量分发能力，抖音打造了一批电商达人。电商达人擅长发现并分享潮流新商品，并通过直播进行带货。近年来，直

播带货正逐渐成为一种新的经济形态，吸引了各行业大咖、明星等纷纷加入。通过关注电商达人，可以了解热销商品的行情，为选品提供参考（如图 2-24 所示）。

图 2-24 电商达人榜

2. 数据分析工具

行业中有很多专门的第三方数据分析工具（如图 2-25 所示），这些工具拥有对抖音排行榜、热门视频、脚本库、电商分析等数据分析和查询功能，可以提供热门视频、音乐、爆款商品及优质账号，利用大数据追踪短视频市场趋势及流量趋向。运用这些工具能充分发挥数据分析的优势，帮助提升选品的成功率。

图 2-25 抖查查

> 借助抖音新媒体的优势，能为我们带来很好的选品思路，我们的选品就有灵感了。

岗位任务训练

抖音选品

- 工作典型任务：抖音选品

抖音是一款音乐创意短视频社交软件，通过抖音短视频或者直播可以分享用户的各种生活趣事，它拥有庞大的使用人群。以抖音为代表的新媒体，聚合了市场上各种类型的内容创造者以及相应的粉丝人群。因此，通过搜集调研抖音上的商家和商品信息，可以很快地了解到各地方的热点事件、奇闻趣事、潮流资讯，可以帮助网店经营者及时了解市场热点行情，为选品提供真实客观的参考依据。

- 训练目的

通过抖音平台进行商品信息收集和选品决策分析，运用本节介绍的三种抖音常用的选品方法，掌握通过新媒体获取市场行情的方法，学会运用数据信息进行科学选品。

- 训练内容

运用热销榜单选品法、平台热词选品法、热点选品法等方法，通过抖音进行商品信息收集，通过分析后，完成选品的决策。

- 训练要求

在抖音选品过程中，需要结合本节课程的知识，合理运用热销榜单选品法、平台热词选品法、热点选品法以及拓展方法，真实客观地收集新媒体平台的商品行情信息，并结合自己网店的定位完成选品决策。

- 训练评价

训练测评				
序号	测评内容	分值	自评	小组评
1	商品定位明确	10		
2	正确运用热销榜单选品法	20		
3	正确运用平台热词选品法	20		
4	正确运用热点选品法	20		
5	正确运用拓展方法选品	20		
6	选品决策有理有据	10		
合计：		100		
学生体会：				
教师评语：				

案例评析

抖音电商公布数据显示，2020年117.1W＋达人在抖音电商平台累计卖出22.19亿件好物，半年实现GMV涨幅588％。2020年，抖音电商平台，TOP100达人累计开播21 049场，平均每天约有57场开播，累计看播量达88.6亿，约为2020年全国影院观影人次的32倍，累计带货超2.05亿件。

1. 抖音平台的功能定位是什么？

抖音是一款音乐创意短视频社交软件，该软件于2016年9月20日上线，是一个面向全年龄的短视频社区平台。近年来，随着新媒体电商的不断发展壮大，抖音也往电商领域进行了拓展。

2020年6月，字节跳动刚刚完成了一轮针对电商业务的组织架构大调整——正式成立了以"电商"明确命名的一级业务部门，以统筹公司旗下抖音、今日头条、西瓜视频等多个内容平台的电商业务运营。这一变化，意味着"电商"已明确成为字节跳动的战略级业务，而抖音是落实这一战略业务最核心的平台。抖音电商致力于成为用户发现并获得优价好物的首选平台。众多抖音创作者通过短视频/直播等丰富的内容形式，给用户提供更个性化、更生动、更高效的消费体验。同时，抖音电商积极引入优质合作伙伴，为商家变现提供多元的选择。

2. 如何发挥抖音平台优势助力电商选品？

新媒体营销是时代给我们的机遇。抖音是新媒体营销中变现最快的方式之一。现在很多品牌企业已经意识到抖音巨大的营销价值，小米、蒙牛、格力、海底捞、可口可乐、王老吉、海尔等超过26.1％的中国500强品牌，都开始入驻抖音。

2020年抖音电商平台还推出了全方位深度建设与扶持。9月，抖音电商推出了"百应新引力计划"，通过多样化活动、流量激励、产品服务功能升级以及电商领域全新活动玩法助推达人机构快速发展。10月，抖音电商上线"达人排位赛"活动，为达人机构提供超级流量奖励，助力达人迅速打开内容电商的市场。11月，抖音电商发布的带货主播成长项目"星云计划"，左手牵线品牌，右手培养达人，全面构建起达人与品牌的高效合作桥梁。12月，"抖link选品会"为达人机构、服务商、品牌、商家等多方生态伙伴打造了线下大型撮合场景，让生态各方直接面对面，实现人货的最佳匹配。抖音电商不断推出新的产品和服务，可以帮助我们在选品的时候，掌握到新鲜的热点事件和热门商品，以及认识不同风格的电商生态伙伴。

本节小结

知识方面：通过本节课程的学习，我们对抖音选品有了初步的认识，在认识抖音平台的业务类型和优势的基础上，了解了抖音选品的思路和方法，对本模块第2节课程内容的选品方法通过抖音得以具体的应用，让我们掌握了如何从新媒体平台进行选品。

技能方面：通过抖音选品的训练，认识了抖音选品的优势，了解了抖音选品的思路，掌握了抖音适用的选品方法，达到了能运用抖音选品的思路和方法，在各新媒体平台进行选品的技能目标。

通过知识的学习及技能的训练，达到了知行合一、学以致用的效果。本节课程我们认识了抖音的优势和选品思路，掌握了以抖音为代表的新媒体平台的选品方法，为后续店铺开展选品工作打好了基础。

拓展实践

反复练习销榜单选品法、平台热词选品法、热点选品法，熟练掌握抖音的选品决策方法。

课后复习与思考

1. 抖音是一个什么类型平台？
2. 网络社交平台可以为选品提供哪些帮助？
3. 抖音选品适用的选品方法有哪些？

模块总结

本模块的主题是"商品定位和选品"，是为网店商品经营后续开展的商品采购工作打下基础。当下定决心准备开网店之时，首先需要对所要经营的网店进行合理的定位，明确所经营商品的定位，明确网店的目标人群及对目标人群所能提供的服务等，这是网店经营的基础。只有做好了网店定位，才能开展接下来的商品采购工作。

商品的定位和选品是网店运营的第一个环节。本模块围绕商品定位和选品，让大家认识商品定位和选品的重要性、选品的基本方法、基本步骤等基础知识，然后从零售、采购、新媒体等不同渠道了解具体的选品操作，培养学生对选品的实际运用能力。

模块 2　商品定位与选品	
章节名称	相关知识点
第 1 节　商品定位	1. 商品定位的概念 2. 商品定位的特征 3. 商品定位的主要内容 4. 商品定位的步骤 5. 商品定位的方式
第 2 节　选品基础	1. 选品的概念 2. 选品的原则 3. 选品的基本步骤 4. 选品的方法 5. 选品的工具
第 3 节　淘宝选品	1. 淘宝选品概述 2. 适用的选品法 3. 拓展方法

续表

章节名称	相关知识点
第4节　1688选品	1. 1688选品概述 2. 适用的选品法 3. 拓展方法
第5节　抖音选品	1. 抖音选品概述 2. 适用的选品法 3. 拓展方法

重点巩固

1. 商品定位有哪些方式？
2. 选品有哪些原则？
3. 选品的基本步骤是什么？
4. 淘宝有哪些适用的选品法？
5. 1688有哪些适用的选品法？
6. 抖音有哪些适用的选品法？

模块3

商品采购

模块背景

经过上一模块的学习,相信大家已经定位好自己的店铺并掌握了选品的基本思路和方法。根据定位寻找商品的货源,成为接下来需要完成的任务。我们应该如何采购商品呢?

做好采购工作是商品经营的必备条件,因为只有把商品采购的工作做好了,网店才可以开始经营。如果商品采购工作做得不到位,则会对网店的经营产生很大的负面影响。例如,采购的商品不合适,不受顾客欢迎,就会滞销而影响业绩;采购的商品质量不好,就会遭到投诉与退货,影响店铺的信誉;采购的商品数量过多,则会导致积货压货,占用资金及管理资源;采购的商品数量不足,又可能造成缺货,影响正常销售⋯⋯

那么,我们应该如何科学合理地进行商品采购?如何采购到适销对路的商品?用什么方式采购既能避免积货又不会缺货?采购过程中有哪些流程和步骤?需要遵循哪些原则来保障采购的顺利开展?接下来我们就一起来学习商品采购的相关知识,希望能帮助大家解除对这些问题的困惑,更好地掌握商品采购的方法和技巧。

模块目标

知识目标:
1. 认识商品采购的岗位职责;
2. 了解供应商管理的工作要求;
3. 熟悉商品采购洽谈的原则和流程;
4. 熟悉商品采购实施的原则和策略;
5. 熟悉商品采购评价的目的及衡量指标。

技能目标:
1. 掌握制订商品采购计划的方法;
2. 具备开发与管理供应商的能力;
3. 掌握开展采购洽谈的方法与技巧;
4. 具备按计划完成商品采购的能力;
5. 掌握采购绩效评估的方法。

素养目标：

1. 在认知采购职业及岗位的基础上，培养劳模精神，树立职业理想，强化职业规范，深化职业道德，培养爱岗敬业的社会主义核心价值观，树立正确的理想信念。

2. 培养合作共赢、重诚信的理念，建立合作共赢的思维模式，培养沟通能力，塑造砥砺前进的正向品质。

3. 提倡竞合思维，厚植爱国情怀，树立科技创新意识，深刻理解命运共同体的内涵，培养和谐生态、协同发展的意识。

4. 引导学生守诚信、讲仁爱、重发展，培养市场观察能力和执行力，树立质量意识，做一名独具"匠心"的采购者。

5. 树立绩效导向的职业理念，培养公正、平等、诚信的社会主义核心价值观。

模块内容

第1节　商品采购基础
第2节　供应商选择
第3节　商品采购洽谈
第4节　商品采购实施
第5节　商品采购评价

思政园囿

党的二十大报告强调，腐败是危害党的生命力和战斗力的最大毒瘤，反腐败是最彻底的自我革命。党的十八大以来，以习近平同志为核心的党中央以"十年磨一剑"的定力推进全面从严治党。

采购部门控制着采购权，被认为是腐败高风险的岗位。我们谈到反腐败，往往讲的是采购自身怎么去抵制诱惑，阳光采购。其实，采购还可以发挥更大的价值——识别需求的风险，帮企业堵住其他环节的反贿赂合规漏洞，而这些漏洞，极有可能让公司面临巨额的罚款和品牌声誉的受损。所以，作为采购人员，必须要保证自身的廉洁，还要防止其他环节的腐败及贿赂风险。加强采购需求管理，帮企业守护价值，值得采购工作者去践行。

职业岗位介绍

岗位名称：商品采购员

采购员是负责企业经营生产物资采购的岗位。很多企业都设有采购部门，有的企业也叫作物资供应部。采购部一般由采购部经理、库管员、询价员、采购员组成，是公司生产经营中为公司提供物资采购和供应的部门。采购员应在采购部经理的领导下做好公司的物资采购方面的工作。

岗位职责：

1. 依据公司的销售订单、合同等，有计划地进行产品采购及到货的跟踪；

2. 开展供应商的谈判，争取优惠的价格和理想的交货条件，并积极开发其他供货渠道；
3. 跟踪采购项目，加速采购进程，保证采购计划按时完成；
4. 供应商资质进行考核及资料的管理；
5. 熟悉和掌握各类订单进展，及时汇报；
6. 积极与各部门进行沟通，及时了解需求情况；
7. 提交相关的汇总报告并提出合理的建议；
8. 收集、整理及统计各种采购单据及报表。

岗位要求：

1. 基本要求：热爱本行业及岗位工作，做事认真，严谨细致，有责任心，具备良好的敬业精神和团队协作能力。

2. 岗位知识：具备必要的商品知识，对产品开发及生产流程有一定认识，熟悉产品的供销流程，熟悉商品采购洽谈的原则和流程，掌握商品采购实施的原则和策略，熟悉商品采购评价的目的及衡量指标。

3. 岗位技能：能熟练使用 Excel、Word 和 PPT 等常用办公工具，数据分析能力强，善于捕捉商品与市场信息，能制订商品采购计划，具备开发与管理供应商的能力，掌握开展采购洽谈的方法与技巧，具备按计划完成商品采购的能力，掌握采购绩效评估的方法。

第 1 节 商品采购基础

学习目标

知识目标：
理解商品采购的概念；
领悟商品采购的重要性；
熟悉商品采购的分类；
掌握商品采购的流程。

技能目标：
能够根据店铺及商品的定位，制订合理的商品采购计划。

情感目标：
在认知采购职业及岗位的基础上，培养劳模精神，树立职业理想，强化职业规范，深化职业道德，培养爱岗敬业的社会主义核心价值观，树立正确的理想信念。

案例导入

美邦的钱去哪儿了？

美特斯·邦威（以下简称"美邦"）8 年首亏的成绩，不仅受到投资者的质疑，甚至深圳证券交易所（以下简称"深交所"）也对这个异常变化表示"关心"。深交所的问询集中在两点：净利润和现金流为何大跳水？

美邦2015年经营活动产生的现金流量净额为－1.9亿元，较上一年同期下降了113.99%。对于现金流的减少，美邦的解释是，销售收入下降、广告费用投入增加以及增加服装采购规模，从而加大了采购支出。

美邦在2015年增加的6.53亿元采购成本，让本应加大销售、努力去库存的美邦服饰雪上加霜。在众多服装企业努力消化库存之时，这种大幅增加采购的行为直接让美邦服饰2015年年底库存增加618.53万件，上升至3 761万件，增幅将近20%；库存商品存货金额从2014年的17.16亿元上升至2015年年底的22.58亿元，增幅超过30%。而美邦的销售现状从数据上看很难支持这些增加的存货。

"尽管美邦是较早涉足电商的服装企业之一，由于跨界互联网的跨度较大，美邦尚未探索出一条较成熟的发展路线，转型事实上存在较大风险。"服装行业专家李熙认为，上一次资产重组的失败已经多少能够看出美邦存在问题。

（案例来源：钱瑜. 美邦的钱去哪儿了？[N]. 北京商报，2016-05-24.）

思考：
1. 美邦的钱去哪儿了？
2. 采购对企业的经营有什么影响？

知识介绍

一、商品采购的概念

商品采购是指网店经营者为实现销售目标，在充分了解市场需求的情况下，根据网店经营者的经营能力，运用适当的采购策略和方法，通过等价交换，取得适销对路的商品的经济活动过程。

这一概念明确告诉我们，网店的商品采购不是简单的买卖，而是一个特定的经济活动过程，具体包括以下内涵：

（1）商品采购以实现网店销售目标为目的，是服务于网店运营的一个重要的经济活动。

（2）若要实现销售目标，采购的商品就必须是适销对路的；否则就会滞销，形成压

拓展资料

电子化采购平台可以解决什么问题

货，影响资金的周转，导致网店经营亏损。

（3）若要商品适销对路，就需要做好市场、网店自身、策略和方法这三方面的工作：要充分了解市场，科学地进行需求分析；要根据网店的经营能力量力而为；在商品采购过程中灵活运用适当的策略和方法。

> **想一想**
>
> 我们去超市购物是商品采购吗？

二、商品采购的重要性

网店是通过经营商品或者服务获得利润的，因此商品采购的成功与否直接影响网店的生存与发展。

1. 商品采购决定了网店服务的质量水平

网店的服务质量是以商品为基础的，如果网店不能提供适销对路、物有所值的商品，就无法吸引顾客前来选购，网店所提供的服务也就失去了价值，更谈不上服务质量的高低。所以商品采购决定了网店服务的质量水平，是衡量网店服务质量的基本标准。

2. 商品采购是网店获取竞争优势的重要手段

首先，商品采购会影响资金的投资回报能力。采购资金的周转会影响网店资金的周转率，进而影响资金的投资回报率；其次，商品采购的管理对网店经营利润的贡献也是举足轻重的。假设网店采购商品的费用占到其销售商品成本的 55%，那么采购费用每下降 1%，对利润增长所做出的贡献就相当于营业销售额增加 12%～18% 所带来的利润增长。可见，采购费用的下降可以为网店的经营利润提供巨大的上升空间；最后，商品采购有助于网店建立竞争优势。网店通过与供货商建立密切的采购关系，在适当的时间，以理想的方式、理想的价格得到独具特色的、受欢迎的商品，不但可以直接获得较高的利润，还可以加快商品的周转，从而获得周转效益。

> **小提示**
>
> 商品采购这么重要，我们可不能忽视哟！

新时代　树理想　铸信念

爱岗敬业的采购员

在 6 月 28 日陕钢集团庆祝建党 100 周年暨"两优一先"表彰大会上，集团党委表彰了 2021 年度 12 名优秀党务工作者及 47 名优秀共产党员。

刘博，2016 年进入陕钢集团韩城钢铁有限责任公司开始从事大宗原燃料采购工作。

在从事大宗原燃料采购工作期间，他始终以一名优秀共产党员的标准严格要求自己，爱岗敬业，踏实肯干，圆满完成各项采购任务，为公司降本增效做出了突出贡献，充分发挥了党员的模范带头作用。2020年度，他通过波段采购，为公司合计创效732万元；通过降低采购价格，预估以后每年将节约采购成本840万元左右。

（案例来源：搜狐网.优秀党务工作者及优秀共产党员事迹展播.[EB/OL].(2022-07-08)[2022-09-06].https://www.sohu.com/a/476306150_121123843)

三、商品采购的分类

商品采购根据采购方式、交换形式、采购组织、采购渠道可以分为不同的采购形式（如图3-1所示）。

图3-1 商品采购的分类形式

1. 按采购方式分类

按采购方式的不同，商品采购可以分为市场选购和合同订购。

市场选购是网店经营者在经营过程中根据需求变化，直接通过市场与商品的生产制造商或供货商进行洽谈，自由选购商品的一种采购方式。

合同订购是网店经营者为了掌握商品货源的主动性，通过与生产制造商协商签订合同，预先订购一定数量商品的一种采购方式。

2. 按采购交换形式分类

按采购交换形式的不同，商品采购可分为现货采购、期货采购和代销采购。

现货采购，即现货交易，是指商品采购时供货方有现成的商品，网店可以直接或者在极短的期限内提货的采购形式。这种采购交易方式成立后，双方可以立即进行商品与货款的相互等价交换。

期货采购，即期货交易，是指商品采购时供货单位尚没有现成商品，交易成立后，双方约定一定期限，实行商品与货款相互接受的一种买卖活动。

代销采购，即先售货后付款，是指购销双方经过协商，在合同契约的基础上，网店可先行采购进货，待商品售出之后再结算货款的方式。这种采购方式供货商需要承担大部分费用和经营风险，而网店一般不需要支付商品的采购费用及承担经营风险。

> **小提示**
>
> 代销采购具有无须积压货款、经营风险小等优点，深受中小网店卖家的喜爱。

3. 按采购组织分类

按采购组织的不同，商品采购可以分为集中采购、分散采购和集中与分散相结合的采购。

集中采购是指采购工作集中于一个部门，即由网店的业务部门统一组织进货。采用这种方式时，网店需要设置专职的采购部门，负责采购经营范围内的各种商品。集中采购的优点是力量集中、控制严格、形象一致，有利于采购人员全面熟悉货源情况，对外建立固定联系，以及得到大批量购买的折扣。

分散采购是指将采购工作分派给各商品组自行采购的方式。采用这种方式时，网店需要按商品类别核定资金，各商品组在定额资金范围内，直接组织货源、运输、保管。其优点是可以有效地适应地方市场需求，保证商品的适销率，订购过程迅速，符合勤进快销原则，同时还可充分发挥各商品组的工作积极性。

集中与分散相结合的采购是指由企业统一组织外地货源和主要货源的商品采购，其他货源则由各商品组直接进货。这种方式结合了上面两种方式的优点，又避免了两者的不足，既可以使网店相对统一地使用资金和采购力量，又可以充分调动各商品组的积极性，保证商品的适销率，扩大商品货源。

4. 按采购渠道分类

按采购渠道的不同，商品采购可分为线下采购和网络采购。

线下采购是指网店到批发市场、商品集市、工厂等实体门店进行采购的方式。线下采购通常发生在行业集中度较高的专业批发市场，如蔬果批发市场、农产品批发市场、副食品批发市场、五金批发市场、小商品批发市场等。因此，线下采购的优势在于行业集中度高、供应商专业性强、商品种类明确，便于进行商品分类采购。

网络采购是以计算机和网络技术为载体，通过网络这种成熟、便利的工具寻找商品货源及供应商资源。网络采购充分利用网络信息交流的便捷性与高效性，可进行产品的性能与价格对比，并将网上信息处理和线下实际采购操作相结合，具有商品信息公开透明、采购选择范围广、采购时间灵活、节约采购成本、提升采购效率等优点。

> **小提示**
>
> 不同的采购类型各有特点，大家可以根据网店自身的需要选用合适的方式。

四、商品采购的流程

商品采购流程主要有七个重要环节（如图3-2所示）。

```
制订采购计划 → 确定供应商及货源 → 洽谈及购买 → 订单的追踪与催货
                                                    ↓
         总结 ← 结算 ← 商品接收和检验
```

图 3-2 商品采购流程

1. 第 1 步：制订采购计划

商品采购首先需要制订有效的采购计划，以便估算出需要采购的数量以及投入的资金，避免库存商品过多影响资金周转。一份好的采购计划要经过精心的市场调研与分析，数据科学合理，有助于采购适销对路的商品，能够为网店获得良好的销售业绩提供前提和保障。

采购计划需要详细具体，切勿内容空洞、套话连篇。执行性强的采购计划一般包含 9 个方面的内容：(1) 明确采购的商品；(2) 估算采购数量；(3) 明确采购时间；(4) 预算采购的费用；(5) 选择合适的采购方式；(6) 明确备选供应商；(7) 供应商采购优先级排序；(8) 制定采购的保障措施；(9) 明确采购过程中需要办理的手续。提前准备并落实这 9 个方面的工作，有助于商品采购的顺利开展。

2. 第 2 步：确定供应商及货源

在制订采购计划的过程中，已经初步筛选出一批合适的供应商作为合作备选对象。在采购的实施过程中，需要根据市场的变化、供应商的情况以及商品采购的具体需求，对备选供应商进行观察比对，选择出最合适的供应商进行合作。

3. 第 3 步：洽谈及购买

采购员需要与供应商就商品的采购事宜进行接洽与商谈。洽谈的主要内容包括：采购商品的品种、质量、规格、包装等；采购的数量；价格及折扣；送货的时间、期限及方式；退换货的细则；售后服务保障；付款的时间、期限及方式等。

4. 第 4 步：订单的追踪与催货

采购订单发给供应商之后，力求供应商按时、按质、按量交货。采购员应该依据洽谈结果，对订单进行跟踪，跟进采购商品的实施过程。如果供应商未能如期发货，则需要进行催货，以提醒供应商按洽谈承诺履行职责，确保采购工作的顺利进行。

5. 第 5 步：商品接收和检验

采购商品运达时，采购员应做好商品的接收及检验工作。具体包括：检查商品是否完好无损，清点商品数量，检验商品是否符合采购订单的品种、质量、规格、包装等约定要求；与供应商进行收货确认，及时处理不合格或者受损的商品。

6. 第 6 步：结算

商品验收后，需要把货款按照洽谈的约定交付给供应商。结算时需要使用合法的单据凭证，并注意留存备查。

7. 第 7 步：总结

采购完成后需要及时进行总结，回顾整个采购过程，分析是否存在不足之处，对工作中好的方法要给予肯定；研究在采购中遇到新问题的解决方法，为今后更好地开展商品采购打好基础、积累经验。

> **想一想**
>
> 进行商品采购总结，有些人会认为是多此一举的事情。商品都已经采购回来了，何必再花时间和精力进行总结呢！你觉得有没有必要对采购进行总结？

岗位任务训练

制订采购计划

- 工作典型任务：制订采购计划

企业在实施商品采购之前，要求先制订采购计划，并做好采购的准备。在制订采购计划时，需要对企业所面临的市场进行认真的调研，调研的内容应包括市场发展情况、与采购有关的政策法规、行业发展状况、竞争对手的采购策略以及供应商的情况等。只有做好充分细致的准备工作，才能保证采购计划的顺利完成。

- 训练目的

通过制订采购计划的训练，理解采购计划的重要性，了解采购计划的内容，培养分析数据与资料的能力。

- 训练内容

根据自己网店的定位，制订合理的采购计划。

- 训练要求

在制订采购计划的过程中，需要结合本节课程的知识，明确采购计划的9个内容，使计划充实、具体，又具有合理性和可行性。注意避免内容空洞、套话连篇。

- 训练评价

训练测评				
序号	测评内容	分值	自评	小组评
1	店铺定位明确	10		
2	采购商品符合店铺定位	10		
3	采购数量合理	10		
4	采购时间明确	10		
5	采购的费用预算合理	10		
6	采购方式选择合适	10		
7	找到一批合适的备选供应商	10		
8	能对备选供应商进行合理分析，并进行采购优先级的排序	10		
9	能制定合理的采购保障措施	10		
10	能罗列采购过程中需要办理的手续	10		
合计：		100		

学生体会：

教师评语：

案例评析

美特斯·邦威是全国知名的休闲服装品牌。2010年之前，美邦的日子过得很滋润。时值中国服装行业快速发展之际，美邦成功地抓住了中国服装制造工厂生产能力过剩这一机遇，将制造、生产外包，自身只负责设计和品牌营销，减轻了企业负担，使企业能够更灵活地应对市场变化。然而，美邦在2015年秋冬季增加了服装采购规模，让本应加大销售、努力去库存的企业雪上加霜。

1. 美邦的钱去哪儿了？

从美邦的解释可以看出，大部分资金用在了采购支出方面。美邦在2015年增加了6.53亿元的采购成本，但销售没有跟上采购的增量，导致企业亏损。

2. 采购对企业的经营有什么影响？

企业是通过销售商品或者服务获得利润的。因此，商品采购直接关系到企业的生存与发展。商品采购不仅决定了企业服务的质量水平，而且是企业获取竞争优势的重要手段。

本节小结

知识方面：通过本节课程的学习，我们对商品采购有了初步的认识，在了解商品采购概念的基础上，认识了商品采购对网店运营的重要性，了解了商品采购的分类，对商品采购的工作流程进行了详细的学习。

技能方面：通过制订采购计划的训练，认识了采购计划的重要性，加深了对采购计划各项内容的理解，学会了收集、统计及分析相关资料，达到了能根据店铺及商品的定位制订合理的商品采购计划的能力目标。

通过知识的学习及技能的训练，达到了知行合一、学以致用的效果。本节课程我们学习了商品采购的基本知识，掌握了制订采购计划的方法，为后续开展商品采购工作打好了基础。

拓展实践

请大家课后继续完善采购计划，加强理解采购计划的重要性，明确和细化采购计划的各项具体内容。

课后复习与思考

1. 什么是商品采购？
2. 商品采购对网店的运营有什么重要作用？
3. 商品采购有哪些分类？
4. 商品采购的基本流程有哪些？
5. 采购计划有哪 9 项基本内容？

第 2 节　供应商选择

学习目标

知识目标：

理解供应商的概念；

认识供应商的重要性；

熟悉选择供应商的标准；

掌握供应商管理的基本环节。

技能目标：

掌握寻找与开发供应商的方法；

具备选择适合的供应商的能力；

能够把供应商管理的基本环节应用到实践中。

素养目标：

培养合作共赢、重诚信的理念，建立合作共赢的思维模式，培养沟通能力，塑造砥砺前行的正向品质。

案例导入

手机良品率低　被迫更换代工厂

临近春节，手机行业进入了销售旺季。××工厂的生产任务特别紧张，甚至把办公室的管理人员都抽去生产线帮忙。然而，手机塑胶外壳的供应商却不给力，承诺好的交货期一再延误，采购总监驻厂催货都难以确保，喷漆与丝印的良品率跌至 50%。为了赶时间，从深圳交货到上海都采用空运，费用高昂。该供应商在深圳是数一数二的手机塑胶壳生产厂家，专注于供应国内知名品牌客户。但为何××工厂的需求就一再满足不了呢？即使其董事长出面保证也不奏效。

究其原因，首先，临近春节用工紧缺，产能不足；其次，其他客户占据产能，而××工厂需求的优先级别不高；最后，产品外发加工，导致良品率低下。另据了解，该供应商内部管理也有些问题，其董事长的指令在内部得不到落实。

(案例来源：中国网．手机良品率低　被迫更换代工厂．[EB/OL]．(2014-07-28)[2022-09-06]. http://mo.techweb.com.cn/phone/2014-07-28/2059359.shtml)

思考：
1. 你会继续与该供应商合作吗？
2. 我们应该如何选择合适的供应商？
3. 在合作过程中，如何对供应商进行有效的管理？

知识介绍

拓展资料：选择供应商时应考虑的因素

一、供应商的概念

供应商是指直接向网店提供商品及相应服务的企业及其分支机构、个体工商户，包括制造商、经销商和其他中介商。

供应商有时也称为"厂商"，即供应商品的个人或法人。供应商可以是农民、生产基地、制造商、代理商、批发商（限一级）、进口商等。

二、供应商的重要性

供应商对网店的经营起着非常重要的作用。选择合适的供应商有助于商品采购成本的降低，有助于商品采购的质量保证。与供应商建立良好的合作关系，有利于降低商品库存的压力，有利于缩短交货期，有利于新产品的开发，有利于提升在市场竞争中的应变能力。建立科学合理的供应商选择标准及管理体系，可有效提升网店的核心竞争力。

> **小提示**
>
> 供应商对网店有这么重要的影响，我们可要认真挑选合适的供应商进行合作，不可随意哦！

新时代　树理想　铸信念

让别人先赢，合作共赢

2020年年初，森诺工程设计院承接了河口采油厂一个工程的物资采购大项目。但森诺工程设计人员通过与两家外部合作供应商沟通后发现，对方只从自身利益出发，还凭借自己的专业经验不断提出新的采购方案和建议，使得森诺一度陷入采购难的境地。

所幸，从事工程物资采购工作多年、有着丰富经验的燕德超出面解决了这个难题。他分析，此次采购难题的根源在于部门内部采购工作的管理体系不够成熟，所以合作供应商才有空子可钻。于是，他耐下心来，召集相关同事参与部门采购管理相关制度文件的编制及整理工作，然后一起对涉及采购的每一条款都认真梳理，仔细推敲，分析利弊。

在这个过程中，燕德超一直强调："我们不仅要制定更为详尽的采购管理条款，还得多从合作供应商的角度出发，多拟定一些或利于对方或互相促进的条款。此外，我们还应该多运用专业知识和油气行业的经验，为他们多提供开拓市场和发展进步的平台。"

"光为他们着想吗？"几个同事感到不解。

"不，是先为他们着想。你为别人着想得多了，别人自然会回过头来为你着想。"燕德超说。他还特意讲了一个有趣的例子："与我同住一楼的一个邻居经常问我：'为什么小区保洁员总是优待你家，总把你家门口打扫得干干净净，轮到扫我家门口时就马马虎虎？'实际上，我只做了一件很简单的事情——我交代保洁员，我每次都会把要处理的快递盒及一些废品折好堆放在门口，请她及时拿走。保洁员见我这样为她着想，打扫我家门口卫生时自然会格外上心。"

再一次面对两家外部合作供应商的时候，燕德超翻出条款逐条解释，并始终采用类似的语气与对方沟通："要是从您这个角度出发去看……"对于对方感到不满意的个别条款，他也没有争辩，而是拿出笔和纸，用心记下对方的诉求，然后再进行修改。两家外部合作供应商见燕德超如此尊重他们，为他们着想，反而有点不好意思，也就不那么斤斤计较了。接下来的沟通也顺畅了许多。最终，森诺出台了令两家外部合作供应商十分满意的采购条款，与他们建立了一次愉快的、共赢的合作。

（案例来源：中外管理. 让别人先赢，合作共赢. [EB/OL]. (2022-01-19)[2022-09-09]. https://k.sina.com.cn/article_1790671321_6abb79d900100tcew.html）

三、供应商的选择标准

供应商的选择标准有很多，常用的标准是根据时间的长短划分为短期标准和长期标准。

短期标准主要有：商品的种类，商品的质量，价格水平，交货是否及时，以及供应商的整体服务水平等。长期标准主要有：供应商能否保证长期而稳定的供应，其生产能力能否满足网店的发展需求，其产品未来的发展方向能否符合网店的需求，以及是否具有长期合作的意愿等。除了以上两个标准外，供应商内部组织是否完善，供应商质量管理体系是否健全，供应商内部机器设备是否先进及保养情况是否良好，供应商的财务状况是否稳定，等等，这些因素都是我们选择供应商时需要考虑的。

在选择供应商时，只有充分考虑短期标准和长期标准，并结合供应商内部情况进行分析，才能使选择供应商的标准更全面，进而利用标准对供应商进行客观评价，最终寻找到理想的供应商。

> 💻 想一想
>
> 根据选择供应商的标准，我挑选出了十几家供应商。这么多供应商，我怎样才能管理好呢？

四、供应商管理的基本环节

供应商管理主要有 6 个基本环节（如图 3-3 所示）。

供应商调查 → 供应商开发 → 供应商评价 → 供应商选择 → 供应商合作 → 激励与控制

图 3-3 供应商管理的基本环节

1. 供应商调查

通过调查来寻找市场中潜在的供应商，了解各供应商的基本情况，为选择合适的供应商进行合作做好准备工作。在本环节中，需要了解供应商的基本情况包括：供应商的名称、营业位置、企业知名度、供应的货品等。此外，还需要根据供应商的选择标准，调查供应商的相关信息，为供应商的评价提供客观的参考依据。

2. 供应商开发

供应商开发就是从无到有地寻找新的合作供应商。在供应商调查的基础上，经过信息的收集、整理、分析、对比以及筛选，建立起适合于网店采购需求的供应商队伍。供应商开发是供应商管理的一个重要任务，同时也是一个复杂的系统工程，需要精心策划、认真组织。

小提示

哪家供应商信誉好、服务周到，就与之合作！

3. 供应商评价

供应商评价是一个贯穿供应商管理全过程的工作，在供应商开发过程中需要进行评价，供应商选择阶段也需要评价，合作阶段更需要对供应商进行评价。适时地开展供应商评价工作，根据评价的结果进行供应商的调整，优化供应商队伍，有助于采购工作的顺利开展。

供应商评价可从以下几方面进行：

（1）供应商方面：是否具备基本的职业道德；是否诚信守约；是否具备良好的售后服务意识；是否具有良好的改进意识和开拓创新精神；是否具有良好的运作流程；是否具有规范的企业行为准则；是否具有现代化的企业管理体制等。

（2）商品方面：是否存在货不对板；商品质量是否有保证；能否按时交货；供货价格水平是否稳定；供货价格与市场平均价格的差距等。

（3）合作方面：在合作中是否具有良好的沟通和协调能力；处理采购过程中出现问

题的态度是否积极、响应是否快速、处理是否高效等。

4. 供应商选择

在供应商开发阶段，供应商评价是为了选择合适的供应商。选择一批合适的供应商，不但对网店的正常经营起着决定作用，而且对网店的发展也非常重要。实际上，供应商的选择是融合在整个供应商开发过程中的，首先要为每种商品选出一批合适的供应商，并进行初步的调查；其次，从调查结果中再选出大约 3 家供应商进入洽谈和试合作；经过观察和考核后，最后确定合作的供应商。

5. 供应商合作

在选定供应商后，可以开展正常的采购与供货业务，必要时还可以签订正式的采购与供货合同，建立起稳定的合作关系。在正式合作的初期，一般要与供应商加强沟通，不断增强合作意识，直到双方形成良好的合作关系。此外，采购人员还要不定期地进行实地考察、合作沟通与协商，保证采购业务有序开展。

6. 激励与控制

在与供应商合作的过程中，有必要加强激励与控制，既要充分鼓励供应商积极主动，处理好商品供应业务关系，又要采取各种措施约束防范供应商的不正当行为，避免给采购工作造成影响及损失，确保与供应商的合作业务健康正常的进行。

小提示

> 只有把供应商管理工作做好，才能保证商品采购工作顺利开展。

岗位任务训练

供应商的开发与选择

- 工作典型任务：供应商的开发与选择

供应商开发是企业开展采购前需要进行的一项重要工作，是企业采购工作的核心。一般来说，供应商开发首先要确认供应商是否建立有一套稳定有效的质量保证体系，然后确认供应商是否具有生产所需特定产品的设备和工艺能力。其次是成本与价格，要运用价值工程的方法对所涉及的产品进行成本分析，并通过双赢的价格谈判实现成本节约。在交付方面，要确定供应商是否拥有足够的生产能力，人力资源是否充足，有没有扩大产能的潜力。最后一点，也是非常重要的，就是供应商的售前、售后服务的记录。

- 训练目的

通过训练，熟悉供应商选择的过程，体会供应商的重要性。学会制定供应商的选择标准，并挑选出合适的供应商。

- 训练内容

通过 1688 平台（https://www.1688.com）寻找市场中潜在的合作供应商。通过调查与分析供应商的情况，制定合理的供应商的选择标准，然后对供应商进行比较，选出最合适的供应商。

● 训练步骤

第1步：供应商调查。根据自己店铺的定位，通过1688平台寻找潜在的合作供应商。写出你店铺的商品定位。

第2步：供应商开发。挑选出5家合适的供应商，建立网店采购的供应商队伍，并把这5家供应商的基本情况填写在下表中。

	供应商1	供应商2	供应商3	供应商4	供应商5
供应商名称					
营业位置					
供应货品					
企业诚信（芝麻分）					
保障服务					

第3步：供应商评价。根据供应商评价的相关知识，制定10个合理的指标，对供应商进行评价。

	评价指标	分值	评分标准
举例	商品价格水平稳定性	10	商品价格在近一年保持平稳得10分；如果近一年价格有调整，每变化一次扣1分。
指标1			
指标2			
指标3			
指标4			
指标5			
指标6			
指标7			
指标8			
指标9			
指标10			

第4步：供应商选择。根据上一步制定的10个指标，分别对5个供应商进行评分，并根据得分进行排名，选出最合适的供应商。

	供应商1	供应商2	供应商3	供应商4	供应商5
指标1					
指标2					
指标3					
指标4					
指标5					
指标6					
指标7					

续表

	供应商 1	供应商 2	供应商 3	供应商 4	供应商 5
指标 8					
指标 9					
指标 10					
总分					
排名					

● 训练评价

训练测评				
序号	测评内容	分值	自评	小组评
1	店铺定位明确	10		
2	能够完整收集供应商情况	30		
3	制定合理的关于供应商的指标	10		
4	制定合理的关于商品的指标	10		
5	制定合理的关于合作的指标	10		
6	能对供应商进行正确评价打分	30		
合计：		100		

学生体会：

教师评语：

案例评析

1. 你会继续与该供应商合作吗？

在选择供应商时，我们不仅要选择好的，更重要的是要选择合适的。如果供应商无法保证供货，不能满足我们的采购需求，再好的企业也不适合继续合作。

2. 我们应该如何选择合适的供应商？

选择供应商的标准有许多，根据时间的长短进行划分，可分为短期标准和长期标准。在选择供应商的时候，一定要考虑短期标准和长期标准，并结合供应商内部情况进行分析，从而使选择供应商的标准更全面，进而利用标准对供应商进行评价，最终寻找到理想的供应商。

3. 在合作过程中，如何对供应商进行有效的管理？

对供应商的管理主要包括：供应商调查、供应商开发、供应商评价、供应商选择、供应商合作、激励与控制等 6 个方面的内容。在合作过程中，我们需要根据实际情况，有计划地适时开展这些工作。对供应商进行必要的管理，能在合作过程中避免很多问题的产生。

本节小结

知识方面：通过本节课程的学习，对供应商选择有了初步的认识，在理解供应商概念的基础上，认识了供应商对商品采购的重要性，了解了供应商的选择标准及供应商管理的基本环节。

技能方面：通过供应商的开发与选择训练，掌握了寻找与开发供应商的基本方法，加深了对供应商管理工作的理解。

通过知识的学习及技能的训练，达到了知行合一、学以致用的效果。本节课程我们学习了有关供应商的基本知识，掌握了选择与管理供应商的方法，为后续的商品采购洽谈打好了基础。

拓展实践

利用课余时间，根据网店的定位，走访线下的批发市场，进行开发和选择供应商的实践活动，充实网店采购的供应商队伍。

课后复习与思考

1. 什么是供应商？
2. 只有产品生产制造商才是供应商吗？
3. 供应商对网店经营有什么重要作用？
4. 选择供应商有哪些标准？
5. 供应商管理有哪些基本环节？
6. 对供应商可以从哪些方面进行评价？

第3节 商品采购洽谈

学习目标

知识目标：
理解采购洽谈的概念；
了解采购洽谈的主要内容；
懂得采购洽谈的原则；
熟悉采购洽谈的流程；
掌握采购洽谈的技巧。

技能目标：

培养良好的沟通交际能力，能与供应商进行采购洽谈并获取有价值的信息；

能够遵循采购洽谈的原则，灵活运用采购洽谈技巧与供应商开展商务洽谈。

素养目标：

提倡竞合思维，厚植爱国情怀，树立科技创新意识，深刻理解命运共同体的内涵，培养和谐生态、协同发展的意识。

案例导入

以退为进的销售策略

Q品牌出身浙江义乌，是一个相对成熟的皮具品牌，因此品牌衍生出来的系列产品也受到了代理商们的青睐。Q品牌瞄准了势头正旺的休闲男装市场，正式启动新品男装上市销售。于是，招商洽谈成为营销部最重要的工作之一。

根据以往经验，最成功的招商手法就是让代理商自己心动，优惠政策不过起一点点催化作用，只要让代理商看到"钱"景，就成功了一半。所以，初期造势比什么都重要。11月23日，品牌发布会暨招商会正式召开。公司将会议搞得很隆重，邀请了政府官员来现场指导，也邀请了专业的咨询师上课，并聘请了产品的形象代言人，同时还委托了广东一家文化传播公司负责服饰秀。会议地点安排在邻近的一家度假山庄。

时任区域经理的我，主要负责横贯东西7省的业务。当天我所负责的山东客户来了四五拨，陕西客户来了三拨，由于郑州客户是在招商会之前签的约，所以他也带了十几位经销商来。会议当天晚上是欢迎酒会，为意向客户接风。酒会上，很多区域经理都特意将同一个市场的意向客户座位分开，严格保密。我则相反，特意将同一个区域的意向客户安排在一起并逐一介绍。从表面上看，这顿饭吃得有些尴尬，但效果却出奇的好。

第二天，品牌研讨，政策说明，参观公司，答谢晚宴。下午就有几位客户要与我谈。晚宴刚结束，山东的Z先生与陕西的L先生就找到我，准备进行采购洽谈事宜。

（案例来源：中国起重机械网．以退为进的销售策略［EB/OL］．(2009-05-06)[2022-09-06]．http://www.chinacrane.net/xueyuan/200905/06/16529.html）

思考：

1.Q品牌的招商开局采用了什么方法？

2.这种方法是否成功？

3.在接下来的采购洽谈中，区域经理可以运用哪些技巧促成合作？

知识介绍

一、采购洽谈的概念

采购洽谈是指网店（买方）为采购商品，与供应商（卖方）就购销业务的有关事项，如商品的品种、规格、价格、技术标准、质量保

拓展资料

CIO与供应商成功谈判的秘诀

证、订购数量、包装要求、售后服务、交货日期与地点、运输方式、付款条件等进行反复磋商，谋求达成协议，以建立双方满意的购销关系。

> **想一想**
> 完成了供应商选择的工作后，应该如何与其开展采购洽谈？

二、采购洽谈的主要内容

一般而言，采购洽谈的内容主要有以下几点：

（1）产品内容：产品品种、型号、规格、数量、商标、版权、外形、款式、色彩、质量标准、包装等。

（2）价格内容：数量折扣、退货损失、市场价格波动应对、商品保险费用、售后服务费用、技术培训费用等。

（3）其他内容：交货时间、付款方式、违约责任和仲裁等。

新时代 树理想 铸信念

进博会昭示"贸易强国"趋势

按一年计，累计意向成交578.3亿美元；172个国家、地区和国际组织参会，3 600多家企业参展，超过40万名境内外采购商到会洽谈采购。

这是首届中国国际进口博览会（下称"进博会"）6天展期的成果。普通民众可能较难理解500多亿美元这个数字背后的意义——看上去，它似乎还没有以前中国高级别经贸代表团在海外一次签约的订单总额高。而事实上，这500多亿美元仔细解读下来，背后是中国向贸易强国渐行渐近的身影。

首先，之所以说"按一年计"，是因为很多采购协议是分阶段的。采购商对境外企业提供的商品和服务，要花一段时间来观察其性能、价值和在中国市场的受欢迎程度，若效果理想，再兑现未来一年乃至数年的采购协议。这是中国采购商越来越成熟的表现。

其次，这500多亿美元中的相当一部分，是常规的进口贸易之外新增的。对于弱国，拿出数百亿美元的外汇储备来进口商品和服务，是会动摇汇率稳定的。而中国的外汇储备长期动态保持在3万亿美元左右，外汇管理部门在未来一年内批准500多亿美元的新增额度，让企业进口自身发展所需的装备、进口中国民众心仪的商品与服务，显示出中国经济底气越来越足，汇率稳定程度越来越高，推动建设开放型世界经济、支持经济全球化的能力越来越强。难怪一位高层官员就进博会总结说"出口大国不一定是经济强国，但进口大国一定是经济强国"，也难怪进博会被定调为"迄今为止世界上第一个以进口为主题的国家级展会"和"国际贸易发展史上一大创举"。的确，只有经济稳中向好、汇率动态稳定、外储雄厚、全球化视野开阔的国家，才有底气和气度举办这样的展会。

再者，进博会上的采购并非漫天撒钱，而是瞄准了中国民众消费升级趋势的精准之举——对各大类商品（各展区）的成交额进行分析，可以得出这样的结论。如果说智能及高端装备展区的164.6亿美元、服务贸易展区的32.4亿美元中有不少是企业的设备和技术采购额，那么其他几个展区（食品及农产品展区、汽车展区、医疗器械及医药保健展区、消费电子及家电展区、服装服饰及日用消费品展区等）实现的共计381.3亿美元采购，则几乎都是为了直接满足中国民众在"美好生活"方面的消费需求。

最后，在本届进博会上，还出现了7种全球首发商品，19种亚洲首发商品。这一情景，与上海今年4月提出的打响"四大品牌"中，"上海购物"方面打造"全球新品首发地"的目标不谋而合。上海地处中国经济最发达的长三角地区，是中国商业、航运、金融最发达的城市。诸多"全球首发""亚洲首发"出现在定址于上海的进博会，正是对上海城市能级的背书。而中国"贸易强国"的进阶之路，也将始于此次在上海举办的进博盛会。

（案例来源：第一财经. 进博会昭示"贸易强国"趋势［EB/OL］.（2018-11-14）［2022-09-09］.https://baijiahao.baidu.com/s? id=16171111150562468149）

三、采购洽谈的原则

采购洽谈的原则是商品采购洽谈的指导思想和基本准则。供需双方之所以能坐在一起洽谈，是因为在某种程度上存在彼此合作的可能和意向。双方需要一起遵循必要的洽谈原则，共同推动洽谈工作的开展，才能使采购洽谈取得成功。采购洽谈一般需要遵循五大原则（如图3-4所示）。

图3-4 采购洽谈的原则

1. 平等原则

洽谈双方需要坚持在互相平等、自愿合作的条件下建立商谈关系，并通过平等协商、公平交易来实现双方权利和义务的对等。

2. 互利原则

采购洽谈是一项双方都应平等相待、互惠互利的合作。洽谈的双方都要实现自己的目标，都有自己的利益，并希望通过洽谈获取尽可能多的利益，因此洽谈双方都是"利己"的；但对于双方而言，任何一方要实现自己的利益，就必须给予对方利益，每一方利益的获取都是以对方取得相应利益为前提的。因此，洽谈过程双方都应该遵循互利的原则。

3. 合法原则

洽谈合作必须遵守国家的法律、政策，具体体现在洽谈的主体要合法、洽谈的内容要合法、洽谈的方式方法要合法三个方面。

4. 信用原则

洽谈要讲信用，重信誉，遵守和履行诺言或协议。信用有如下三层含义：（1）"言必信"，在洽谈中，讲真话，不说假话；（2）"行必果"，遵守诺言，实践诺言；（3）"守信誉"，诚实守信是双方交往合作的基础。

5. 协商原则

洽谈的过程是一个调整双方利益，以求得利益均衡的过程。每个洽谈人员所做的一切都是为了维护己方的利益，双方的利益不同，必然会引起分歧，这就需要双方都以友好协商的原则解决问题，以求达成良好的合作协议。协商原则要求洽谈人员在洽谈过程中对人谦让、豁达、宽容，将原则性和灵活性有机结合，以便更好地达到洽谈的目的。

> **小提示**
>
> 平等、互利、合法、信用、协商都是合作的基石。尔虞我诈、满是套路的不法商人是难以找到合作伙伴的。

四、采购洽谈的流程

采购洽谈的流程如图 3-5 所示。

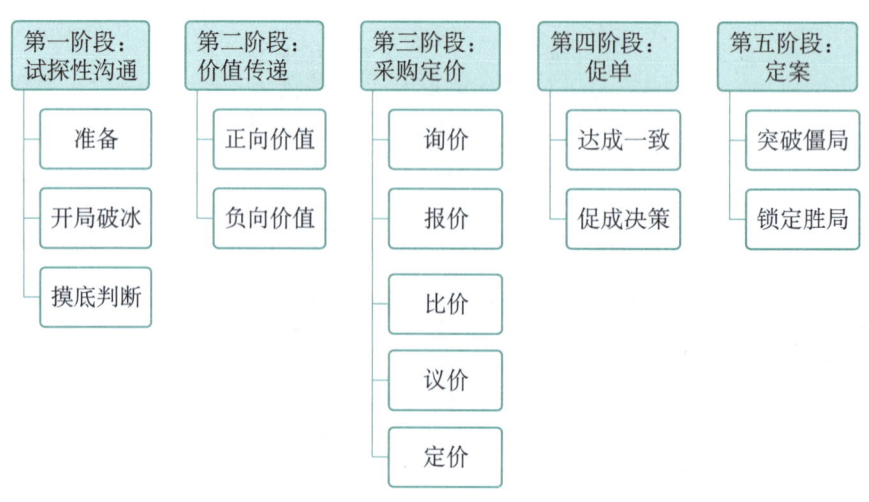

图 3-5 采购洽谈的流程

1. 第一阶段：试探性沟通

（1）准备。在洽谈过程中情况变幻莫测，洽谈人员要想把握好局势，就必须认真做好各项准备工作，这样才能在洽谈中随机应变，灵活处理各种突发问题，从而避免洽谈中利益冲突的激化。所谓"知己知彼，百战不殆"。在采购洽谈中，对有关的信息的收集、整理非常重要，搜集的信息越多、分析得越透彻，就越具备对洽谈过程的把控能力，成功的可能性就越大。在洽谈准备过程中，洽谈人员要在对自身情况做全面分析的同时，设法全面了解洽谈对手的情况，主要包括对方的实力、资信状况，所在国（地区）的政策、法规、商务习俗、风土人情以及对方的洽谈人员状况等。

（2）开局破冰。主要是指双方见面后，在进入具体交易内容讨论之前，互相介绍、寒暄以及就洽谈内容以外的话题进行交谈的过程，目的是得到对方的认可和初步信任。

（3）摸底判断。开局破冰后，双方可以进行初步洽谈。这一过程主要是向对方进行摸底，试探对方的洽谈的意图及底线。摸底判断不宜直截了当，而需要委婉得体、拿捏有度。

2. 第二阶段：价值传递

（1）正向价值。洽谈的时候，双方可以传递合作所产生的优势等正向价值，以促成合作意向。采购方可以展望采购合作带来的商机，供应商也可以阐述产品优点和产业优势，以此带动彼此合作的积极性，促成合作。

（2）负向价值。负向价值是指不利于合作的价值取向。我们需要通过对负向价值的预估，尽量避免问题的发生，促成合作。例如，双方可以互相传递如果不能形成合作将会出现的一些问题；又如对方发现我方的不足时，我方需要迅速给出协调和解决问题的方案，排除对方的担忧等。

3. 第三阶段：采购定价

采购定价是采购商与供应商以各自的成本、价格分析为基础，根据市场行情、供需状况以及交易关系，经过协议谈判，确定购销价格与交易条件的过程。定价过程包括询价、报价、比价、议价、定价等环节。

（1）询价。询价是采购方根据采购计划与采购预算，了解供应商、货源、价格及相关信息的步骤。在询价的基础上进行"货比三家"，选择最有利的供应商，获得可靠、优惠的物资供应来源。询价方式分为口头询价、书面询价两种类型。

（2）报价。报价是供应商对采购方询价的回应，或者由供应商主动提供价目单。报价方式也有口头报价和书面报价两种形式，具有信用象征，是讨价还价的起点。在买方市场的形势下，报价只有具有竞争力和吸引力，才能在激烈的市场竞争中占据优势。

（3）比价。比价是将供应商的报价与采购方的底价、商品成本以及其他供应商的价格进行比较，判断价格的合理性与采购的经济性，选择合适的供应商，寻求合理的采购成本。比价的基本要求是"货比三家"，对商品价格、质量、费用分摊、交易条件以及交货期、售后服务等因素进行综合评价。

（4）议价。议价是通过比价并选定供应商后，就商品价格、交易条件进行协议、谈判和讨价还价的过程，以争取对己方最有利的条件。

（5）定价。定价就是经过议价谈判，采购与供应双方就交易价格和交易条件达成共识，进入合同洽谈、签约阶段。在定价阶段，应围绕购销合同条款，逐项明确交易价格、交易条件及合同重要事项，即商定合同的重要条款。

4. 第四阶段：促单

（1）达成一致。通过前三个阶段的洽谈与沟通，双方达成了初步的合作意向。这一阶段还需要对洽谈合作的关键条款达成一致，明确双方的合作关系。

（2）促成决策。在这个环节，商务代表需要促成对方决策，做出是否能够进行合作的判断。

5. 第五阶段：定案

（1）突破僵局。经过前四个阶段的商谈，洽谈进入最后一个阶段，需要对双方洽谈的内容进行定案。把双方在洽谈中协商好的方案进行确定，若能做好这一步工作，就可能使洽谈向成功阶段迈进。

（2）锁定胜局。处理完僵局后，即可锁定胜局，实现双方合作。

> 💻 **想一想**
>
> 终于了解清楚采购洽谈的整个过程了，那么在洽谈中有什么技巧可以运用吗？

五、采购洽谈的技巧

1. 有备而来

要想获得理想的洽谈结果，首先需要做好充分的准备。在洽谈前，需要熟悉采购商品的相关情况，如商品的品类、性能特点、市场价格、市场供需情况等，同时需要提前掌握供应商的基本情况，做到知己知彼、百战不殆。有了充分的准备，在洽谈中就能让对方感觉到你是行家，并能有效避免漫天要价、以次充好等问题的发生。

2. 有的放矢

在洽谈前的准备中，要先了解对方洽谈者的职权。依照供应商的管理架构以及商品采购的规模，在采购洽谈中接触的对象可能有：业务代表、业务各级主管、经理、副总经理、总经理甚至董事长。这些职位的权限各不一样，采购洽谈时需要做到有的放矢，避免与无权决定事务的人员进行洽谈，以免浪费时间又泄露商业秘密。

3. 在本企业洽谈

零售商通常明确要求采购人员只能在本企业的业务洽谈室里洽谈业务。这样做除了可以提高采购活动的透明度、杜绝私人交易行为之外，最大的目的是帮助采购人员创造洽谈的优势地位。在自己的地盘上谈业务，除了有心理上的优势外，还可以随时得到其他部门、同事或主管的配合，同时还可以节省时间和差旅开支，提高采购人员的工作效率。

4. 对等原则

洽谈时应注意"对等原则"，即我方的人数与级别应与对方的大致相同。避免单独与一群供应商的人员谈判，这在心理、语言、思维等方面都会"寡不敌众"，造成极为不利的局面。

5. 不露声色

洽谈开始前，不要表现出对供应商的认可或者对商品的兴趣。有经验的采购人员，无论遇到多么好的商品或者价格，都会表情淡定，不表露内心的看法。之所以这样，是要让供应商重视洽谈，让对方感觉在你心中是可有可无，感到需要认真对待才能获得你的认同，这样可以比较容易地获得有利的交易条件。

6. 放长线钓大鱼

有经验的采购人员会想办法知道对方的需要，因此尽量在小的地方满足对方，然后渐渐引导对方满足我们的采购需要。同理，采购人员要避免让供应商先了解采购的底线，否则对方会利用我们的某些弱点要求采购人员做出让步。

7. 主动询问

洽谈需要善用询问的技术。通常情况下，对于产品，供应商比我们更为熟悉和专业，多主动询问，我们就可获得更多有用的信息。而且，询问及征求要比论断及攻击更有效。采购人员应尽量将自己预先准备好的问题，以"开放式"的问话方式提出，了解对方的立场，然后再采取应对措施。

8. 必要时转移话题

若双方对某一细节争论不休、各执己见，无法继续谈论下去，有经验的采购人员会暂时转移话题，或者假装接个工作电话，或者请对方喝杯茶吃个点心，以缓和紧张气氛。然后把握合适的时机，寻找新的切入点继续进行洽谈。

9. 避免破裂

洽谈中出现分歧是常见的事情，但是要避免商谈破裂无法挽回，伤了彼此的和气及感情。洽谈双方需要遵循协商原则，以豁达宽容的态度进行问题的协商与解决。有经验的采购人员不会让洽谈完全破裂，不管困难有多大总会给对方留一点退路，这次不能达成可以留待下次，买卖不成情意在。

10. 多用肯定语气

语气在谈话中有着重要的作用，肯定语气比否定语气或者怀疑语气更容易被人接受。在洽谈的中盘，对于对方有建设性的或其自认为精彩的建议，采购人员可以予以肯定、称赞，对方通常会感到很有面子和动力。相反，如果采取否定语气，容易激怒对方，洽谈工作因此也难以进行下去。

11. 做一名倾听者

供应商一般会认为自己很专业，采购人员需要根据这一特点，做好倾听者，把对方说话的内容进行整理、归纳、分析，然后提出自己的看法和建议。在洽谈过程中，尽可能让对方先讲，从他们的言谈举止中，采购人员可以了解他们的优势和缺点，也可以了解他们的立场。

12. 尽量从对方的立场说话

很多人认为在洽谈时应赶尽杀绝，毫不让步。但事实证明，大部分成功的采购洽谈都要在彼此和谐的气氛下进行才可能达成。在相同的条件下，站在对方的立场上进行讨论分析，往往结果会更有说服力。达成交易的前提是双方都能获得预期的利益。

13. 以退为进

有些事情可能超出采购人员的权限或知识范围，采购人员不应操之过急，做出不应做的决定。此时不妨以退为进，与主管或同事研究或弄清事实情况后，再答复或做决定也不迟，毕竟没有人是万事通。草率仓促的决定大部分都不是很好的决定，聪明的采购人员总是先深思熟虑，再做决定。

14. 扬长避短

在洽谈中尽量多展现我方优势（如销售量、市场占有率、成长等），以让对方了解我方目前及未来的发展，让供应商对我方有热忱、有兴趣、有信心。避免过多谈及我方弱势。此外，适当指出供应商的不足之处，有助于改善其服务，也有助于我方在洽谈中树立优势。

15. 用事实说话

无论什么时候都要以事实为依据。特别是采购洽谈，需要充分运用准确的数据进行分析，如销售额分析、市场份额分析、品类表现分析、毛利分析等，进行横向及纵向的比较。用数据和事实说话，可提高权威性、专业性和可信度，让对方在无形中强化"他说的是对的，因为他对这方面很内行"的感觉。

16. 控制洽谈时间

控制洽谈时间，一方面可以保证洽谈的效率，不要在某些小问题上纠缠太久，把握好主要问题的商谈；另一方面，可以让对方产生一定的紧张情绪，做出更大的让步。洽谈计划的时间一到，就应结束。可以让助理故意进来告诉你下一个约谈的对象已经在等待，让对方知道他们的竞争对手也同时过来准备洽谈。

17. 不要误认为 50/50 最好

有些采购人员认为 50/50 是最好的洽谈结果，彼此不伤和气，其实这种想法是不对的。事实上，有经验的采购人员总会设法为自己的公司争取最好的条件，然后让对方也得到好处，能对他们的公司交代，这才是真正的双赢。因此站在商品采购的立场上，若谈判的结果是 60/40、70/30，甚至是 80/20，也是可以的。

18. 最大预算

运用"最大预算"的技巧，通常是在还价中一方面对供应商的商品及报价表示出兴趣，另一方面又以报价超出自己的"最大预算"为由来迫使供应商最后让步和接受自己的出价。运用这种技巧应注意掌握还价时机。经过多次价格磋商，供应商报价的水分已经不多，此时运用"最大预算"还价，可以最后一次迫使对方做出让步。

> **小提示**
>
> 学了这么多的洽谈技巧，要记得在实践中多多运用。

岗位任务训练

采购洽谈

● **工作典型任务：采购洽谈**

采购洽谈活动是在采购活动中，买卖双方通过协商来确定采购有关的条件和要求的一项必不可少的活动，此工作可以促进双方达成合作协议。采购洽谈是双面相互调整利益，减少分歧，并最终确立共同利益的行为过程。如果洽谈技巧掌握不合适，不但会使双方发生冲突导致贸易的破裂，还会造成经济上的损失。

在采购洽谈中，首先应善于收集与洽谈内容有关的信息，善于进行认真分析思考，抓住问题的本质，然后将自己所要表达的内容，运用恰当的方式与策略将其准确、简练地表达出来。其次，要了解选择洽谈时间、地点的技巧，它们在洽谈中也占有重要的地位。

● 训练目的

通过课堂的模拟实训，积累与供应商进行采购洽谈的经验和能力，熟悉洽谈的流程，以达到在实践中能根据采购计划，遵循洽谈的原则，运用洽谈技巧开展采购洽谈的能力目标。

● 训练内容

以本节课的案例导入为背景，3人为一组进行分组模拟洽谈实训，分别扮演Q品牌的区域经理、山东的Z先生以及陕西的L先生这三个角色，按照采购洽谈的流程开展采购业务的洽谈。

● 训练要求

1. 做好洽谈的准备工作，根据采购计划拟订好洽谈的内容。
2. 对洽谈的整个过程按阶段进行记录。
3. 对洽谈的焦点问题及双方进行协商的过程进行详细的记录。
4. 注意洽谈技巧的运用，在为本方争取利益的同时，也要促成供需双方的合作。

● 训练评价

训练测评				
序号	测评内容	分值	自评	小组评
1	准备工作充分，有洽谈计划	10		
2	能对洽谈过程进行必要的记录	10		
3	采购洽谈的流程完整、合理	20		
4	能详细记录关于焦点问题的协商过程	20		
5	能综合运用各种洽谈技巧	10		
6	能遵守洽谈的基本原则	10		
7	经过洽谈能达成采购意向	10		
8	实训过程的态度及表现	10		
合计：		100		
学生体会：				
教师评语：				

案例评析

Q品牌作为一个成熟的皮具品牌,有多年的市场运营经验,其开拓与管理市场的方法值得学习。Q品牌新品男装上市销售,给我们在新品发布、招商洽谈等方面有很多启发。

1. Q品牌的招商开局采用了什么方法?

Q品牌的招商在初期很重视造势宣传,特地举办了一次品牌发布会暨招商会,并充分利用各种手段进行造势,包括邀请了政府官员来现场指导,也邀请了专业的咨询师上课,聘请了产品的形象代言人,同时还委托广东一家文化传播公司负责服饰秀。会议地点则安排在度假山庄,晚上还安排了欢迎酒会,第二天进行品牌研讨、政策说明、参观公司、答谢晚宴,在外部环境中给客户形成动力。

2. 这种方法是否成功?

通过这样隆重的造势,吸引了很多客户前来参加。通过对品牌的介绍与认识、现场气氛的感染,很多客户达成了初步合作意向,并且有不少客户当天就找到区域经理开展品牌的采购洽谈工作。从效果上看,这种方法是成功的。

3. 在接下来的采购洽谈中,区域经理可以运用哪些技巧促成合作?

知己知彼,百战不殆。洽谈前要有充分的准备,包括对商品知识、市场及价格、供需状况、本公司的要求、对方的需求等情况有充分的了解。有了充分的准备,区域经理才能在洽谈中发挥自如,灵活运用洽谈技巧,促成洽谈的成功。

在本节课程中我们学习了18种洽谈技巧,如有备而来、有的放矢、在本企业洽谈、对等原则、不露声色、放长线钓大鱼等,在实际洽谈中可以根据需要灵活变通使用。

本节小结

知识方面:通过本节课程的学习,认识了采购洽谈的主要内容,学习了在洽谈过程中双方需要遵循的原则,了解了采购洽谈的整体流程,对每个环节需要完成的工作有了清晰的认识。此外,还学习了18种洽谈技巧,对采购洽谈有了较为全面的认识。

技能方面:通过采购洽谈的模拟训练,加深了对采购洽谈的理解,巩固了对洽谈工作流程的认识;在遵守洽谈原则的基础上,能根据实际的情景,合理运用各种技巧开展洽谈工作,提升了沟通能力、表达能力以及思维分析和判断能力。

通过知识的学习及技能的训练,达到了知行合一、学以致用的效果。本节课程我们学习了采购洽谈的基本知识,掌握了与供应商开展采购洽谈的方法和技巧,为后续开展采购洽谈工作打下了基础。

拓展实践

利用课余时间,与供应商进行网店商品采购洽谈,熟悉采购洽谈的流程,掌握采购洽谈的技巧。

课后复习与思考

1. 什么是采购洽谈?

2. 在采购洽谈中,会围绕哪些主要内容展开协商?
3. 双方需要遵循哪些原则才能保障采购洽谈的顺利开展?
4. 采购洽谈一般有哪几个阶段?
5. 采购定价阶段有哪几个环节?
6. 采购洽谈有哪些技巧?

▶ 第4节 商品采购实施

▶ 学习目标

知识目标:
了解商品采购的原则;
了解商品采购的策略;
理解网络采购及其特点;
熟知常见的网络采购平台;
掌握网络采购的基本流程。

技能目标:
能够遵循商品采购的原则,灵活运用适当的策略进行商品采购;
能够发挥网络采购的优势,在常见的网络平台实施商品的线上采购。

素养目标:
引导学生守诚信、讲仁爱、重发展,培养市场观察能力和执行力,树立质量意识,做一名独具"匠心"的采购者。

▶ 案例导入

凡客的荣辱兴衰

创立于2007年的凡客,最开始是模仿网络直销服装品牌PPG,主打物美价廉的基本款式。从式样简单大方的T恤、衬衫,到颜色鲜艳的卫衣、外套、帆布鞋,再加上产品图册中模特们的靓丽穿搭,凡客在一众服装品牌中脱颖而出。

互联网老兵**陈年**和他的
VANCL 凡客诚品

2010年，凡客的营收突破了20亿元，同比增长300%，位列京东、卓越亚马逊、当当网之后，排在电商行业的第四位。它不仅受到消费者的热捧，还是投资圈的宠儿。2011年7月，凡客已经先后完成了7轮融资，累计筹集资金超过4.2亿美元，最高估值曾达到30亿至32亿美元，还一度洽谈要赴美上市。然而就是从那个时候开始，这只"独角兽"逐渐开始走下神坛，进入衰落期。

2010年"凡客体"的大火，给了凡客巨大的成长动力和信心。彼时的凡客，一下子给自己定下了一个自以为不大但其实挺难实现的目标：要在2011年完成100亿元的销售额。

为了增加销售额，凡客开始了自己的急速扩张之路。嫌原来的产品单一，那就增加品类，除了衬衫、T恤等自营商品之外，凡客后来还引入了第三方产品，甚至卖起了跟服装完全不搭边的拖把。据统计，凡客的SKU曾一度增加至20万个，频道扩充为500多个。

结果就是，急速扩张并没有如预想中般给凡客带来翻倍的销售额增长，反而带来了巨大的库存积压。2010年6月，凡客的总库存为1.98亿元；后来最严重的时候，曾高达20亿元，负债10多亿元，公司每个月仅净亏损就有几千万元。凡客的创始人陈年开始意识到，那个曾经想要在最短时间内完成IPO的凡客，如今距离敲钟台是越来越遥远了。反思之后，陈年决定将公司从位于北京磁器口的豪华办公楼搬到了南五环外的亦庄，员工也大幅裁减至不到300人，一切从头再来。

（案例来源：公关世界．凡客的荣辱兴衰，是一场雷军也救不回来的"中年危机"［EB/OL］.（2017-09-30）［2022-09-06］. https://www.sohu.com/a/195840826_100009593.）

思考：
1. 什么原因使凡客在2010年从鼎盛转向衰落？
2. 从凡客的经验教训看，我们进行商品采购时需要遵循什么原则？

知识介绍

一、商品采购的原则

商品采购的原则简称5R原则：适价、适质、适量、适地、适时。企业在采购过程中遵循5R原则，也就是要在适当的时间，以适当的价格，从适当的供应商处采购适当数量、有品质保证的商品，如图3-6所示。

超市商品采购流程

（1）适价。价格是商品采购的焦点，合理的价格能为网店节约资金。所以，采购人员要熟悉市场的行情，对商品市场进行货比三家，耐心与供应商进行价格的商定，做到"比价""议价""定价"。

（2）适质。商品的品质是网店竞争的核心要素，如果采购的商品品质不良，则会增加网店的管理成本，需要花大量的时间、人力、精力去弥补商品带来的不良影响。因此，采购过程也是质量把控的过程，采购人员需要把好商品的质量关，保证采购商品的品质。

（3）适量。采购数量越大，通常会获得越多的折扣和优惠，但同时也会积压采购资

```
      适价
  适时  5R  适质
      原则
   适地  适量
```

图 3-6 商品采购的原则

金。如果采购数量太少，又不能满足经营或者活动的需要。因此，确定合理的采购数量是十分重要的，需要按活动或销售需求进行采购。

（4）适地。在选择供应商时最好选择距离较近的，这样在采购过程中双方沟通更为方便，处理事务更为便捷，同时也可以降低运输成本。适合的地点能确保网店在商品采购中取得主动权。

（5）适时。网店已安排好经营计划，如果采购的货品未能如期送达，往往会打乱计划，导致客户不满。因此，采购的时点也是一个十分重要的要素，采购人员要严格按照计划开展采购，同时扮演监督和协调的角色，促使供应商按时交货。

小提示

采购人员要遵循5R原则，采购适销对路的商品。

二、商品采购的策略

对于网店来说，如果商品采购的策略运用得当，不仅可以采购到优质货品，还可以保证网店盈利的稳定性。商品采购常用的有三种策略，如图3-7所示。

```
买方市场下的采购策略
卖方市场下的采购策略
不同生命周期商品的采购策略
```

图 3-7 商品采购常用的策略

1. 买方市场下的采购策略

若货源市场出现货品供大于求的情况，此时网店处于采购的主导地位，可以凭借主动权随意挑选商品，将主要精力放在商品销售方面，坚持以销定进、以需定进、勤进快销的采购原则，加快资金周转，节省采购成本，提高销售利润。

2. 卖方市场下的采购策略

若货源市场出现货品供不应求的情况，商品供应紧张，供货商居于主导地位。这时，网店必须集中精力抓好商品采购环节，以保证货源供应的稳定性和充足性。应对的策略是可以一方面广开进货渠道，联系多家供应商；另一方面与生产企业联合，为其提供资金、设备等帮助。也可以尝试对供货商或生产商提供优惠，如由网店补助运输津贴、上门提货、提供广告援助等。

3. 不同生命周期商品的采购策略

商品从研制开发到畅销、疲软有一个生命周期，即试销期、成长期、成熟期和衰退期。商品处于不同生命阶段时，所采取的进货策略也有所不同。

（1）试销期：可以少量进货，待其市场看好时再决定批量进货。

（2）成长期：商品属畅销货，应积极扩大进货数量，利用广告进行促销。

（3）成熟期：商品在前期市场还继续被看好，可组织大量进货；后期逐渐疲软，被新商品代替，应有计划地逐渐淘汰。

（4）衰退期：不应进货，或根据市场需求少量进货，并有计划地用其他商品替代，使顾客逐渐接受替代商品，从而淘汰衰退期商品。

小提示

原来在不同的环境和条件下，有不同的采购策略呀！看来我们要分清情况，合理运用才行。

新时代　树理想　铸信念

诚信一诺值千金

"陈总凭着'诚信'二字，现在是一点都不愁订单！"初见湖南国泰食品有限公司的总经理陈程程，她正在车间认真查看车间生产情况。人事部经理刘玉婷一脸骄傲地说，今年疫情期间，经济低迷，国泰食品8月份的订单却比7月份增加了30%以上，每天要完成400万包的产量。

实现逆势上扬的奥秘，源于2018年的一件事。国泰食品接到了一个6 000多万袋的酸菜大订单，由于大大地超过了预期，公司需要大量采购芥菜原料，恰好此时芥菜市场价格开始猛涨，按照此时的采购价格，利润几乎为零。生产部门经理建议：通过各种途径采购窖藏的芥菜，原料成本几乎减半，可以获取近百万的丰厚利润。

听到如此"好消息"，陈程程在惊喜中要品控部经理迅速取样，进行原料检验。结果让陈程程有些"头疼"，原料的一项检测指标略为超标。面对巨大的利润诱惑，是诚实守信还是投机取巧？刚上任的陈程程没有半点犹豫，要求采购部严把质量关，哪怕出高价也要购买优质原料，确保如质如量履行合同。

"赚这个100万，会断送我们公司更多的100万！"陈程程，一直坚信诚信才是企业经营最大的财富。这件事不但赢得了合作方的高度好评，更赢得了合作方的信任，整个食品加工企业圈子的商家听说后都纷纷竖起大拇指。从这以后，陈程程获得了更多的订单，在她的带领下国泰公司即使在疫情时期，也实现了高速发展。

不仅对企业讲诚信，面对农户，陈程程还讲情谊。国泰食品一直致力打造"公司＋基地＋农户＋合作社"四位一体的发展模式，按照"大地就是我们的生产车间"的理念，与菜农建立了长期稳定的供求合作关系，每年都与农户签订近三千万的收购合同。

（案例来源：君山区文明办. 君山区道德模范陈程程的先进事迹：诚信一诺值千金［EB/OL］. (2022-07-26)［2022-09-06］. https://3g.163.com/local/article/HD7AN5VS04369ESO.html.）

三、网络采购

网络采购是指以计算机和网络技术为载体，通过网络这种成熟、便利的工具寻找商品及供应商资源，利用网络信息交流的便捷性与高效性进行商品的性能价格对比，并将网上信息处理和线下实际采购操作过程相结合的一种新的采购模式。这种采购模式是网络时代增强企业竞争力、降低成本、提高经济效益的最佳模式。

> **小提示**
>
> 学习电子商务，不了解网络采购就落伍啦！

四、网络采购的特点

相比较而言，网络采购主要有以下特点：

（1）公正透明。网络采购利用网络平台，使采购信息公开化、过程透明化、竞争公平化、中标公正化。由于招标信息在网上发布快捷、公开、通畅，能够有效扩大竞价范围，确保所采购的商品质量合格、价格适中。

（2）提高效率。网络采购过程透明，采购过程中的关键环节全部实现标准化和电子化，使整个采购流程合理有序，有效地提高了网络采购的效率，缩短了采购周期。

（3）竞争性强。网络采购平台把竞争扩大到世界级范围，公平竞争排除了原有供应商享有的一些优势，参加竞争的供应商有同等的机会赢得订单。

（4）节约成本。网络采购能够有效地降低采购费用和服务成本。

五、常用的网络采购平台

常用的网络采购平台见表3-1。

表 3-1 常用的网络采购平台

类型	平台名称
综合型	1688（www.1688.com） 网商园（www.wsy.com） 百卓采购网（www.abiz.com） 中国供应商（cn.china.cn） 365采购网（www.365cgw.com）
行业型	货捕头（www.huobutou.com） 美中鞋业网（www.acshoes.com） 中国化妆品网（www.zhuang365.com） 中国零食网（www.lingshi.com） 义乌购（www.yiwugou.com）
厂商直供	朗晟（www.langshengyt.com） 马可波罗瓷砖（www.marcopolo.com.cn） 莎莎网（www.sasa.com） 兰蔻（www.lancome.com.cn） 趣园（www.quyuan88.com）

> **小提示**
>
> 网络采购平台良莠不齐，互联网上有很多钓鱼网站或者不正规的网站，我们需要加强警惕，树立安全意识，不要被不法分子骗了。

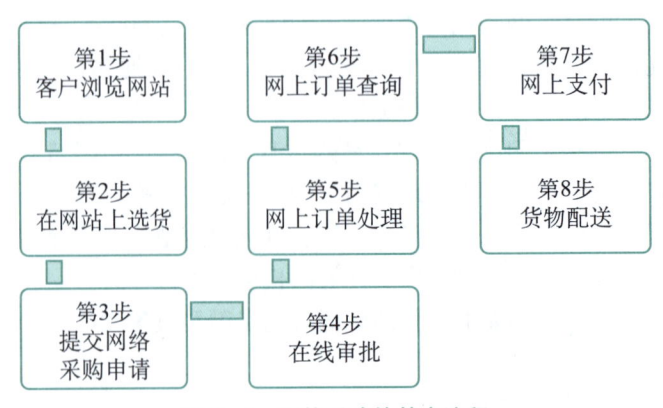

六、网络采购的基本流程

网络采购的基本流程如图 3-8 所示。

图 3-8 网络采购的基本流程

第1步：客户浏览网站。客户根据自己的需求在网上搜索相关网站，然后访问并浏览网站。

第2步：在网站上选货。在采购网站上进行选货、比货、询价，还可以直接进入在线洽谈室进行议价。

第3步：提交网络采购申请。在最后确定采购商品时，一般都需要注册成为会员，才能进行在线采购，提交网络采购申请后，可根据各个网站的具体流程提示来进行采购。

第4步：在线审批。网站对接收到的客户采购申请进行审查，在线审批。

第5步：网上订单处理。对已生成的网上订单，依据设定的规则决定是立即发给供应商还是留待采购管理部门再次审核修改。

第6步：网上订单查询。采购方可以上网查询订单执行情况，按指定要求进行下一步。

第7步：网上支付。按要求付款。

第8步：货物配送。供应商收款后按合同要求进行货物配送。

> **小提示**
>
> 网络采购操作细节因网站不同而有所差异，但是大体流程是一致的。希望大家能触类旁通，灵活掌握网络采购的基本步骤。

岗位任务训练

网络采购

- 工作典型任务：网络采购

实施采购的工作任务，是根据确定的供应协议和条款，以及企业的商品需求时间计划，以采购订单的形式向供应方发出需求信息，并安排和跟踪整个物流过程，确保商品按时送达企业，以支持企业的正常运营的工作。要顺利开展采购，需要遵循商品采购的原则，运用合适的采购策略予以实施。

- 训练目的

通过网络采购实训，了解各种类型的网络采购批发平台，巩固网络采购的基本流程，体会网络采购的特点。在实施商品采购的过程中，熟悉商品采购原则及策略的运用。

- 训练要求

1. 根据此前章节制订的采购计划，开展网络采购。

2. 不同类型的采购平台各有特色，实训中注意体会各平台的优势。结合网店的实际情况，选择合适的平台进行采购。

3. 采购中要遵循采购的原则，灵活运用采购策略。

- 训练内容及步骤

第1步：查找平台。

根据网店商品的定位，找出具备供应此类商品能力的网络采购平台。对这些平台进行进一步的浏览和分析，总结归纳出平台的优点和特色。

商品名称：＿＿＿＿＿＿＿＿＿＿＿＿＿＿＿＿

网络采购平台		
类型	平台名称	平台优点
综合型		
行业型		
厂商直供		

第2步:查找商品。

从上一步骤的结果中,选择一个合适的平台,查找采购商品的信息。

平台名称:_____

采购商品信息				
序号	商品名称	商品主图	供应商名称	商品网址链接
1				
2				
3				

第3步:了解采购流程。

写出这一平台的采购操作流程。

第4步:采购商品。

遵循5R原则,运用合适的采购策略实施商品采购。

(1) 叙述5R原则在此次实训中的运用情况。

(2) 介绍在此次实训中所运用的采购策略。

● 训练评价

训练测评				
序号	测评内容	分值	自评	小组评
1	根据商品定位找到合适的采购平台	10		
2	能客观分析各平台的优点	10		
3	能正确填写采购商品的基本情况	20		
4	能正确列出平台的采购流程	20		
5	能合理叙述5R原则的运用情况	20		
6	能合理介绍采购策略的运用情况	20		
合计:		100		

学生体会:

教师评语:

案例评析

凡客，作为知名的互联网时尚品牌，其在经营过程中获得了无数成功与荣耀，也经历过风雨的考验。

凡客最高估值达到过30亿美元！那时一天会有500人入职。那是2010年，凡客拥有超过1.3万名员工，曾拥有30多条产品线，产品涉及服装、家电、数码、百货等全领域，当年卖出了3 000多万件服装，营收突破20亿元，同比增长300%。但是突如其来的一场风波，让凡客经历了一次重大的考验。2014年经营团队剩下不到300人，甚至传出凡客已经被收购的谣言。

1. 什么原因使凡客在2010年从鼎盛转向衰落？

一个知名品牌，从鼎盛转向衰落的原因是多方面的。但是最直接的原因是2011年年初，凡客将1月份制定的目标营业额60亿元"修正"为100亿元。奔着如此远大的目标发展了一年，到2011年年末，凡客加大了与供货商的采购而销售没有跟上，导致库存达到14.45亿元，总亏损近6亿元。这一年，凡客仅完成了30多亿元的销售，是目标的三分之一。最终，凡客欠下10多亿元的债务，有近20亿元的库存，从鼎盛转向衰落。

2. 从凡客的经验教训看，我们进行商品采购时需要遵循什么原则？

在商品采购中，我们需要遵循5R原则：适价、适质、适量、适地、适时。也就是要在适当的时间，以适当的价格，从适当的供应商处采购适当数量、有品质保证的商品。我们要吸取凡客的经验教训，不要因盲目扩张而采购过量，导致企业背负沉重的经营压力。

本节小结

知识方面：通过本节课程的学习，认识了在商品采购中需要遵循的原则，学习了商品采购的一些实用策略，同时还认识了网络采购及其特点，在了解不同类型的网络采购平台的基础上，认识了网络采购的基本流程。

技能方面：通过网络采购训练，巩固了对网络采购的理解，加深了对采购工作流程的认识。在采购平台的查找中，锻炼了对平台类型的分析能力，体会到了不同类型平台所具有的特点。在查找与采购商品的过程中，锻炼了对5R原则和采购策略的综合运用能力，掌握了网络采购的基本方法。

通过知识的学习及技能的训练，达到了知行合一、学以致用的效果。本节课程我们学习了商品采购的基本知识，掌握了通过互联网进行商品采购的技能，为后续采购评价打下了基础。

拓展实践

利用课余时间，采用线上与线下相结合的形式，继续完善网店的商品采购。

课后复习与思考

1. 商品采购需要遵循什么原则？
2. 商品采购的策略有哪些？

3. 什么是网络采购？
4. 网络采购有什么特点？
5. 常用的网络采购平台有哪些类型？
6. 网络采购的基本流程有哪些步骤？

▶ 第5节 商品采购评价

▶ 学习目标

知识目标：
认识采购绩效及采购绩效评价；
明白采购绩效评价的目的；
了解采购绩效的衡量指标；
了解采购绩效评价的比对；
掌握采购绩效评价的方法。

技能目标：
能够根据网店运营的目标，选用合适的采购绩效衡量指标进行商品采购评价；
能够依据采购绩效评价的参考标准，采用合适的方法进行采购绩效评价。

素养目标：
树立绩效导向的职业理念，培养公正、平等、诚信的社会主义核心价值观。

案例导入

多家名企的采购绩效考核管理办法

一套完整的采购绩效考核评估体系是做好采购绩效评价工作的必要保证，意识到这一点，很多企业都探索了一套自己的采购绩效考核管理办法。

中国石化物装部设立"比学赶帮超"指标体系，对各所属企业物资管理和采购业务操作部门进行考核。该考核指标体系共有11项指标，包括2项定性指标、2项定量指标。对所有企业按指标进行测算、排名和通报，好的挂红旗，差的挂黄旗。对个人的绩效考核由各个处室实施，并没有集团统一考核。

天管集团采购部门将任务分解到科室，科室分解到岗位，内部考核分为两个部分：一是考核主要指标，指标体系包括价格、计划执行、合同、流动资金占用等，每季度考核一次，考核结果体现到薪酬，完成计划目标以外进行嘉奖；二是考核重点工作，即与上年、与同行、与市场价进行对比，在主要指标之外实现成本降低给以嘉奖。同时对重点岗位采购业务人员实行轮岗制，同类物资的采购人员每三年轮岗一次，超过三年不准备轮岗的，须经过所有处级领导确认延期。人力资源部门每年对全体采购人员进行人力资源管理评价，采购部门提供绩效考核等数据，实行末位淘汰。

华为对采购部门进行 KCP（关键控制点，Key Control Point）考核，KCP 从部门到岗位逐级分解；联想对供应链进行 KPI（关键绩效指标法，Key Performance Indicator）考核，主要体现在原材料成本节约和端到端单台成本节约，由采购部门承担整条供应链的主要 KPI。

从上面各个公司的绩效考核标准可以看出，采购绩效的初衷是构建奖惩优劣的有效机制。采购绩效管理的重点是梳理采购环节中的核心业务关键点，对各关键点设置关键绩效考核指标，并对关键绩效考核指标进行定期检验与更新，确保绩效考核充分支持采购战略与管理目标。

（案例来源：采购帮. 多家名企的采购绩效考核管理办法［EB/OL］.（2021-08-03）[2022-09-06]. https://www.sohu.com/a/355440294_131909）

思考：
企业为什么要进行采购绩效考核？

知识介绍

一、采购绩效

绩效即功绩、功效，也指完成某件事的效益和业绩。采购绩效就是指采购效益和采购业绩，反映采购产出与相应的投入之间的对比关系，是对采购效率进行的全面整体的评价。

二、采购绩效评价

采购绩效评价是指通过建立科学、合理的评价指标体系，全面反映和评估采购政策功能目标和经济有效性目标实现程序的过程。

拓展资料

供应商选择与评价指标

> 💭 **想一想**
> 为什么要进行采购绩效评价呢?

三、采购绩效评价的目的

1. 确保采购目标的实现

各企业的采购目标互有不同。例如政府采购偏重"防弊",采购作业以"如期""如质""如量"为目标;而中小企业的采购则注重效率和利益。采购工作除了维持正常的产销活动外,非常注重产销成本的降低。因此,在网店运营中可以根据网店的定位和目标对采购绩效加以评价,并督促它的实现。

2. 提供改进绩效的依据

绩效评价制度可以提供客观的标准来衡量采购目标是否达成,也可以确定采购工作表现如何。正确的绩效评价有助于指出采购作业的缺失,据此拟订改善措施,从而收到"检讨过去、激励将来"之效。

3. 作为个人或部门奖惩的参考

良好的绩效评价方法,能将采购部门的绩效独立于其他部门而凸显出来,并反映采购人员的个人表现,也可作为各种人事考核的参考资料。依据客观的绩效评价,达成公正的奖惩,可以激励采购人员不断前进,发挥团队合作精神,使整个部门发挥合作效能。

4. 协助甄选人员与训练

根据绩效评价结果,可针对现有采购人员的工作能力缺陷拟订改进的计划,例如安排参加专业性的教育训练;若发现整个部门缺乏某种特殊人才,则可按需要进行对外招募,完善人才配备。

5. 促进部门关系

采购部门的绩效与其他部门的配合度密切相关。通过绩效评价可以判定采购部门的职责是否明确,表单、流程是否简单、合理,付款条件及交货方式是否符合公司的管理制度,各部门之目标是否一致等,并可以改善部门间的合作关系,增进企业整体的运作效率。

6. 提高人员的士气

有效且公平的绩效评价制度可使采购人员的努力成果获得适当回馈与认定,对其士气之提升大有帮助。

> 💭 **想一想**
> 我们应从哪些方面对采购绩效进行评价呢?

> **新时代　树理想　铸信念**
>
> **政采绩效评估的必要性**
>
> 　　政府采购绩效评估是指运用科学、规范的绩效评估方法，对照一定的标准，按照绩效的内在原则，对政府采购行为过程及效果（包括经济效果、政治效果和社会效果）进行科学、客观、公正的衡量比较和综合评价。
>
> 　　20世纪末，在经济全球化、信息化的浪潮中，西方各国政府已难以维持传统的官僚制模式，纷纷改革原有的公共管理模式，提升政府管理能力，减少活动范围，提高行政效率，新公共管理运动应运而生。新公共管理运动改革的取向是公共服务社会化、责任机制、分权化管理、以结果为本、顾客导向等。新公共管理理论认为政府应重视管理活动的产出和结果，应关注采购部门直接提供服务的效率和质量。当代政府公共管理在社会公平的基础上对公共责任和民主参与的强调，使效率、秩序、社会公平和民主成为政府采购绩效评估的基本价值取向。
>
> 　　市场经济的核心是竞争、高效。在政府采购中，政府作为买方与其他市场主体一样，要遵守市场经济的游戏规则，只不过由于政府采购的量比较大，会吸引众多供应商前来参加竞标，政府便充分利用了多家供应商之间的竞争这种买方市场的优势来获取物美价廉的产品或服务。但是，如果在政府采购中不遵守市场经济规律和要求，或者政府采购部门在政府采购过程中运作效率太低以至于供应商无法忍受，那么，不但供应商会对政府采购失去兴趣，而且也会降低政府在公众中的威信。另外，由于政府采购还肩负着宏观调控的职责，而这种宏观调控正是为了弥补市场经济的失灵。市场失灵的一个重要表现就是资源配置效率的低下，如果政府采购在弥补市场失灵时效率也很低下，那么运用政府采购进行宏观调控就失去了意义。因此，进行政府采购绩效评估，从而提高政府采购绩效是市场经济的必然要求。
>
> 　　（案例来源：漆焕. 政采绩效评估的必要性［EB/OL］.（2009-06-18）［2022-09-09］. https://www.caigou2003.com/ll/ndts/1655864.html.）

四、采购绩效的衡量指标

采购绩效的衡量指标如图3-9所示。

1. 计划绩效指标

计划绩效指标是指供应商在接收订单过程、交货过程中的表现及运作水平，涉及采购运作、交货周期以及交货可靠性的表现。

主要考核内容包括各个供应商以及所有供应商平均的订单接受率、订单确认时间、首次交货周期、正常供货的交货周期、交货运输时间、准时交货率、交货频率、交货数量的准确率、平均收货时间、平均退货时间、退货后补货时间等。

2. 价格与成本指标

价格与成本指标是企业最重视也是最常见的绩效衡量标准。通过价格与成本指标分

图 3-9 采购绩效的衡量指标

析，可以衡量采购人员的议价能力以及供需双方的势力。采购的价格与成本指标包括参考性指标和控制性指标。

（1）参考性指标是进行采购过程控制的依据和出发点，常提供给公司管理层作参考，主要包括年采购总额、各采购物品年度采购基价、各供应商年采购额、各采购人员年采购额及年平均采购基价等，一般作为计算采购相关指标的基础，同时也是展示采购规模、了解供应商负荷以及采购人员的参考数据。

（2）控制性指标是指展示采购改进过程及成果的指标，如采购降价、平均付款周期、本地化比率等。

3. 时间绩效指标

时间绩效指标主要用来衡量采购人员处理订单的效率，以及对供应商交货时间的延迟或提早所造成的缺货或者库存费用的增加进行控制。采购的时间绩效指标包括停工待料损失指标和紧急采购费用指标。

（1）停工待料损失指标包括：停工期间作业人员薪资损失，顾客订单流失，作业人员离职，恢复正常作业时对机器必需的各项调整。

（2）紧急采购费用指标包括：紧急运输方式的费用与正常运输方式的费用之差额，紧急采购使得购入价格偏高或品质欠佳，因为赶工必须额外支付的加班费用。

4. 采购效率指标

采购效率指标主要用来衡量采购人员的工作能力和效率。采购效率指标应包括采购金额及其占销货收入的百分比、开发新供应商的个数、处理订单的时间、订购单的件数、错误采购发生率、采购指标完成率、采购部门的费用等。

5. 数量绩效指标

当采购人员为争取数量折扣以达到降低价格的目的时，可能导致存货过多，甚至发生废料的情况，故需要采用数量绩效指标进行评价。该指标具体包括存储费用指标和废料处理损失指标。

存储费用指标即现有存货利息及保管费用与正常存货利息及保管费用之差额。废料处理损失指标即处理废料的收入和取得成本的差额。存货积压越多,利息及保管的费用越大,废料处理的损失越高,显示采购的数量绩效就越差。

6. 质量绩效指标

质量绩效指标是指供应商的质量水平以及供应商所提供的产品或服务的质量表现,主要包括供应商质量体系、来料质量水平等方面,可通过验收记录及生产记录来判断。

(1) 供应商质量体系包括通过ISO9000的供应商比例、来料免检的供应商比例、开展专项质量改进的供应商数目及比例、实行来料质量免检的物料比例、来料免检的价值比例等。

(2) 来料质量水平包括批次质量合格率、来料免检率、来料抽检缺陷率、来料返工率、来料在线报废率、退货率、对供应商的投诉率及处理时间等。

7. 其他采购绩效指标

其他采购绩效指标是指与供应商表现相关的其他指标。

(1) 技术与支持包括采用计算机系统处理事务和业务的供应商数量、使用电子商务的供应商数量、参与本企业产品开发的供应商数量及参与的程度等。

(2) 综合性指标包括供应商总数、采购的物料种类以及项目数、供应商平均供应的物料项目数量、独家供应的供应商数目及比例、合作伙伴型供应商及优先型供应商的数目及比例等。

五、采购绩效评价的参照

采购绩效评价的参照包括以下几个方面:

(1) 历史绩效:网店采购部门在职责或人员都没有重大变动的情况下,适合选择以往的绩效。

(2) 预算或标准绩效:若过去的绩效难以取得或采购业务变化较大,则可以预算或标准绩效作为衡量基础。预算或标准绩效代表在现况下"应该"可以达成的工作绩效。

(3) 同业平均绩效:若网店与同业在采购组织、职责及人员等方面相似,则可与其进行绩效比较,以辨别彼此在采购工作成效上的优势。

(4) 目标绩效:企业管理者对工作人员追求最佳绩效的"期望值",但目标绩效的制定一定要合乎实际,否则会起到相反的作用。

> **小提示**
>
> 通过与参照绩效的对比,就可以清楚地发现本次采购绩效是进步了还是退步了。

六、采购绩效评价的方法

采购绩效评价的方法如图3-10所示。

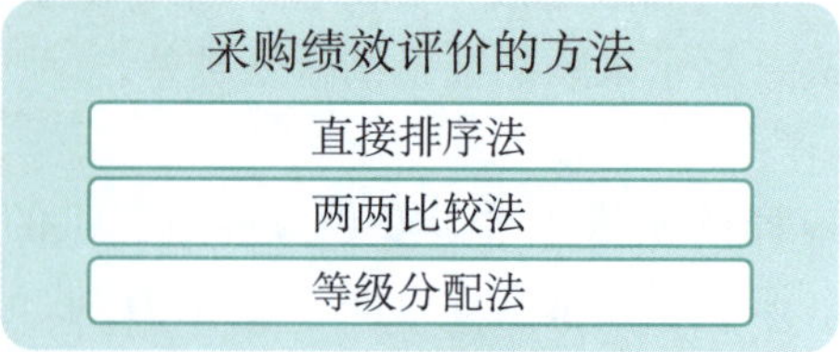

```
采购绩效评价的方法
┌─────────────────┐
│   直接排序法    │
│   两两比较法    │
│   等级分配法    │
└─────────────────┘
```

图 3-10 采购绩效评价的方法

1. 直接排序法

在直接排序法中，采购主管按照绩效表现从好到坏的顺序依次给员工排序，这里的绩效表现既可以是整体绩效，也可以是某项特定工作的绩效。

2. 两两比较法

两两比较法指在某一绩效标准的基础上，把一个员工依次与其他员工相比较来判断谁"更好"，记录每一名员工和任何其他员工比较时认为"更好"的次数，根据次数的多少给员工排序。

3. 等级分配法

等级分配法由评估小组或主管先拟定有关的评估项目，按评估项目对员工绩效做出评价。这种方法能够克服上述两种方法的弊端。

岗位任务训练

制定采购绩效评价标准

● 工作典型任务：制定采购绩效评价标准

采购绩效评价是一项确保采购目标的实现，有效控制采购过程，又提供改进绩效的一项采购工作。做好采购绩效评价，有利于日后采购的正常开展，使采购工作更加透明，对采购人员产生良好的激励效果，有效促进部门之间的沟通。

● 训练目的

通过制定采购绩效评价标准的训练，理解采购绩效评价的内涵，认识采购绩效评价的目的及重要性，达到在实践中灵活运用衡量指标、评估标准、评估方法的目的。

● 训练内容

根据自己网店的运营目标及具体情况，制定合理的采购绩效评价标准。

● 训练要求

在制定采购绩效评价标准的过程中，需要结合本节课程的知识，选取合适的衡量指标，使评价标准充实、具体，又具有合理性和可行性。

● 训练评价

训练测评				
序号	测评内容	分值	自评	小组评
1	有明确的采购绩效评价目的	10		
2	合理设定计划绩效指标	10		

3	合理设定价格与成本指标	10		
4	合理设定时间绩效指标	10		
5	合理设定效率指标	10		
6	合理设定数量绩效指标	10		
7	合理设定质量绩效指标	10		
8	合理设定其他绩效指标	10		
9	正确进行采购绩效评估的比对	10		
10	选取有效进行采购绩效评估的方法	10		
合计：		100		

学生体会：

教师评语：

案例评析

企业为什么要进行采购绩效测评？

从案例中各企业的绩效考核标准可以看出，采购绩效的初衷是构建奖惩优劣的有效机制。采购绩效管理的重点是梳理采购环节中的核心业务关键点，对各关键点设置关键绩效考核指标，并对关键绩效考核指标进行定期检验与更新，确保绩效考核充分支持采购战略与管理目标。

采购对企业起着非常重要的作用，既是保证产品质量的关键，又是增强竞争力的重要手段。由于采购对企业效益的影响非常大，那些在采购实践中实行严密管理、不断创新、与合作伙伴建立起良好关系的企业，无疑能赢得同行的尊重，被视为采购管理的领先者。所以，在采购管理方面建立科学的采购绩效评价体系以及具体可行的评价方法很有必要。

本节小结

知识方面：通过本节课程的学习，了解了采购评价的相关知识，了解了采购绩效评价的目的、采购绩效的衡量指标，掌握了采购绩效评估的方法。

技能方面：通过制定采购绩效评价标准的训练，能加深理解采购绩效评价的目的及意义，强化了对七个方面采购绩效衡量指标的选用能力，能根据网店运营的目标制定合适的采购绩效衡量标准，会采用合适的方法进行采购绩效评估。

通过知识的学习及技能的训练,达到了知行合一、学以致用的效果。本节课程我们学习了采购评价的基本知识,掌握了制定采购绩效评价标准的方法,为不断优化采购方法和提升采购绩效打下了良好基础。

拓展实践

利用课余时间,使用制定的采购绩效评价标准,对网店的商品采购进行绩效评价。根据评价的结果查漏补缺,不断完善和优化采购的方法,为高效的商品采购提供重要保障。

课后复习与思考

1. 什么是采购绩效?
2. 什么是采购绩效评价?
3. 进行采购绩效评价的目的有哪些?
4. 采购绩效的衡量指标有哪些?
5. 采购绩效评估有哪些比对依据?
6. 采购绩效评估的方法有哪些?

模块总结

本模块的学习内容是商品采购,与上一模块的商品定位有着密切的联系。当网店进行了合理定位后,也就明确了经营的商品。商品采购是零售业经营活动的开始。只有做好商品的采购才可以顺利开展经营活动。反之,如果所采购商品的品种不合适或者质量不好,就会对网店的经营产生很大的负面影响。此外,在采购数量方面,如果采购过多则会导致存货过多形成压货,占用资金及资源;如果采购不足则可能因供应不及时而影响正常的销售。

因此,商品采购是网店运营的一个重要环节。本模块围绕商品采购,先让学生认识商品采购的重要性、采购的基本流程等基础知识,然后沿着采购流程的思路,有步骤地进行供应商选择、采购洽谈、采购实施、采购评价等知识的学习与技能的培养。

模块 3 商品采购	
章节名称	相关知识点
第 1 节 商品采购基础	1. 商品采购的概念 2. 商品采购的重要性 3. 商品采购的分类 4. 商品采购的流程
第 2 节 供应商选择	1. 供应商的概念 2. 供应商的重要性 3. 供应商的选择标准 4. 供应商管理的基本环节

第3节　商品采购洽谈	1. 采购洽谈的概念 2. 采购洽谈的主要内容 3. 采购洽谈的原则 4. 采购洽谈的流程 5. 采购洽谈的技巧
第4节　商品采购实施	1. 商品采购的原则 2. 商品采购的策略 3. 网络采购 4. 网络采购的特点 5. 常用的网络采购平台 6. 网络采购的基本流程
第5节　商品采购评价	1. 采购绩效 2. 采购绩效评价 3. 采购绩效评价的目的 4. 采购绩效的衡量指标 5. 采购绩效评价的参照 6. 采购绩效评价的方法

重点巩固

1. 商品采购对网店运营有什么重要作用？
2. 选择供应商有哪些标准？
3. 在采购中主要围绕哪些内容展开洽谈？
4. 商品采购需要遵循什么原则？
5. 采购绩效的衡量指标有哪些？

模块4

商品定价

📺 模块背景

经过上一模块的学习,相信大家已经掌握了商品采购的方法与技巧。当我们把商品采购回来后,应如何对商品进行定价呢?

不要以为价格只是一个简单的数字,它对商品销售起着非常关键的作用。给商品定价是一件很讲究方法的事情,如果定价过高,可能会让消费者望而却步,流失订单;如果定价过低,导致赚不到钱,亏本赚吆喝。此外,如何根据市场的变化,在合适的时间运用合适的方法进行定价?商品定价有哪些策略?定价又有哪些技巧?

接下来我们一起来学习和了解商品定价的相关知识,希望能帮助大家解决关于商品定价的问题,掌握商品定价的方法和技巧,达到能根据具体情况合理制定商品价格的学习目标。

🖥 模块目标

知识目标:

1. 理解商品定价的概念、目标及影响因素;
2. 理解商品成本的概念及构成要素;
3. 领悟各种商品定价法的原理;
4. 熟悉各类商品定价策略及优缺点;
5. 熟悉各种商品定价技巧的主要内容及原理。

技能目标:

1. 具备为商品进行合理定价的能力;
2. 掌握商品成本的计算方法;
3. 具备运用各种方法进行商品定价的能力;
4. 掌握各种策略下进行商品定价的方法;
5. 具备运用定价技巧进行商品价格调整的能力。

素养目标:

1. 在对商品定价的职业及岗位认知的基础上,树立职业理想,强化职业规范,深化职业道德,培养爱岗敬业的社会主义核心价值观,树立诚实守信、不弄虚作假的职业操守；

2. 树立降本增效理念，理解节约型、友好型、绿色型的产业发展需要，养成生态文明建设的意识；

3. 培养诚实守信、追求品质的职业素养，树立民族自信心，笃行不怠，踔厉奋发，激发为实现中华民族伟大复兴而奋斗的家国情怀；

4. 树立争先创优的意识，结合案例内容，引导建立开拓创新、追求卓越的精神；

5. 培养诚信、细致、严谨的职业素养，有质量意识，无数据造假行为，开拓创新，结合数字时代的发展，养成处理和分析数据的意识。

模块内容

第1节　商品定价的基础
第2节　商品的成本计算
第3节　商品定价的方法
第4节　商品定价的策略
第5节　商品定价的技巧

思政园圃

党的二十大报告指出，高质量发展是全面建设社会主义现代化国家的首要任务。在经济建设上，要完整、准确、全面贯彻新发展理念，加快构建新发展格局，着力推动高质量发展，构建高水平社会主义市场经济体制，建设现代化产业体系，全面推进乡村振兴，促进区域协调发展，推进高水平对外开放，推动经济实现质的有效提升和量的合理增长。

电商经营者要深刻领会社会主义经济建设、社会建设、生态文明建设等方面的重大部署，唯有增强创新意识，培养自主研发能力，才能使企业具备国际竞争力和应对全球环境变化的抗风险能力，掌握核心技术和产品定价的话语权，实现高质量发展。

职业岗位介绍

岗位名称：商品定价员

商品定价员是研究商品的价格制定和变更的策略，以获取营销效果和最佳收益的工作岗位。

岗位职责：

1. 制定与产品定价相关的管理制度和规范，并严格执行；
2. 收集价格信息资料，并负责整理、统计和保管信息资料；
3. 关注竞争对手的产品定价策略及价格变动状况，并进行整理分析，为定价决策工作提供支持；
4. 根据相关部门的要求，检索、提供价格信息资料，为产品定价决策提供支持；

5. 做好产品定价、调价的具体工作；
6. 协助销售人员决定订货价格，并监督销售人员对于既定价格的执行情况；
7. 负责商品在各个环节的价格信息、台账、档案、原始记录的整理保存工作。

岗位要求：

1. 基本要求：热爱本行业及岗位工作，做事认真，严谨细致，有责任心，具备良好的敬业精神和团队协作能力。

2. 岗位知识：掌握商品定价的概念、目标及影响因素，熟悉商品成本及构成要素，掌握各种商品定价法的原理，理解各类商品定价策略及优缺点，熟悉各种商品定价技巧的主要内容及原理。

3. 岗位技能：能熟练使用 Excel、Word 和 PPT 等常用办公软件，数据分析能力强，善于捕捉商品与市场信息；掌握商品成本的计算方法，具备运用各种方法进行商品定价的能力；掌握各种策略下进行商品定价的方法，具备运用定价技巧进行商品价格调整的能力。

第 1 节　商品定价的基础

学习目标

知识目标：
理解商品定价的概念；
认识商品定价的目标；
认识影响定价的因素。

技能目标：
在理解定价的概念的基础上，能为网店商品设定合理的定价目标；
能够综合分析影响定价的各种因素，掌握为商品进行初步定价的能力。

素养目标：
在对商品定价的职业及岗位认知的基础上，树立职业理想，强化职业规范，深化职业道德，培养爱岗敬业的社会主义核心价值观，树立诚实守信、不弄虚作假的职业操守。

案例导入

三只松鼠等商家的坚果商品现大幅降价

"十一"国庆期间，北京商报记者走访各大超市发现，整个坚果行业出现了一股降价促销潮，部分坚果品牌促销价"腰斩"。在北京的沃尔玛超市，洽洽食品、沃隆、加州原野均在降价促销。其中，盼盼食品每日坚果降价幅度最大，750g 每箱的每日坚果原价 200 元，促销价 89 元，降幅达 55.5%。

同样，在物美超市，果园老农、良食记坚果等也有降价促销现象，降价范围在 10 元

上下浮动,个别品类降价接近一半。比如果园老农开心果200g原价为62.9元,促销价为35.9元,降幅达42.3%;缤纷田园则采用了购满就送的优惠方式吸引消费者。

物美超市售货员告诉北京商报记者:"缤纷田园坚果购满99元送包装礼盒一个,因恰逢国庆,送礼的人比较多,所以该坚果的销量还不错。"此外,超市导购员向北京商报记者透露,打折促销的坚果品牌卖得会比较好。

而在各大电商平台,坚果品牌的降价促销趋势更为明显。在三只松鼠、百草味、良品铺子等品牌旗舰店首页,均推出了降价打折、满减赠送的巨幅海报。其中,每日坚果品类的降价最为明显。以30袋装每日坚果为例,三只松鼠原价148元,折后99元,降幅为33.1%;百草味原价148元,折后79元,降幅为46.6%;良品铺子原价138元,折后79元,降幅为42.8%;来伊份原价299元,折后价149元,降幅超过50%;洽洽食品原价139元,折后价79元,降幅达43.2%。

(案例来源:金融界.售价"腰斩"坚果行业洗牌在即 [EB/OL].(2019-10-08)[2022-09-06].https://baijiahao.baidu.com/s? id=1646756608500781650.)

思考:
1. 案例中各电商品牌的坚果商品为什么会降价?
2. 商品价格会受到哪些因素的影响?

知识介绍

一、商品定价的概念

商品定价主要研究商品和服务的价格制定和变更的策略,以求得营销效果和收益的最佳。

二、商品定价的目标

商品定价会受到企业总体目标的影响。不同的定价目标会导致企业不同的定价方法和策略,从而制定出不同的价格。常见的商品定价目标如下。

景区的商品定价为何偏高

1. 以获取理想利润为目标

获取理想利润目标即企业期望通过制定较高的价格，迅速获取最大利润。采取这种定价目标的企业，其商品多处于绝对有利的地位。一般来说必须具备两个条件：一是企业的个别成本低于部门平均成本；二是该商品的市场需求大于供应。在这种情况下，企业可以把价格定得高于按平均利润率计算的价格。使用这种定价目标要注意的问题是，由于消费者的抵抗、竞争者的加入、替代品的盛行等原因，企业某种有利的地位不会持续长久，高价也最终会降至正常水平。因此，企业应该着眼于长期理想利润目标，不断提高技术水平，改善经营管理，增强核心竞争力。

2. 以适当投资利润率为目标

采取适当投资利润率目标的企业一般是根据投资额规定的利润率计算出各单位商品的利润额，再将其加在商品的成本上，作为该商品的出售价格。应注意两个问题：第一，要确定合理的利润率；第二，商品必须是畅销的，否则预期的投资利润率就不能实现。

3. 以维持和提高市场占有率为目标

维持和提高市场占有率目标着眼于追求企业的长远利益。市场占有率的高低反映了该企业的经营状况和竞争能力。为了扩大市场占有率，企业必须相对降低商品的价格水平和利润水平。采用此策略必须和大批量生产能力结合起来，因为降价后市场需求量急剧增加，如果生产能力跟不上，造成供不应求，竞争者就会乘虚而入，损害本企业利益。

4. 以稳定市场价格为目标

以稳定市场价格为目标是指企业为了避免不必要的价格竞争，从而牢固地占有市场，在商品的市场竞争和供求关系比较正常的情况下，在稳定的价格中取得合理的利润而制定商品价格。通常为行业中处于领先地位的大企业所采用。优点在于：如果市场需求一时发生急剧变化，价格也不致发生大的波动，有利于大企业稳固地占有市场。

5. 以应付竞争为目标

应付竞争目标通常为竞争性较强的企业所采用。在具体实施中，分以下几种情况：（1）对于力量较弱的企业，应采用与竞争者价格相同或略低于竞争者的价格；（2）对于力量较强又想扩大市场占有率的企业，可采用低于竞争者的价格；（3）对于资本雄厚并拥有特殊技术的企业可采用高于竞争者的价格；（4）有时可采取低价，从而迫使对手退出市场或阻止对手进入市场。

> **小提示**
>
> 定价目标取决于企业的总体目标。不同行业的企业，同一行业的不同企业，以及同一企业在不同的时期、不同的市场条件下，都可能有不同的定价目标。

新时代　树理想　铸信念

用上"中国芯"　拿下"定价权"

在位于坦洲"创新园"中山诚威科技有限公司的厂房里，崭新的设备正在运转，这里今年 7 月一期刚建成投产，已落地喷墨事业部和激光事业部两大部门。昨日，诚威控股集团董事长赵志祥告诉记者，这里将作为诚威控股集团总部及特种打印设备和新型喷墨材料基地。目前落地的两大事业部，生产的产品均拥有 100% 自主知识产权；近 5 年来，在核心技术的支撑下，公司已有 30% 的产品通过"自主品牌"走出去，通过"线上＋线下"布局，走向全球 30 多个国家。

诚威集团的母公司是国内打印设备及耗材"巨头"纳思达集团，该集团的耗材芯片及打印机主控芯片处于全球细分行业领先的市场地位。背靠技术参天大树，诚威科技本身也是"小巨人"，目前公司拥有自主知识产权专利 100 多项，研发人员达 100 多人。

更具"含金量"的是这里生产的硒鼓，拥有 100% 自主知识产权。赵志祥拿起一支硒鼓告诉我们，里面的芯片来自母公司纳思达。"这小小的芯片，就使我们有了行业的定价权和话语权。"他解释说。以往还没有自主知识产权芯片时，公司光买芯片就占了原材料 70% 的成本，加工成成品后，公司所得利润率还不到 10%，大头的利润均被销售芯片的外国巨头拿去。现在用上了自主研发的芯片后，公司才真正具备产品的定价权，成品的利润率更提升到 40%～50%，也就是原来的 4～5 倍。

（案例来源：中山日报. 用上"中国芯" 拿下"定价权"［EB/OL］.（2018-11-21）[2022-09-09]. http://www.zsnews.cn/zhuanti/index/view/cateid/36/id/575488.html.）

三、影响定价的因素

影响产品定价的因素很多，有企业内部因素也有企业外部因素，有主观因素也有客观因素。大体上分为商品成本、市场需求、竞争以及其他因素，如图 4-1 所示。

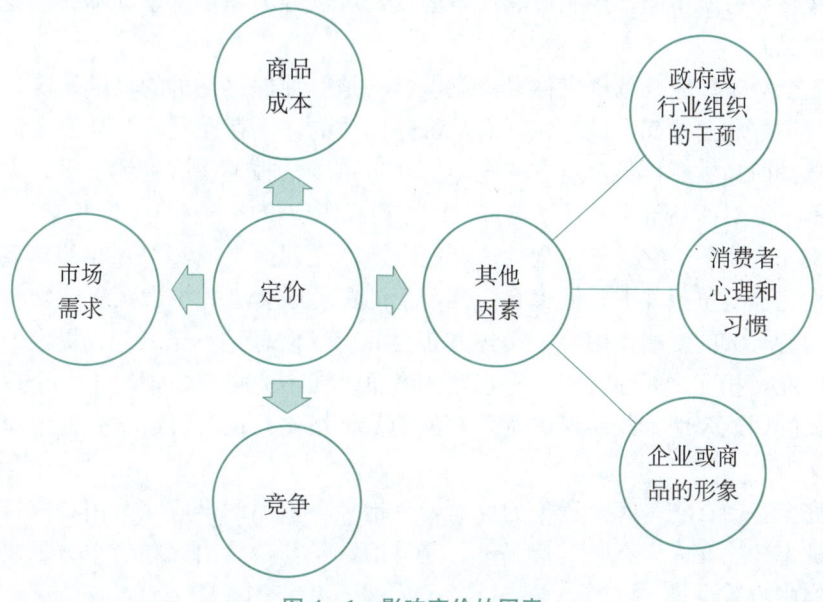

图 4-1 影响定价的因素

1. 商品成本因素

对企业商品定价来说，成本是一个关键因素。企业商品定价以成本为最低界限，商品价格只有高于成本，企业才能补偿生产上的耗费，从而获得一定盈利。但这并不排斥在一段时期个别商品价格低于成本。在实际工作中，商品的价格是按成本、利润来制定的。成本可分解为固定成本和变动成本。商品的价格有时是由总成本决定的，有时仅仅由变动成本决定。成本也可以分为社会平均成本和企业个别成本。就社会同类商品市场价格而言，主要是受社会平均成本的影响。在竞争很充分的情况下，企业个别成本高于或低于社会平均成本，对商品价格的影响不大。

> **小提示**
>
> 给商品定价时不应将成本孤立地对待，而应同产量、销量、资金周转等因素综合起来考虑。

2. 市场需求因素

商品价格除受成本影响外，还受市场需求的影响。当商品的市场需求大于供给时，价格应高一些；当商品的市场需求小于供给时，价格应低一些。反过来，价格变动也会影响市场需求总量，从而影响销售量，进而影响企业目标的实现。因此，企业制定价格就必须了解价格变动对市场需求的影响程度。反映这种影响程度的一个指标就是商品的价格需求弹性系数。

3. 竞争因素

虽然企业在现代经营活动中一般采用非价格竞争，即采用相对稳定的商品价格，以降低成本、提高质量、提供服务、加强销售和推广方式来增强竞争力，但是也不能完全忽视竞争对手的价格。市场竞争也是影响价格制定的重要因素。根据竞争的程度不同，企业定价策略会有所不同。按照市场竞争程度，可以分为完全竞争、不完全竞争与完全垄断三种情况。

（1）完全竞争。完全竞争也称自由竞争，它是一种理想化了的极端情况。在完全竞争条件下，买方和卖方都大量存在，商品都是同质的，不存在质量与功能上的差异，企业自由地选择商品生产，买卖双方能充分地获得市场情报。在这种情况下，无论是买方还是卖方都不能对商品价格进行影响，只能在市场既定价格下从事生产和交易。

（2）不完全竞争。它介于完全竞争与完全垄断之间，是现实中存在的典型的市场竞争状况。不完全竞争条件下，最少有两个以上的买者或卖者，少数买者或卖者对价格和交易数量起着较大的影响作用，买卖各方获得的市场信息是不充分的，提供的同类商品有差异，因此，相互之间存在着一定程度的竞争。在不完全竞争情况下，企业的定价策略有比较大的回旋余地，既要考虑竞争对象的价格策略，也要考虑本企业定价策略对竞争态势的影响。

（3）完全垄断。它是完全竞争的反面，是指一种商品的供应完全由独家控制，形成独占市场的态势。在完全垄断的情况下，交易的数量与价格由垄断者单方面决定。完全垄断在现实中也很少见。

> **小提示**
>
> 企业的价格策略要受到竞争状况的影响。完全竞争与完全垄断是竞争的两个极端，中间状况是不完全竞争。在不完全竞争条件下，竞争的强度对企业的价格策略有重要影响。所以，企业首先要了解竞争的强度。竞争的强度主要取决于商品制作技术的难易，是否有专利保护，供求形势以及具体的竞争格局。其次，要了解竞争对手的价格策略，以及竞争对手的实力。最后，还要分析、了解本企业在竞争中的地位。

4. 其他因素

企业的定价策略除受成本、市场需求及竞争状况的影响外，还受到其他多种因素的影响。

（1）政府或行业组织干预。政府为了维护经济秩序，可能通过立法或者其他途径对企业的价格策略进行干预。政府的干预包括规定毛利率，规定最高、最低限价，限制价格的浮动幅度或者规定价格变动的审批手续，实行价格补贴，等等。例如，美国某些州政府通过租金控制法将房租控制在较低的水平上，将牛奶价格控制在较高的水平上；法国政府将宝石的价格控制在低水平，将面包的价格控制在高水平；我国某些地方为反暴利则对商业毛利率进行限制等。一些贸易协会或行业性垄断组织也会对企业的价格策略进行影响。

（2）消费者心理和习惯。在现实生活中，很多消费者存在"一分钱一分货"的观念。面对不太熟悉的商品，消费者常常从价格上判断商品的好坏，从经验上把价格同商品的使用价值挂钩。消费者心理和习惯上的反应是很复杂的，某些情况下会出现完全相反的反应。例如，在一般情况下，涨价会减少购买，但有时涨价会引起抢购，反而会增加购买。因此，在研究消费者心理对定价的影响时，要持谨慎态度，要仔细了解消费者心理及其变化规律。

（3）企业或商品的形象。有时企业根据企业理念和企业形象设计的要求，需要对商品价格进行限制。例如，企业为了树立热心公益事业的形象，会将某些有关公益事业的商品价格定得较低；为了形成高贵的企业形象，会将某些商品的价格定得较高。

岗位任务训练

商品的初步定价

● 工作典型任务：商品的初步定价

商品的初步定价是企业为商品确定商品售价而进行的准备工作，主要根据企业既定的营销策略，明确商品的定价目标，厘清影响价格的各种因素，综合定价目标和价格影响因素，给商品的售价计划确定一个区间范围。

● 训练目的

通过训练，加深对商品定价的理解，明确网店商品的定价目标，能综合分析影响定价的因素，为商品进行初步定价。

● 训练内容

在设定商品的定价目标、分析各种影响定价的因素的基础上,对商品进行初步定价。

● 训练步骤

第1步:选择商品。

请在自己的网店中,选出一件商品作为本实训的定价对象。

商品名称:

第2步:设定商品的定价目标。

在学完定价目标之后,你的定价目标是什么?请写出你店铺商品的定价目标:

第3步:分析影响定价的因素。

影响定价的因素	情况分析
商品成本因素	
市场需求因素	
竞争因素	
其他因素	

第4步:商品定价。

商品初步的定价:

请从定价目标以及影响因素等方面写出你的定价理由:

● 训练评价

训练测评				
序号	测评内容	分值	自评	小组评
1	能选出合适的商品进行定价	10		
2	能设定合理的定价目标	10		
3	能合理分析商品成本因素	10		
4	能合理分析市场需求因素	10		
5	能合理分析竞争因素	10		
6	能合理分析其他因素	10		
7	分析定价的理由充分合理	30		
8	能定出商品的初步价格	10		
合计:		100		

学生体会:

教师评语：

📀 案例评析

1. 案例中各电商品牌的坚果商品为什么会降价？

业内人士表示，随着坚果行业的不断发展，在前景可期的背景下，入局者不断，除了各占一头的坚果行业五强——洽洽食品、三只松鼠、百草味、来伊份和良品铺子之外，沃隆、良友记等行业黑马也纷纷入局。随着全品类零食布局加速，行业竞争不断激化，因此形成了降价的主导因素。

2. 商品价格会受到哪些因素的影响？

案例中各大坚果企业纷纷选择大幅降价，与同质化问题不无关系。由于坚果行业同质化较为明显，而且产品附加值较少以及产品老化、更新迭代速度比较慢等原因，出现了大面积的降价促销现象。

影响商品价格的因素有多种，有企业内部因素也有企业外部因素，有主观因素也有客观因素。大体上分为商品成本、市场需求、竞争以及其他因素（包括政府或行业组织的干预、消费者心理和习惯、企业或商品的形象）。

🖥 本节小结

知识方面：通过本节课程的学习，大家对商品定价有了初步的认识，在学习商品定价概念的基础上，认识了商品定价的目标以及影响定价的因素。

技能方面：通过商品的初步定价训练，理解了定价的重要性。

通过知识的学习及技能的训练，达到了知行合一、学以致用的效果。在理解定价概念的基础上，能够设定网店商品的定价目标，并综合分析影响定价的各种因素，具备了为商品进行初步定价的能力，为后续给商品合理定价打好了基础。

🔄 拓展实践

利用课余时间，完善商品的定价，加深对商品定价的理解，明确网店商品的定价目标。

💾 课后复习与思考

1. 商品定价只是简单写个数字吗？
2. 商品定价的主要内容是什么？
3. 常见的商品定价目标有哪些？
4. 影响商品定价的主要因素有哪些？

▶ 第 2 节　商品的成本计算

▶ 学习目标

知识目标：
理解商品成本的概念；
熟知网店商品的成本构成。
技能目标：
掌握网店商品成本的计算方法。
素养目标：
树立降本增效理念，理解节约型、友好型、绿色型的产业发展需要，树立生态文明建设的意识。

案例导入

实体蛋糕店改开网店 1 个月　营业额抵以前半年

为帮助更多人圆网络创业梦，泗洪县在城区规划建设了占地 50 亩、总建筑面积 8 万平方米的泗洪网络创业产业园。走进园区，陈旭的网店特别显眼，除了几台电脑、网线外，几乎没有什么实物。陈旭告诉笔者，他母亲以前开一个实体蛋糕店，年收入 4 万元左右。陈旭闲来无事，就到店铺去帮母亲打理生意。他认为实体店铺销售的成本太高，除去房租、水电、人工等成本后利润太低，便于年初在淘宝网上开了一家饼干店。

经过几个月的运营，网店销售量快速上升，目前一个月的营业额几乎相当于原来实体店半年的营业额。母亲看到了网店的力量如此强大，干脆关闭了实体店，父亲也把工作辞了，帮陈旭一起经营网店。目前，陈旭的网店一个月的销售额在 8 万元以上。

（案例来源：新华日报．泗洪培育创业项目 精准滴灌涵养创业好生态［EB/OL］．（2017-10-12）［2022-09-06］．http://cx.xinhuanet.com/2017-10/12/c_136673949.htm．）

思考：
1. 与实体店相比，网店的成本有什么优势？
2. 网店商品的成本源于哪些方面？

知识介绍

一、商品成本的概念

商品成本是指电商企业为了销售商品而产生的各种耗费，可以指一定时期为销售一定数量的商品而产生的成本总额，也可以指一定时期销售商品的单位成本。

"电商专供"产品
质量遭质疑

想一想

在网店经营过程中，我们需要投入哪些成本呢？

二、网店商品的成本构成

网店商品的成本构成如图4-2所示。

图4-2 网店商品的成本构成

网店在运营过程中，商品销售所产生的成本耗费源于多个方面。例如，网店员工的人工成本，采购商品需要支付的货款，网店运营中的宣传推广投入，处理客户的退货费用，等等。这些耗费归纳起来有4个方面：平台固定成本、运营成本、货品成本和人员成本。

1. 平台固定成本

这是指网店在创建过程中，需要搭建或租用平台所形成的各种耗费。对于自建站点的网店，主要成本包括网站开发与维护管理费用、域名管理费用、网络服务器的购置及维护费用等。对于平台注册的网店，如在淘宝、天猫、京东注册的网店，主要的费用包括支付保证金、技术服务年费、实时划扣技术服务费等。

2. 运营成本

此部分成本是网店在运营过程中所产生的各种耗费，可以把它划分为硬运营成本和软运营成本。硬运营成本是指网店运营中所需要的一次性或稳定固定额度的硬件或后端软件的成本。如 CRM 系统、ERP 系统等软件购置及维护的成本，打印机、扫码枪、打包机等硬件购置及维护的成本，等等。

软运营成本是指网店运营中所需要做的运营推广投入。现今主流的推广模式，比如 CPC（按点击效果付费）、CPM（按展现付费）、CPT（按单位时长付费）等，都需要支付一定的费用。软运营成本还包括赠送客户的小礼品、包邮的成本、打折促销的活动投入等其他费用。

3. 货品成本

此部分成本属于网店运营的核心成本，分为货品净成本、库存积压成本、仓库管理成本、货品残损成本等。主要包括采购商品时支付的货款、运输费、装卸费、保险费、包装费，运输途中的合理损耗和入库前的整理挑选费，商品的仓储费以及保管费，销售过程中发生的退换货的耗费，等等。

4. 人员成本

此部分成本属于电商运营的支撑元素成本，主要包含员工成本、场地成本、管理成本、办公设备成本等。

新时代　树理想　铸信念

用创新降成本，给绿色按下"快进键"

5月26日，菜鸟发布了"2022社会责任报告"，披露绿色物流、应急物流两大社会责任核心板块，以及助力乡村振兴、促进公平就业等方面的进展。

绿色物流最大的挑战在成本，创新让可持续成为可能。对菜鸟来说，绿色物流是社会责任核心板块之一。目前，菜鸟绿色物流已经形成面向消费者的绿色回收和面向商家的绿色供应链两大模块，覆盖全国 315 个城市的近 10 万家菜鸟驿站、菜鸟绿色家园，它们分别成为消费者线下线上参与绿色物流的重要阵地。

环保包装成本相对比较高，如何探索出一个能够形成社会分担，又能促进企业积极创新的模式，是最大的困难和挑战。"我们同时也看到，当下不少企业在坚定地布局，不管是包装的创新还是模式的创新，对绿色提出更高要求，能不能在降本增效的情况下实现绿色。"牛智敬说，真正对商家有价值，实现商业可持续，才是绿色能推广开的方式。

菜鸟正在跟浙江碳普惠平台对接，菜鸟绿色家园将与碳普惠平台联通，两边的用户实现绿色权益共享，菜鸟与碳普惠将共同激励用户绿色减碳行为，推动减碳风尚的形成。

（案例来源：钱江晚报. 菜鸟：用创新降成本，给绿色按下"快进键"［EB/OL］.（2022-05-26）［2022-09-09］. https://baijiahao.baidu.com/s?id=1733899627086723366.）

岗位任务训练

商品的成本计算

● 工作典型任务：商品的成本计算

商品的成本计算，是对商品在采购、经营过程中所发生的成本、费用进行归集，以确定商品总成本和单位成本的一种工作任务。通过准确计算商品成本，可以掌握成本构成情况，考核成本计划的完成情况，掌握经营活动的状况，促使企业加强核算，节约支出，提高经济效益。

● 训练目的

通过训练，理解商品成本的含义，加深对网店商品成本构成的认识，掌握商品成本的计算方法。

● 训练内容

根据自己网店的实际情况，按照课程中的相关知识，对网店的商品成本进行分析和计算。

成本类别	成本明细分析
平台固定成本	例如，淘宝的"美容美体仪器"类目保证金：1 000元
运营成本	
货品成本	
人员成本	
成本合计	

● 训练评价

训练测评				
序号	测评内容	分值	自评	小组评
1	正确分析及列出平台固定成本	20		
2	正确分析及列出运营成本	20		
3	正确分析及列出货品成本	30		
4	正确分析及列出人员成本	20		
5	正确算出该商品的总成本	10		
合计：		100		
学生体会：				

教师评语：

案例评析

陈旭认为实体蛋糕店成本高、利润低，改开网店1个月的营业额抵实体店半年的营业额，这并非个案。业内把2016—2017年称为实体店"倒闭年"，众多知名百货、购物中心及大型超市纷纷遭遇关店命运。实体店倒闭潮的成因很多，其中一个重要原因是受到电子商务的冲击。电子商务基于互联网的经营模式，较之传统商务具有很多优势，例如24小时全天候经营、信息传播面广、多媒体展现方式丰富多样……其中还有一个很明显的优势就是成本。

1. 与实体店相比，网店的成本有什么优势？

与实体店相比，网店不需要花钱租店面，而且很多网店都是一手货源，所以成本上具有比较大的优势，通常同款商品的售价网店会比实体店有优势。

2. 网店商品的成本源于哪些方面？

在网店运营过程中，商品销售所发生的耗费主要源于平台固定成本、运营成本、货品成本和人员成本四个方面。

本节小结

知识方面：通过本节课程的学习，理解了商品成本的内涵，认识了商品成本的构成要素。

技能方面：通过商品的成本计算训练，加深了对网店商品成本构成的认识，掌握了商品成本的计算方法。

通过知识的学习及技能的训练，达到了知行合一、学以致用的效果。本节课程我们学习了商品成本的基本知识，掌握了网店商品成本的构成，为后续商品定价打好了基础。

拓展实践

利用课余时间继续完善网店的商品成本计算，进一步分析与计算网店中每一种商品的成本。

课后复习与思考

1. 商品的采购价格就是商品的成本吗？
2. 什么是商品成本？
3. 网店商品总成本是由哪些方面的成本构成的？
4. 商品发生的退货属于哪一类成本？

▶ 第3节 商品定价的方法

▶ 学习目标

知识目标：
认识商品定价的基本方法；
领悟成本导向定价法的原理；
领悟需求导向定价法的原理；
领悟竞争导向定价法的原理。

技能目标：
掌握成本导向定价法中各种方式的计算方法；
掌握需求导向定价法中各种方式的计算方法；
掌握竞争导向定价法中各种方式的计算方法。

素养目标：
培养诚实守信、追求品质的职业素养，树立民族自信心，笃行不怠，踔厉奋发，激发为实现中华民族伟大复兴而奋斗的家国情怀。

案例导入

小米如何做到低价打赢竞争战

小米作为中国最大以及世界第三大的智能手机生产商（仅次于三星和苹果），对于如何占领市场和销售手机有其独到的看法。这一独到的看法使小米能用较低的价钱销售高质量的智能手机。目前，一般的小米手机售价为 1 999 元人民币，最新款的小米 Note Pro 手机售价为 3 300 元人民币，售价首次突破 3 000 元。

小米全球副总裁雨果·巴拉（Hugo Barra）在科技博客 TechCrunch 发文表示，小

米的成功得益于网上直销、为数不多的产品系列和每款产品相对较长的销售时间。小米也开始尝试把业务拓展到国外，例如，它与印度的 Airtel 公司建立了实验性的合作关系，在台湾地区、马来西亚及新加坡都有合作伙伴。尽管进入这些市场需要预付关税，使得小米手机保持低价的难度加大，但小米知道他们终会冲出中国和亚洲。这也是他们之前从谷歌请到雨果·巴拉来坐镇的原因。小米 2014 年销售了约 6 000 万台手机，2015 年前景将更乐观。

雨果·巴拉表示，保持为数不多的产品系列很重要。小米每年只发布少量的产品，只拥有两大产品家族。他说，一些人或许会认为一个公司需要推出多款产品才能制胜，但是每款产品的销售额却不如人意。以三星为例，他们有多款型号的手机，消费者选购时便会迷茫。他认为，只推出高端、中端、低端三款手机就足够了。

（案例来源：环球网科技.小米如何做到低价打赢竞争战？［EB/OL］.（2015-01-20）［2022-09-06］. https://m.huanqiu.com/article/9CaKrnJGRRS.）

思考：

小米手机在定价方面运用了什么方法，以使其保持强有力的竞争力？

知识介绍

定价方法是电商企业为实现其定价目标所采取的具体方法。商品的定价方法有很多，根据与定价有关的基本因素，可以总结出 3 种基本的定价方法，即成本导向定价法、需求导向定价法和竞争导向定价法。

拓展资料

淘宝商品价
如何定价

一、成本导向定价法

成本导向定价法是网店经营者在商品定价过程中，以商品成本为基础确认商品销售价格的方法。成本导向定价法是一种最简单的定价方法，即在商品单位成本的基础上，加上预期利润作为商品的销售价格。

成本导向定价法有 5 种不同的定价方式，如图 4-3 所示。

```
         成本导向
          定价法
    ┌───────┼───────┬───────┬───────┐
  成本加成  变动成本  边际成本  收支平衡  投资回收
   定价     定价     定价     定价      定价
```

图 4-3 成本导向定价法

1. 成本加成定价

售价与成本之间的差额就是利润。由于利润与成本之间是有一定比例的，这种比例就是人们俗称的"几成"，因此这种方法就称为成本加成定价法。成本加成定价法是在零售业中广泛使用的一种方法，对于不同的商品，成本利润率的变化也很大，比如烟草的成本利润率为25%，服装的成本利润率为40%等。

> **小提示**
>
> 成本利润率的高低与进货价格和商品的周转速度成反比。

计算公式：

商品售价＝商品成本×（1＋成本利润率）

例如，网店A商品的成本是15元/件，经营者根据进货价格和商品的周转速度分析，把该商品的成本利润率定为20%，那么A商品的售价为：

A商品售价＝15×（1＋20%）＝18（元/件）

2. 变动成本定价

变动成本定价以单位商品的变动成本与边际贡献之和作为商品的价格。变动成本是指在总成本中随经营商品量的变化而变动的成本项目。边际贡献的内容包括全部的固定成本及目标利润。加成的边际贡献的确定有一定弹性，其数额取决于企业经营管理的具体情况。

这种定价方式的优点是：易于在各种商品之间合理分摊固定成本费用；有利于网店制定市场接受的商品价格；可以根据各种商品贡献的多少安排销售的商品线，实现最佳商品组合。

计算公式：

商品售价＝变动成本＋边际贡献

例如，网店B商品的变动成本为8元/件，边际贡献为12元/件，那么B商品的售价为：

B商品售价＝8＋12＝20（元/件）

3. 边际成本定价

边际成本定价法是以单位商品的边际成本为基础的定价方法。边际成本指的是每一单位新增销售的商品带来的网店总成本的增量。比如，网店仅售出1件商品时的成本是极其巨大的，售出100件时的成本就低得多，而售出1 000件时成本就更低了，这是因为规模经济带来的效益。

在完全竞争市场中，边际成本定价法是达到市场均衡的定价方法，此时网店的边际收益等于边际成本。它的基本目的是不求盈利，但求少亏。在市场竞争日趋激烈、商品供大于求、库存积压严重的时候，网店采用边际成本定价法，不仅能收回变动成本，而且能补偿一部分固定成本，从而减少店铺的损失。

计算公式：

商品售价＝单位商品的边际成本

例如，因市场竞争日趋激烈，C商品供大于求，库存积压严重。为了清减库存，网店使用边际成本定价。经过核算，C商品的边际成本为50元/件，那么C商品的售价为：

C商品售价＝50（元/件）

4. 收支平衡定价

收支平衡定价是以总成本和总销售收入保持平衡为原则的定价方法。总销售收入等于总成本，此时利润为零，企业不盈不亏，收支平衡。收支平衡定价的优点是计算简便，可使企业计算出在盈亏平衡时商品价格和最低销售量。

计算公式：

商品售价＝总成本÷预期销售量

例如，网店 D 商品的固定成本为 2 万元，单位变动成本为 10 元/件，根据上月的业绩估算，预期销售量为 1 万件。那么 D 商品的售价为：

D 商品售价＝（20 000＋10×10 000）÷10 000＝12 元（元/件）

5. 投资回收定价

投资回收定价是根据网店的总成本和预计的总销售量，加上按投资收益率制定的目标利润额作为定价基础的方法。

计算公式：

商品售价＝（总成本＋投资总额×投资收益率）÷销售量

例如，网店的投资总额为 200 万元，预期投资收益率为每年 15%，预计年销售 E 商品为 10 万件（假设全部售完）。假设网店的年固定成本消耗为 40 万元，单位商品可变成本为 6 元。那么，E 商品的售价如下：

总成本＝400 000＋6×100 000＝1 000 000（元）

E 商品的售价＝（1 000 000＋2 000 000×15%）÷100 000＝13（元/件）

成本导向定价的优点是商家对自己的成本比对市场需求更了解，而且成本是一个网店在经营管理中最需要完备、最容易获得的资料。缺点是在大多数行业里，很难在商品定价之前确定商品单位成本，这是因为单位成本是随商品的销量而变化的。因此，单位成本是一个变动指标。这一缺陷导致三个结果：（1）以成本为导向所制定的价格不一定能为市场所接受；（2）以成本为导向所制定的价格很可能使店铺丧失价格上的竞争力；（3）成本导向不一定有助于店铺实现利润最大化的目标。

二、需求导向定价法

需求导向定价法是指根据市场需求强度和消费者对商品价值的理解来制定商品的销售价格。这种定价方法主要考虑顾客可以接受的价格以及在这一价格水平上的需求数量，而不是商品的成本。按照这种方法，同一商品只要需求大小不一样，就会制定不同的商品价格。

需求导向定价法主要有三种定价方式，如图 4－4 所示。

图 4－4 需求导向定价法

1. 感知价值定价

感知价值定价是网店以消费者对商品价值感知为基础的定价方法。消费者的价值感知主要源于其主观判断、以往经验以及对消费体验的感知。同时，对商品效用的预期、商品的质量保证、服务承诺、分销渠道、品牌声誉和可信度等因素也会影响消费者的感知价值。网店可以通过营销活动提高消费者的感知价值，以助于提高商品价格。感知价值定价的关键在于了解顾客感知价值的方式及购买决策过程，从而向潜在顾客展现并提供高于竞争对手的价值。

2. 习惯性定价

习惯性定价是指以消费者在长期的消费过程中形成的对某种商品价格的一种稳定性的价值评估为基础的定价。许多商品尤其是家庭生活日常用品，在市场上已经形成了一个习惯价格。消费者购买这些商品时，只愿付出习惯性的代价。因此对这些商品的定价，一般应依照习惯确定，不要随便改变价格，以免引起消费者的反感。

3. 需求差异定价

需求差异定价是指以不同地点、时间、商品及不同消费者的消费需求强度差异为定价的基本依据，针对每种差异决定其在基础价格上是加价还是减价。主要有以下几种形式：

（1）因地点而异：如国内机场的商店、餐厅向乘客提供的商品价格普遍高于市内商店和餐厅。

（2）因时间而异：如应季的蔬果相比反季节的蔬果，其价格更为便宜。

（3）因商品而异：如在奥运会举行期间，标有奥运会会徽或吉祥物的T恤及一些商品的价格，比其他同类商品的价格要高。

（4）因消费者而异：消费者因职业、阶层、年龄等原因，存在着需求差异。店铺在定价时对特定消费者给予相应的优惠，可获得良好的营销效果。例如，广东的老人有去茶楼喝早茶的习惯，有商家策划了给65岁以上老人赠送点心的活动，吸引了很多老人光顾，并且老人还把家人也一起带上，营销效果相当好。

实行需求差异定价要具备以下条件：

（1）市场能够根据需求强度的不同进行细分。

（2）细分后的市场在一定时期内相对独立，互不干扰。

（3）高价市场中不能有低价竞争者。

（4）价格差异适度，不会引起消费者的反感。

以上三种定价方式是需求导向定价法的主要体现。其中，感知价值定价以市场需求状况为网店定价的基本依据，制定的价格通常最容易得到消费者的认可。考虑到市场需求的价格弹性，需求差异定价有助于网店获得所能够获得的利益，从而有利于利润最大化目标的实现。其缺点是能为消费者所接受的价格不一定是能为网店经营者所接受的价格，新竞争者的介入可能使原来能为消费者所接受的价格失去竞争力。相比之下，需求差异定价的操作难度最大。

新时代　树理想　铸信念

高端产品变"白菜价"

"中国制造"在很多国人心目中就是"中国骄傲"。最近20年，中国制造业取得长足进步。

石墨烯，曾经是中国人眼中高攀不起的"高端材料"，10年前，德国产品主导国际市场，5 000元一克不降价。2013年，宁波建成了年生产能力300万吨的石墨烯生产线，石墨烯成本价瞬间降为3元一克，到2020年，成本价仅剩0.56元一克。

通信行业中交换机的一个关键部件，2005年外企卖给中国20万不降价，10年前，国内企业开始生产，5年后价格降到1万。

集成电路行业，计算机需要的8086芯片，在20世纪80年代初进口价格几百美元。中国某微电子所研发出 $0.6\mu m$ 的集成电路生产工艺，市场价格降到了3元以下。

2016年11月26日的新闻联播报道，一种单向阀是煤制油工艺中的核心零部件。以前只有德国能生产，单价180多万元，使用寿命1到3小时。一家中国企业自主研发出了国产的单向阀，成本价格不到20万元，而使用时间却延长到了1年多，为什么当初德国人敢那么要价？因为他们知道没这东西不是生产不出煤油，而是用传统方法要达到同样的产量，至少要花200万元。

这也是为什么最近几年欧美国家明明被打脸很多次，却仍旧坚持不懈地拿着手里的高端产品对中国"卡脖子"，因为只有这样，才有可能限制中国的发展。高端芯片就是一个典型，对中国开放芯片，会让国外的手机、汽车、人工智能、物联网等高科技领域失去竞争力，而原本这些都是高利润行业，是用来换取中国生产的低端消费品的。

中国解决这个问题的唯一途径就是产业升级，用生产型机器人替代简单重复性劳动，通过职业教育将低端产品生产者培养成为技术工人，通过技术升级提高单个工人的产能，同时降低产品价格。

（案例来源：未来职教 . 高端产品变"白菜价"［EB/OL］.（2021-06-24）［2022-09-09］. https://baijiahao.baidu.com/s? id=1703426079947542755.）

三、竞争导向定价法

竞争导向定价法是指企业对竞争对手的价格保持密切关注，以竞争对手的价格作为自己商品定价的主要依据。当然，这并不意味着保持一致，而是指可以根据竞争对手的价格制定出高于、低于或相同的价格。

竞争导向定价法主要有三种定价方式，如图4-5所示。

图4-5 竞争导向定价法

1. 通行价格定价

通行价格定价是竞争导向定价法中广为流行的一种定价方法，也就是使网店商品的价格与竞争者商品的平均价格保持一致。这种定价方法是基于平均价格水平在人们观念中通常被认为是"合理价格"容易被消费者接受的原理而产生的。网店通过采用通行价格定价，试图与竞争者和平相处，避免激烈竞争产生的风险，这样一般能为网店带来合理、适度的盈利。

这种定价适用于竞争激烈的均质商品，如大米、面粉、食油以及某些日常用品的价格确定。在完全寡头垄断竞争条件下也被普遍采用。

2. 主动竞争定价

与通行价格定价相反，主动竞争定价不是追随竞争者的价格，而是根据店铺商品的实际情况及与竞争对手的商品差异状况来确定价格，一般为富于进取心的网店所采用。定价时，首先将市场上竞争商品价格与网店估算价格进行比较，分为高、一致及低三个价格层次；其次，将网店商品的性能、质量、成本、式样、产量等与竞争对手进行比较，分析造成价格差异的原因；再次，根据以上综合指标确定网店商品的特色、优势及市场定位，在此基础上，按定价所要达到的目标，确定商品价格；最后，跟踪竞争商品的价格变化，及时分析原因，相应调整商品价格。

3. 密封投标定价

密封投标定价主要用于投标交易方式。投标价格是根据对竞争者的报价估计确定的，而不是按网店自身的成本费用或市场需求来制定的。网店参加投标的目的是希望中标，所以报价应低于竞争对手的报价。一般来说，报价高、利润大，但中标机会小，如果因价高而招致败标，则利润为零；反之，报价低，虽中标机会大，但利润低，其机会成本可能大于其他投资方向。因此，报价时，既要考虑实现网店目标利润，也要结合竞争状况考虑中标概率。最佳报价应是使预期利润达到最高水平的价格。此处，预期利润是指目标利润与中标概率的乘积，显然，最佳报价即为目标利润与中标概率两者之间的最佳组合。

密封投标定价最大的困难在于估计中标概率，这涉及对竞争者投标情况的掌握，只能通过市场调查及对过去投标资料的分析进行大致估计。

以上三种定价方式是竞争导向定价法的主要体现。优点是有助于从价格方面保持或强化网店在一定竞争秩序中的竞争能力。缺点是某些品牌的商品在进入市场时，市场上没有明确的竞争性品牌，则无法根据目前市场上的竞争状况来制定价格。此外，网店采用竞争导向定价法定价时，搜集竞争者的资料可能有很大难度，根据竞争状况所制定的价格也可能是店铺难以承受的。

店铺的经营过程是在一定市场竞争的环境下通过满足消费者需求，实现利润最大化的过程。店铺经营的这一性质决定了网店在定价时应综合考虑成本导向定价法、需求导向定价法和竞争导向定价法，综合协调的基本思路是：以保本价格或边际成本为下限，以需求价格为上限，以市场竞争状况为参照系，合理制定商品的价格。

岗位任务训练

商品的基本定价

● 工作典型任务：商品的基本定价

商品的基本定价是企业在商品初步定价的基础上，选择合适的定价方法进行计算，最终确定商品价格的工作任务。选用不同的定价方法，会得出不同的商品价格。因此，此项工作需要商品定价员依据企业的营销策略，选择合适的定价方法制定商品价格。

● 训练目的

通过实训，加深对成本导向定价法、需求导向定价法和竞争导向定价法这三种商品基本定价方法的认识和理解。掌握这三种方法的计算方法，达到能根据实际情况合理选择合适的定价方法对网店商品进行定价的实训目的。

● 训练内容

从自己的网店中选取一件合适的商品，分别使用成本导向定价法、需求导向定价法和竞争导向定价法进行价格的计算。

● 训练步骤

第1步：从自己的网店中选出一件合适的商品。

请写出商品的名称：_____

第2步：成本导向定价法的练习。

（1）成本加成定价。

请写出该商品成本的计算过程及结果：_____

请设定该商品的成本利润率：_____

请根据公式算出该商品的售价：_____

（2）变动成本定价。

请写出该商品变动成本的计算过程及结果：_____

请写出该商品边际贡献的计算过程及结果：_____

请根据公式算出该商品的售价：_____

（3）边际成本定价。

请写出该商品的单位商品边际成本的计算过程及结果：_____

请根据公式算出该商品的售价：_____

（4）收支平衡定价。

请写出该商品总成本的计算过程及结果：_____

请写出该商品预期销售量：_____

请根据公式算出该商品的售价：_____

（5）投资回收定价。

请写出该商品总成本的计算过程及结果：_____

请写出该商品占有网店的投资总额：_____

请写出网店的投资预期收益率：_____

请写出该商品预期销售量：_____

请根据公式算出该商品的售价：_____

第3步：需求导向定价法的练习。

该方法需要对消费者进行调查，由于课堂实训难以开展真实的市场调查，所以建议通过对同班同学的调查，获取消费者对商品价值的理解情况。

（1）感知价值定价。

请写出消费者对该商品的心理认同价格：_____

（2）习惯性定价。

请写出消费者习惯于消费该商品的价格：_____

（3）需求差异定价。

请写出以下差异的定价情况：

1）因地点而异：_____

2）因时间而异_____

3）因商品而异：_____

4）因消费者而异：_____

第4步：竞争导向定价法的练习

（1）通行价格定价。

请写出竞争对手的商品定价：_____

（2）主动竞争定价。

请根据该商品的实际情况及与竞争对手的差异状况来确定价格：
_____

（3）密封投标定价。

请写出你为该商品设定的价格及理由：
_____
_____
_____

● 训练评价

训练测评				
序号	测评内容	分值	自评	小组评
1	能从网店中选出一件合适的商品	10		
2	正确使用成本导向定价法进行商品的定价	30		
3	正确使用需求导向定价法进行商品的定价	30		
4	正确使用竞争导向定价法进行商品的定价	30		
合计：		100		

学生体会：

教师评语：

案例评析

商品定价反映出一个商品的成长和品牌的初心,小米手机开始时定价策略运用了需求导向的定价方法,主要目标定位在年轻人的市场。消费者对价格的敏感度一直都在,自从在小米手机不断提升自身的性价比之后,价格也随着增长,当然这也离不开消费者消费能力的提升。

小米手机运用了合理的价格方法,保证了公司产品有良好的销量,增加产品的市场份额,继而提高小米手机在行业中的竞争力。小米公司公布的2019年的全年业绩,全年总收入突破2 000亿,达到了2 058亿元,超出市场预期。产品的价格决定了消费者认同和接受程度,也决定了其在市场中所占的比例。小米手机去年能够拥有喜人的成绩不仅得益于当今的时代背景,更重要的是小米手机采用了合理的定价方法,并且产品性能高、功能齐全,吸引和留住了更多消费者。

本节小结

知识方面:通过本节课程的学习,认识了商品定价的基本方法,理解了这三种基本定价方法的思路,掌握了各种定价方式的计算过程。

技能方面:通过商品的基本定价的训练,加深了对商品定价方法的认识,巩固了对于三种定价的基本方法的理解,掌握了各种定价方式在实际中的运用。

通过知识的学习及技能的训练,达到了知行合一、学以致用的效果。本节课程我们学习了商品定价的基本知识,掌握了成本、需求、竞争三个不同导向定价方法中各种定价方式的计算方法,为后续学习商品的定价策略打好了基础。

拓展实践

利用课余时间,根据网店及商品的具体情况,计算出商品的基本定价,熟练商品定价的方法。

课后复习与思考

1. 根据影响商品定价的因素,可以总结出哪三种基本的定价方法?
2. 什么是成本导向定价法?
3. 成本导向定价法有哪些具体的计算方式?
4. 成本导向定价法有什么优缺点?
5. 什么是需求导向定价法?
6. 需求导向定价法有哪些具体的计算方式?
7. 需求导向定价法有什么优缺点?
8. 什么是竞争导向定价法?
9. 竞争导向定价法有哪些具体的计算方式?
10. 竞争导向定价法有什么优缺点?

第4节 商品定价的策略

▶ 学习目标

知识目标：

熟悉商品常用的定价策略；

认识新品定价策略的原理；

了解三种新品定价策略的优缺点；

认识商品组合定价策略的原理；

了解四种商品组合定价策略的应用；

认识商品生命周期定价策略的原理；

熟知商品生命周期四个阶段的定价策略。

技能目标：

能够根据市场的各种因素使用合适的策略进行定价；

能够运用商品组合定价策略对网店的商品进行组合定价；

能够根据商品生命周期的规律，在商品的不同阶段进行相应的定价。

素养目标：

树立争先创优的意识，结合案例内容，引导建立开拓创新、追求卓越的精神。

▶ 案例导入

特仑苏建立高端品牌形象

乳品业内人士都知道，2004年至2005年间，中国乳业市场发展遭遇瓶颈，由于竞争激烈，价格战几乎弥漫了整个市场，利润空间微薄，企业苦不堪言。在所有的乳企都在围绕基础产品进行低价竞争的过程中，蒙牛乳业发现，中国的消费市场正悄然发生变化，消费者对高品质牛奶的需求开始显现，注重健康、营养、高蛋白等，潜在消费者大约占人均牛奶消费的20%。蒙牛看到了机会，率先试水高端液态奶，特仑苏就此问世。

高端品牌特仑苏牛奶的上市，填补了高价值消费市场的空白，迅速获得了市场认可，蒙牛乳业新开辟的蓝海，一度令其他企业竞相模仿。特仑苏创立之初，并没有继续沿用蒙牛这个品牌名称，而是以全新的子品牌推向市场。特仑苏在产品和包装上都与蒙牛原产品有巨大区别，营销规划也是按照全新的模式来做的。

在产品的塑造上，特仑苏宣传其奶源选自乳都内蒙古自治区呼和浩特市。众所周知，这里拥有北纬40度左右天然有机牧场的优质奶源，奶牛是优质品种，吃的是优质牧草。同时，特仑苏拥有世界先进的智能化设备，保证每一滴成品牛奶都具有高品质。为了彰显自己的高端形象，特仑苏的包装设计使用白底蓝字的基础配色，标有中、英、蒙三种

文字的品牌标识，简洁、素雅，充分体现出品牌的高端定位。上市价格大约是普通盒装牛奶的2倍，一箱12盒，零售价60元，此后根据新推出的产品不同，价格逐步提高，目前高端的有机纯牛奶零售价格达到99元/箱。

（案例来源：销售与市场传媒．特仑苏：抢占高端红利［EB/OL］．（2022-08-22）［2022-09-06］．https：//baijiahao．baidu．com/s？id＝1741824302938013670．）

思考：

在定价策略上，特仑苏采取了哪种策略？

知识介绍

一、新品定价策略

新商品能否打入市场并在市场上站稳脚跟，定价策略的选择关系很大。新商品价格的正确制定需要依据商品成本、竞争对手、消费者需求等因素进行分析，还要充分考虑影响价格的其他因素。具体有以下三种策略。

1. 渗透定价

渗透定价是在新商品投放市场时，价格定得尽可能低些，其目的是获得最高销售量和最大市场占有率，也就是以一个较低的商品价格打入市场，在短期内加速市场成长，牺牲高毛利以获得高的销售量及市场占有率，进而产生显著的成本经济效益。

常见定价策略

例如，小米手机面世之初，就给广大用户树立了"高性能，低价格"的品牌印象，旗舰机型只卖1 999元，小米2A、MAX等更是降到了1 699元、1 499元，更不用提定位更低端的红米系列了。小米通过自己浓厚的社区基因给用户打上了手机发烧友的标签，在此前提下，又有如此有竞争力的价格护航，撒豆成兵，迅速占领了市场，而后凭借越发成熟的产研供系统，手机生产与分销的单位成本随生产经验的积累而下降，可谓渗透定价的完美执行者。

渗透定价的优点：商品能迅速为市场所接受，打开销路，增加产量，使成本随生产发展而下降；低价薄利，使竞争者望而却步，减缓竞争，获得一定市场优势。

渗透定价的缺点：新商品一开始实行从低定价，会冲击企业已有商品的销路，造成同类旧商品的市场生命周期缩短。并且，从低定价投资回收期限较长，企业若资金不足，不利于企业的发展。

2. 撇脂定价

撇脂的原意是指取牛奶上的那层脂肪，含有捞取精华的意思。撇脂定价，即商家把新商品推向市场时，利用一部分消费者的求新心理而制定一个高的价格，在竞争者研制出相似的商品之前，尽快地收回投资，并且取得相当的利润；然后随着时间的推移，再逐步降低价格使新商品进入弹性大的市场。

例如，iPhone X 就采取了典型的撇脂定价。以在中国市场的发售为例，iPhone X 在苹果官方商店的零售价为 8 388 元人民币起，黄牛市场更是炒到万元上下，即使对于果粉来说，也是属于高价位商品，但是一经推出，首批供货立马抢购一空。

撇脂定价的优点：利用人们的求新心理，在短期内获得高额利润，收回投资，并以高价格提高商品和企业形象。

撇脂定价的缺点：如果新商品市场吸引力不足，加之价格较高，就不利于打开市场，并且由于高价厚利，容易招致竞争对手，会迫使价格下降，好景不长。

3. 满意定价

满意定价策略是在撇脂定价和渗透定价之间选择一种使生产者和消费者都能接受的定价策略。由于撇脂定价策略定价较高对消费者不利，既容易引起消费者的不满和抵制，又容易引起市场竞争，具有一定的风险；渗透定价策略定价过低，虽然对消费者有利，但企业在新商品上市初期收入甚微，投资回收期长。满意定价策略介于二者之间，既可以避免撇脂定价策略因价高而具有的市场风险，又可以避免渗透定价策略因价低带来的困难，因而既有利于企业自身的利益，又有利于消费者。但这种定价方法比较保守，不太适合需求复杂多变和竞争激烈的市场环境。

二、商品组合定价策略

商品组合定价策略是指对于互补商品、关联商品，在制定价格时，迎合消费者的某种心理对商品进行搭配组合进行销售，以取得整体效益。比如，消费者对滞销、价值高的商品价格比较敏感，而对畅销、价值低的商品价格迟钝一些，适当降低前者价格、提高后者价格，可使两者销售相互得益，增加总盈利。商品组合定价策略可以细化分为以下几种类型。

> **小提示**
>
> 网店通常不是经营单个商品，而是一组相互关联的商品，也因此形成了店铺的商品大类。所以很多店铺都设置了商品分类，以便于对商品的管理。

1. 分级定价

这种策略是店铺将同一种商品,根据外观、款式或者质量上的差别,分成不同的等级。选择其中一种作为标准,对该种商品设定高、中、低不同的档次并分别定价。通常情况下,对于低档商品的定价可以接近商品的成本,而对于高档商品的定价则大幅度超过成本。分级定价示例如图4-6所示。

图4-6 分级定价示例

2. 商品线定价

这种策略是根据消费者对不同类型的需求,设计不同功能和品质的商品线。例如,在西服风格的选择中,消费者有休闲、职业、婚礼、宴会等的不同场景穿着需求,因而形成了西服的商品线,店铺可以针对西服的不同风格进行相应的定价。

3. 连带商品定价

连带商品定价又称必需附带商品定价,这种策略适用于必须与主要商品一同购买的商品。顾客购买了主商品,还须购买连带商品才能使主商品发挥作用。例如,西服需要有衬衫、领带、皮带、西裤、皮鞋的搭配才会有好的穿着效果。店铺一般可以使主商品定价低一些、获利少一些,而将其连带商品定价高一些,以通过连带商品销售获得长期利益。连带商品定价示例如图4-7所示。

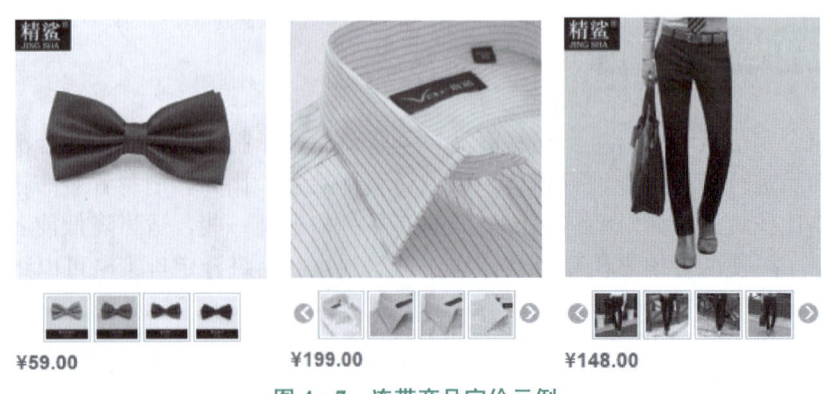

图4-7 连带商品定价示例

4. 捆绑式定价

这种策略是指将两种或两种以上的相关商品,捆绑打包出售,并制定一个合理的价格。商品组合在一起购买,价格低于消费者分别购买时支付的金额,核心是单买某一个商品价格很贵,但是购买套餐价格就相对划算。例如,在销售西服时,可以制定相应的商品套餐,捆绑不同的商品进行销售。捆绑式定价示例如图4-8所示。

A套餐:西服+西裤+9件礼品(衬衫/皮带/领结/领带/方巾/男袜/防尘罩/衣架/备用扣)
B套餐:西服+马甲+西裤+9件礼品(衬衫/皮带/领结/领带/方巾/男袜/防尘罩/衣架/备用扣)

图4-8 捆绑式定价示例

新时代 树理想 铸信念

名创优品:用"工匠精神"打造幸福体验

记者走访了几家位于武汉、成都以及香港的名创优品店。"真的很便宜,大部分商品才十几块钱。"一位正在武汉司门口店采购耳机的顾客告诉记者,"每件商品都有明码标价,并且质量也非常不错,从心里感觉在这里购物很踏实。"

据介绍,名创优品的产品采购自全球,供货商来自广交会的外贸供货商,其商品制造标准,高于内销工厂,因此其产品品质可媲美国际大牌。而"买断制"和规模采购,更增进了名创优品与品质供货商的合作关系。

店内80%以上商品是自有品牌,不经过任何分销层级,杜绝了二次销售中的加价过程,因此有底气彻底放弃暴利,将毛利率降低为8%左右(行业平均毛利率为40%),还利消费者。

名创优品打破了高价才能买到高品质的常规观念,在平衡品质和经济效益之间,为消费者提供了另一种幸福的可能。

(案例来源:齐鲁网. 名创优品:用"工匠精神"打造幸福体验[EB/OL]. (2016-03-11) [2022-09-09]. http://linyi.iqilu.com/lysx/2016/0311/2716873.shtml.)

三、商品生命周期定价策略

商品生命周期是指一个商品从产生开始,到逐渐被顾客认识,再到被越来越多的顾客所接受,最后被新的商品代替而步入消亡的过程。商品生命周期定价策略是根据商品生命周期的规律而制定的,在商品生命周期的不同阶段,商品相关的成本、购买者的价格敏感性和竞争者的行为是不断变化的,定价策略要适合时宜,要保持有效性,且必须要有所调整。

1. 新品上市期定价

商品刚刚投入市场,许多消费者还不熟悉这个商品,因此销量低,也没有竞争者。为了打开新商品的销路,在定价方面可以根据不同的情况采用撇脂定价策略、渗透定价策略或满意定价策略。

对于一些市场寿命周期短,花色、款式翻新较快的时尚商品,一般可以采用撇脂定价策略；对于一些市场潜力较大，能够从多销中获得利润的商品，可以采用渗透定价策略。

2. 商品成长期定价

商品进入成长期后，店铺生产能力和销售能力不断扩大，销售量迅速增长，利润也随之大大增加。这时候应该选择能保证店铺实现目标利润或目标回报率的目标定价策略。

3. 商品成熟期定价

商品进入成熟期后，市场需求已经日趋饱和，销售量也达到顶点并有开始下降的趋势，表现在市场上就是竞争日趋尖锐激烈，仿制品和替代品日益增多，利润达到顶点。在这个阶段，一般将商品价格定得低于同类商品以排斥竞争者，维持销售额的稳定或进一步增大。

在这个阶段，正确掌握降价的依据和降价幅度是非常重要的。一般应该根据具体情况慎重考虑。如果商品具有明显的特色，拥有一批忠诚的顾客，就可以维持原价；如果商品缺乏特色，就需要使用降价方法保持竞争力。

4. 商品衰退期定价

在商品衰退期，商品的市场需求和销售量开始大幅度下降，市场上已出现了新的替代品，利润也日益缩减。这个时期常采用的定价方法有维持定价和驱逐定价。

如果希望处于衰退期的商品继续在顾客心中留下好的印象，或是希望能继续获得利润，可以维持原有价格。维持定价能否成功，关键要看替代品的供给状况。如果替代品满足不了需求，那么还可以维持一定的市场；如果替代品供应充足，顾客肯定会转向替代品，这样一定会加速老商品退出市场的速度，很难达到维持效果。

对于一些非必需的奢侈品，虽然已经处于衰退期，但它的需求弹性大，这时可以把价格降低到无利可图的水平，将其他竞争者驱逐出市场，尽量扩大商品的市场占有率，以保证销量、回收投资。

岗位任务训练

为新品定价制定策略

● 工作典型任务：制定商品定价策略

制定商品定价策略是商品定价工作中的重要任务。在市场营销活动中，企业为了实现自己的经营战略和目标，经常根据不同的产品、市场需求和竞争情况，采取各种灵活多变的定价策略，使价格与市场营销组合中的其他因素更好地结合，扩大销售，提高企业的整体效益。

● 训练目的

通过实训，进一步认识新品定价策略的原理，能根据三种新品定价策略的优缺点，为自己网店新上架的商品制定合适的定价策略，以达到能根据市场的各种因素使用合适的定价策略进行定价的技能目标。

● 训练内容

在自己的网店中，选择一件准备上架的新品，根据下表中的内容进行分析，为这件新品制定合理的定价策略。

新品定价策略	
商品名称	
定价目标	
商品成本	
市场需求分析	
竞争对手定价	
制定合理的定价策略	
理由及分析	

● 训练评价

训练测评				
序号	测评内容	分值	自评	小组评
1	能合理选择商品	10		
2	有明确的定价目标	10		
3	正确填写商品成本	10		
4	能合理分析消费者需求	20		
5	准确了解竞争对手的定价	10		
6	制定合理的定价策略	20		
7	能分析选定定价策略的理由	20		
合计：		100		

学生体会：

教师评语：

案例评析

案例中，特仑苏品牌推出后，又推出了特仑苏纯牛奶、特仑苏低脂奶、特仑苏有机奶等系列产品，就此拉开中国乳业高端奶市场的序幕，开了中国乳业高端牛奶的先河。在十几年的发展历程中，特仑苏始终坚持创新，采用专属牧场的高品质奶源，坚持业内高标准的原料甄选和生产工艺，逐步成长为全球销量领先的高端牛奶品牌，其运用的是撇脂定价策略来开拓新品市场。

本节小结

知识方面：通过本节课程的学习，认识了商品常用的定价策略，包括新品定价策略、商品组合定价策略以及商品生命周期定价策略，学习了这三种定价策略的基本原理，了解和认识了各种策略的具体内容。

技能方面：通过为新品定价制定策略的训练，进一步认识了新品定价策略的原理，能根据三种新品定价策略的特点，为自己网店新上架的商品制定合适的定价策略，以达到能根据市场的各种因素使用合适的定价策略进行定价的技能目标。

通过知识的学习及技能的训练，达到了知行合一、学以致用的效果。本节课程我们学习了商品定价策略的知识，为与商品定价方法和商品定价技巧构成了一个系统完善的商品定价知识架构打好了基础。

拓展实践

利用课余时间对网店的商品进行分析，使用新品定价策略、商品组合定价策略、商品生命周期定价策略进一步完善商品的定价。

课后复习与思考

1. 商品定价有哪些常用的策略？
2. 新品定价策略具体包括哪些策略？
3. 渗透定价具有什么优点和缺点？
4. 商品组合定价策略具体包括哪些策略？
5. 商品生命周期具体包括哪些阶段？
6. 商品成熟期应如何定价？

第 5 节 商品定价的技巧

学习目标

知识目标：
认识商品定价常用的九种技巧；
熟知定价技巧的主要内容及原理；
了解定价技巧的应用情景。

技能目标：
掌握各种定价技巧的具体方法；
能够结合实际，灵活运用定价技巧调整商品定价。

素养目标：

培养诚信、细致、严谨的职业素养，有质量意识，无数据造假行为，开拓创新，结合数字时代的发展，养成处理和分析数据的意识。

案例导入

商品促销活动

某超市为了提高雕牌天然皂粉的销量，消化库存，进行了该商品的促销活动。此外，借助活动进行移动支付的推广，以提升超市资金的管理效率。顾客看到支付宝专享价的优惠力度更大，纷纷使用支付宝进行付款。通过这次活动，超市达到了促销的初始目的。

思考：

1. 雕牌天然皂粉的定价是多少？
2. 雕牌天然皂粉的价格为什么以9作为尾数？
3. 雕牌天然皂粉的定价运用了哪些技巧？

知识介绍

一、均一价

均一价是一种把店铺中售价相近的商品进行价格统一的定价技巧，所以也称为"同价销售法"。这种定价技巧一定程度上会给人以便宜的感觉，同时能简化网店商品的管理、提升管理效率。特别是对于杂货类型的店铺，商品种类越多，这种定价技巧的效果就越突出。"均一价"应用示例如图4-9所示。

跨境电商产品定价策略

实践应用：

均一价法广泛应用于商店及超市，有的小店开设1元商品货架、5元商品专柜，而一些大商家则开设了10元、50元、100元商品专柜等。知名的连锁店铺"MINISO名创优品"就是运用这一定价技巧在短短4年时间内，在全球开店近3 000家。

图 4-9 "均一价"应用示例

二、小单位定价

小单位定价是一种对价格较高的商品采用小单位报价的定价技巧，又称为价格分割。价格分割主要是根据消费者的价格心理，在定价时采用较小的单位进行报价，使消费者产生价格便宜的感觉。这种定价技巧能让消费者觉得只需支付很低的价格就能拥有高价的商品，物超所值。

实践应用：

（1）用较小的单位报价。例如，售价为每千克 100 元的茶叶，报价的时候为 1 元/10 克。巴黎地铁的广告是："只需付 30 法郎，就有 200 万乘客能看到您的广告。"我们还经常看到"1 元＝1G，流量任性用！"的广告宣传，就是这种技巧的运用。

（2）用小单位价格比较。例如，"使用这种电冰箱平均每天 0.2 元电费，不够吃一根冰棍儿"。

（3）分期免息支付服务。很多网店提供了分期付款的服务，特别是电子产品类、电器商品类的店铺较为常见。例如，一部售价为 1 598 元的手机运用了分割法的技巧（见图 4-10），顾客最低只需支付不到 150 元就可以拥有这款新品，给店家带来了良好的营销效果。

图 4-10 "小单位定价"应用示例

三、9 尾数定价

9 尾数定价是一种依据消费者的购物心理，把商品的售价使用 9 作为尾数的定价技巧。9尾数定价会给消费者价格低的心理感受，可以迎合消费者希望实惠、便宜、划算的购买心理，能有效激发消费者的购买热情。"9尾数定价"应用示例如图4-11所示。

图4-11　"9尾数定价"应用示例

实践应用：

10元的商品，聪明的商家会把价格定为9.9元，虽然只相差1角，但会给消费者带来完全不同的心理效果。定价9.9元，给消费者的心理暗示是这件商品只需不到10元；而定价10元，则会使消费者感觉价格升高到另一个级别。9尾数定价技巧适用于低值易耗的日用品。

四、吉利数字定价

吉利数字定价是一种利用消费者对某些数字的发音联想和偏好而制定价格的技巧。通过吉利数字定价可以满足消费者的心理需要并在无形中提升消费者的满意度。中国人认为"8"与"发"发音相近，寓意财源广进，"6"寓意六六大顺，"9"寓意长长久久。"吉利数字定价"应用示例如图4-12所示。

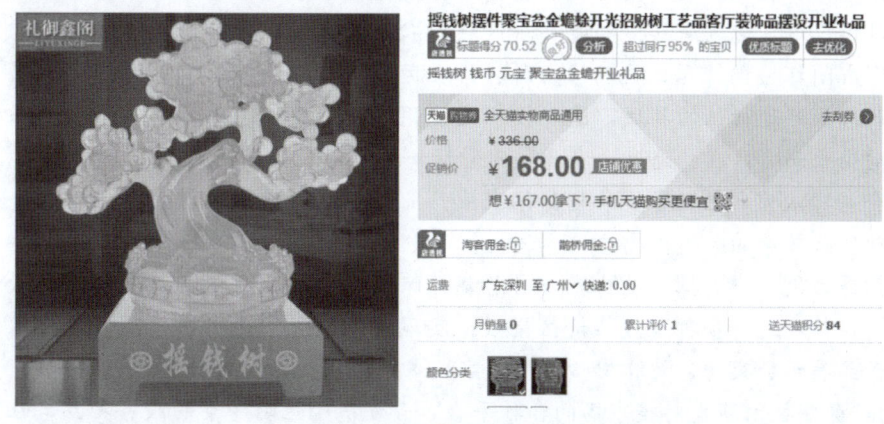

图4-12　"吉利数字定价"应用示例

实践应用：

一位顾客到一家商店买高档名表，手表定价 16 800 元，顾客问营业员能否便宜些，营业员说可以降价为 16 000 元，最后顾客说："算了吧，图个吉利，还是 16 800 元。"可见吉利数字对顾客有很大的吸引力。

新时代 树理想 铸信念

推动数字技术的农业应用 增强估产估值定价"本领"

国家对建设网络强国、数字中国、智慧社会已作出战略部署。在农业领域，推动数字技术运用同样是社会各界关注的话题。在日前举行的"农业供给侧结构性改革论坛"上，参会嘉宾表示，通过数字化技术能够对农产品估产估价、打造价格指数，搭建区域农产品展示、结算、交易中心，在技术层面支撑农产品溯源。

数字农业指通过地理信息、全球定位、卫星遥感、自动化、计算机网络等技术对农业生产、管理、经营、流通、服务等进行数字化设计、可视化表达和智能化控制，达到合理利用农业资源、降低生产成本、改善生态环境等目的。

记者梳理发现，自 2017 年起农业部组织开展数字农业建设试点项目，重点开展大田种植、设施园艺、畜禽养殖、水产养殖四类数字农业建设试点项目。在大田种植方面，明确推动遥感技术在墒情、苗情、长势、病虫害、轮作休耕、产量监测等方面的应用。

会议期间，中科数农（深圳）卫星应用创新研究院副院长安军对记者表示，技术的不断成熟、成本的不断下降，推动了遥感技术的市场化应用。通过遥感光谱、定位导航等技术，能够进一步收集农业信息与数据，对农业对象、环节和全过程进行可视化表达、数字化设计、信息化管理。提高产量和质量，降低生产成本，科学安排农业生产，做到农业专业化、规模化、体系化。

针对数字化技术的落地应用，安军认为，农产品具有一定规模、优质优价的县域，对于遥感技术的需求更迫切，更容易在合作对接上形成共识。"通过精准预报天气走势、全球产区种养趋势，更清晰认知种什么、怎么种、种多少，降低丰产不丰收的风险。通过全链监控，实现从田间到超市的跟踪，做到农产品溯源。"

他具体说道，通过遥感技术能够对区域内农产品产量、产品批次、物流跟踪、农超对接等形成闭环监控，真正明确谁在种、谁在运，将打假的精力更多向保真倾斜。对于拥有农产品原产地标识的县域，遥感技术的使用费用性价比较高，能够带来更高的经济效益。对企业而言，在"遥感＋农业"的背后，是千亿元的农业大数据市场。

参会嘉宾认为，把数字技术与具体农业产业融合，打造单品精品应用案例，是提高数字农业实践效率的关键。

以蓝莓为例，中农批冷链物流公司总裁林沫阳表示，数字技术能够帮助县域进行精准估产、估值，进一步打造蓝莓价格指数，实现对地区优产优价农产品的定价权。搭建区域农产品展示、交易、结算中心，用数字技术延伸农业产业链长度。

"通过数字技术研发对接市场的合作平台，开发基于应用场景的服务产品，让农业从业者获得数字化服务的机会。例如，借助人工智能分析蓝莓的成熟情况与产量变化数据，提示用户未来的价格变化与最佳购买鲜蓝莓的时间。"林沫阳说，目前包括遥感技术在内的数字技术，在全球市场多应用在大豆、稻米、小麦等农产品。未来具有服务能力的农业服务商，将在更多农产品领域有更大作为。

（案例来源：人民网．推动数字技术的农业应用 增强估产估值定价"本领"［EB/OL］．（2018-08-13）［2022-09-09］．http://finance.people.com.cn/n1/2018/0813/c1004-30226329.html.）

五、分级定价

　　分级定价是指店铺在销售过程中，把同类商品根据材料、规格、性能等的不同，分成几个等级，不同等级的商品相应地制定不同价格的定价技巧。分级定价使消费者产生一种按质论价、货真价实的感觉，因而容易被消费者接受。但要注意，等级划分要适当，级差不能太大或太小。否则，起不到应有的效果。"分级定价"应用示例如图4-13所示。

图4-13　"分级定价"应用示例

实践应用：
　　服装店根据面料及款式的差异，把运动套装分为4组进行定价，价格分别为每套79元、99元、129元和138元。这种定价策略使消费者容易感到高低档差别，产生一种安全感和信任感，同时消费者可以根据自己的需要选购相应价格的运动套装。因而，相对于普通的定价方式，分级定价更容易被消费者接受。

六、对比定价

　　对比定价是利用其他价格作为参照，而反衬出商品现价优势的一种定价技巧。商品价格通过与参照价格的对比更能展现其优势，以此刺激消费者的购买欲望。

实践应用：

（1）现价与原价对比（见图 4-14）。在促销活动中，促销价格的旁边会有原价作为参照，使消费者直观看到价格的对比，感受到促销价格的吸引力，刺激消费的欲望。

图 4-14　现价与原价对比

（2）新款商品价格与前代商品价格对比。如果店铺即将发布某款商品的最新款式，该如何定价它的前代商品？一些店铺通常会将前代商品降价以使其逐步淡出市场，然而，这往往是个错误的选择。麦肯锡国际咨询公司的三位营销专家沃尔特·贝克（Walter L. Baker）、迈克尔·马恩（Michael V. Marn）、克雷格·扎瓦达（Craig C. Zawada）在其著作《价格优势》中建议，需要对前代商品的价格进行提升来树立优势，通过这一举措以提高消费者心中的参考价格，进而提高对新一代商品的价格期待。

（3）自己商品价格与竞争者的对比（见图 4-15）。精明的消费者一般都有货比三家的习惯，为了激发消费者的购买欲，商家会进行比价促销。为了说明自己的商品物美价廉，会与竞争者进行比价，承诺买贵补差价。这样就能给消费者一种信任感。当然，前提是商品真的具备比价的能力。

图 4-15　自己商品价格与竞争者的对比

（4）不同规格的对比。某品牌咖啡，中杯 360ml，27 元；大杯 480ml，30 元；超大杯 600ml，33 元。每种规则之间相差 120ml，而只需多花 3 元钱，让消费者感到购买大规格的更划算，从而愿意增加消费。

七、合理折扣

在店铺经营中，打折促销是一种常见的定价技巧。这种技巧是一把双刃剑，虽然有助于促进商品的销售，但如果打折技巧用得不够好，很容易导致价格战甚至损伤品牌形象和商品的价值。简言之，若要将折扣的效果最大化，需要给一个让消费者相信的理由。"合理折扣"应用示例如图 4-16 所示。

图 4-16 "合理折扣"应用示例

实践应用：

我们常见的双十一、店铺周年庆、618 年中大促以及各种节日主题的促销打折，大部分消费者并不会认为这种打折是因为产品有问题。因为这种打折促销活动利用了"隐形打折"的策略，以"双十一都是商家优惠的日子"这个正当理由来打折，避免了产品价值感的贬低。

八、100 原则

不同的语境会让消费者对同一价格产生不同的认知，折扣也是如此。遵循"100 原则"是指当商品的价格低于 100 元时，用百分比的形式进行折扣展示，如图 4-17 所示；当商品的价格超过 100 元时，用实际金额的形式进行折扣展示。这样做会显得折扣力度更大。

实践应用：

一个正常售价为 50 元的商品，哪种折扣的效果更好，立减 20% 还是立减 10 元？算一下就能知道，其实两种折扣的优惠金额是相同的，但是一眼看去，数字 20 比 10 大，所以"立减 20%"的展示给消费者传递了更大的折扣力度。提供折扣的初衷是希望能够最大化提升消费者的认知价格，进而让消费者觉得十分划算。

图 4-17　100 元以下的商品用百分比进行展示

九、专属优惠

专属优惠是一种为特定人群设定特定优惠的定价技巧。"专属"给消费者传递了唯一性和尊贵性的消费心理，能提高消费者的感受价值，是促成消费者购买和培养消费者忠诚度的一种有效的方式。粉丝专属、会员专属、老客户专属、VIP 专属、老人专属、儿童专属都是商家常用的技巧。"专属优惠"应用示例如图 4-18 所示。

图 4-18　"专属优惠"应用示例

实践应用：

一家淘宝新店，为了吸引人气，把新用户转化为忠实客户，对一款商品制定粉丝专享优惠价格。原价 49 元的商品，对粉丝直接优惠 10 元。客户通过收藏店铺、收藏商品、进入店家的粉丝群，即可享受"粉丝专享"的优惠价格。通过运用这一技巧，在短短的一周内就带动了很多进店流量，店铺和商品的收藏量大增，不仅有效地刺激了消费，也培养了很多忠诚客户。

岗位任务训练

完善商品定价

- 工作典型任务：完善商品定价

商品定价员在完成了商品的初步定价、成本计算、基本定价、定价策略制定后，还需要运用定价技巧，对商品的价格适当地进行优化。因此，该项任务是商品定价系列工作的最后一环，商品价格经过科学优化处理后，往往能达到事半功倍的效果，在商品定价中起到非常重要的作用。

● 训练目的

通过运用定价技巧完善商品定价的训练，加深对九种定价技巧的认识和理解，把握每种定价技巧应用的情景，达到能结合实际灵活运用定价技巧、完善商品定价的技能目标。

● 训练内容

从自己的网店中选出一种商品，运用定价技巧对该商品的定价进行完善。

1. 写出商品名称：

2. 商品的原定价：

3. 请写出运用"均一价"技巧的调价结果：

4. 请写出运用"小单位定价"技巧的调价结果：

5. 请写出运用"9尾数定价"技巧的调价结果：

6. 请写出运用"吉利数字定价"技巧的调价结果：

7. 请写出运用"分级定价"技巧的调价结果：

8. 请写出运用"对比定价"技巧的具体做法：

9. 请写出运用"合理折扣"技巧的具体做法：

10. 请写出运用"100原则"技巧的具体做法：

11. 请写出运用"专属优惠"技巧的具体做法：

● 训练评价

训练测评				
序号	测评内容	分值	自评	小组评
1	正确填写网店的商品及其原有定价	10		
2	掌握"均一价"技巧	10		
3	掌握"小单位定价"技巧	10		
4	掌握"9尾数定价"技巧	10		
5	掌握"吉利数字定价"技巧	10		
6	掌握"分级定价"技巧	10		
7	掌握"对比定价"技巧	10		
8	掌握"合理折扣"技巧	10		
9	掌握"100原则"技巧	10		
10	掌握"专属优惠"技巧	10		
合计:		100		
学生体会:				
教师评语:				

案例评析

1. 雕牌天然皂粉的定价是多少？

从超市的促销海报可以看出，该商品的活动定价为14.9元/袋，支付宝专享价为9.9元/袋。

2. 雕牌天然皂粉的价格为什么以9作为尾数？

这主要是使用了"9尾数定价"技巧。9尾数定价会给消费者价格低的心理感受，可以迎合消费者希望实惠、便宜、划算的购买心理，能有效激发消费者的购买热情。

3. 雕牌天然皂粉的定价运用了哪些技巧？

除了运用"9尾数定价"技巧外，还运用了"专属优惠"定价技巧，使用支付宝支付享受支付宝专享价。

本节小结

知识方面：通过本节课程的学习，了解了商品定价常见的九种技巧，包括"均一价"技巧、"小单位定价"技巧、"9尾数定价"技巧、"吉利数字定价"技巧、"分级定价"技巧、"对比定价"技巧、"合理折扣"技巧、"100原则"技巧、"专属优惠"技巧，学习了各种定价技巧的原理及具体做法。

技能方面：通过运用定价技巧完善商品定价的训练，加深了对九种定价技巧的认识和理解，掌握了每种定价技巧的应用情景，熟悉了各种定价技巧的方法，达到了能结合实际灵活运用定价技巧完善商品定价的技能目标。

通过知识的学习及技能的训练，达到了知行合一、学以致用的效果。本节课程我们学习了商品定价技巧的相关知识，掌握了商品定价的相关技巧，为不断优化和完善商品定价打好了基础。

拓展实践

利用课余时间，继续熟练商品定价技巧的运用，对网店的商品定价进行完善。

课后复习与思考

1. 商品定价有哪些常见的技巧？
2. "小单位定价"在应用中有哪些形式？
3. "对比定价"在实践中有哪些具体应用？
4. "100原则"的主要内容是什么？
5. 生活中你遇见过哪些专属优惠？

模块总结

本模块的学习内容是商品定价，与上一模块的商品采购形成了密切的关联。当商品采购回来后，我们需要为商品制定合理的价格后再进行销售。价格不是一个简单的数字，其蕴含了商家的策略、方法以及技巧。因此，商品定价是网店运营的一个重要环节。本模块围绕商品定价，让学生认识商品定价的重要性及影响商品定价的因素，学习商品成本的计算方法，掌握商品定价的基本方法、策略与技巧。

模块 4　商品定价	
章节名称	相关知识点
第1节　商品定价的基础	1. 商品定价的概念 2. 商品定价的目标 3. 影响定价的因素
第2节　商品的成本计算	1. 商品成本的概念 2. 网店商品的成本构成
第3节　商品定价的方法	1. 成本导向定价法 2. 需求导向定价法 3. 竞争导向定价法
第4节　商品定价的策略	1. 新品定价策略 2. 商品组合定价策略 3. 商品生命周期定价策略

第 5 节　商品定价的技巧	1. 均一价 2. 小单位定价 3. 9 尾数定价 4. 吉利数字定价 5. 分级定价 6. 对比定价 7. 合理折扣 8. 100 原则 9. 专属优惠

重点巩固

1. 影响商品定价的主要因素有哪些？
2. 网店商品总成本是由哪些方面的成本构成的？
3. 商品定价主要有哪些基本方法？
4. 商品定价主要有哪些策略？
5. 商品定价主要有哪些技巧？

模块5

商品描述及展现

模块背景

经过前面4个模块的学习，我们知道了如何给自己的网店和商品进行定位；如何进行品牌设计、品牌传播及品牌延伸；如何根据网店的定位，有效地进行商品采购；如何根据定位和利润目标，为采购的商品进行定价。为了完成最终的目标，对商品进行恰当的描述，表现出商品的优势，就成为最重要的工作。商品描述工作做好了，可以对消费者产生吸引力，最终达到提升网店销售量的目标；若做得不好，则会对店铺的销售经营产生负面影响。

那么，我们应该如何对网店的商品进行恰到好处的描述，表现出商品的优势呢？接下来我们就一起来学习商品描述的相关知识，帮助大家解决对这个问题的疑惑，更好地掌握商品描述的方式方法。

模块目标

知识目标：
1. 了解服装类商品的基础知识；
2. 了解鞋类商品的基础知识；
3. 了解化妆品类商品的基础知识；
4. 了解厨房电器类商品的基础知识；
5. 了解塑料制品类商品的基础知识。

技能目标：
1. 掌握服装类商品的详情描述方法与技巧；
2. 掌握鞋类商品的详情描述方法与技巧；
3. 掌握化妆品类商品的详情描述方法与技巧；
4. 掌握厨房电器类商品的详情描述方法与技巧；
5. 掌握塑料制品类商品的详情描述方法与技巧。

素养目标：
1. 培养一丝不苟的工匠精神，树立严谨踏实、讲求实效、实事求是的职业精神。
2. 培养精益求精的工匠精神，树立追求卓越、开拓创新、踔厉奋发的职业精神。
3. 培养遵纪守法的意识，树立依法办事、按章做事、工作严谨的职业精神。

4. 培养执着专注的工匠精神，树立创新突破、勇于进取的职业精神。
5. 培养诚实守信的社会主义核心价值观，树立诚信经营、依法办事的职业精神。

模块内容

第 1 节　服装类商品的描述及展现
第 2 节　鞋类商品的描述及展现
第 3 节　化妆品类商品的描述及展现
第 4 节　厨房电器类商品的描述及展现
第 5 节　塑料制品类商品的描述及展现

思政园囿

"执着专注、精益求精、一丝不苟、追求卓越。"2020 年 11 月 24 日，在全国劳动模范和先进工作者表彰大会上，习近平总书记高度概括了工匠精神的深刻内涵，强调劳模精神、劳动精神、工匠精神是以爱国主义为核心的民族精神和以改革创新为核心的时代精神的生动体现，是鼓舞全党全国各族人民风雨无阻、勇敢前进的强大精神动力。

电商经营者在商品描述工作中也要发扬工匠精神。只有树立追求卓越、开拓创新、踔厉奋发、精益求精的工匠精神，才可以创新商品展现方式，更好地表现商品的特色卖点；只有树立一丝不苟、严谨踏实、讲求实效、实事求是的工匠精神，才可以确保商品描述信息不出纰漏，避免造成虚假宣传等不良后果。

职业岗位介绍

岗位名称：电商运营

运营是店铺经营的核心基础工作，店铺的管理是电商运营最基本的日常工作，主要工作内容包括基本的开店操作，负责商品的描述与展现，设计商品模板，进行商品更新，等等。

岗位职责：
1. 根据公司产品及行业特征进行店铺规划、运行和管理；
2. 与美工团队沟通确定店铺装修、活动页面等；
3. 与客服团队积极沟通，做好店铺活动管理；
4. 负责店铺商品信息维护（商品上架，标题优化，宝贝描述，信息更新维护，等等）；
5. 负责店铺内销售的产品描述及标题卖点优化，提出有力建议；
6. 负责店铺推广的执行操作，包括关键词选取、市场调研和装修美化等；
7. 通过生意参谋等工具进行有效的结合，进行店铺的优化。

岗位要求：
1. 基本要求：热爱本行业及岗位工作，做事认真，严谨细致，有责任心，具备良好的敬业精神和团队协作能力。
2. 岗位知识：具备必要的行业产品知识，例如：熟悉服装类商品基础知识，熟悉鞋类商品基础知识,熟悉化妆品类商品基础知识,熟悉厨房电器类商品基础知识,熟悉塑料制品类商品基础知识;具备一定的学习能力,能快速学习并掌握各行各业的基础知识。

3. 岗位技能:熟练使用办公软件,具备一定的审美能力和数据分析能力。能根据店铺情况及同行情况调整店铺运营策略,有敏锐的市场洞察能力,善于抓住商品的卖点,及时跟美工团队、客服团队进行沟通,完成店铺系统管理运营的工作。

第 1 节 服装类商品的描述及展现

▶ 学习目标

知识目标:
认识服装类商品;
了解服装类商品的基础知识;
掌握服装类商品的描述。

技能目标:
掌握服装的基础信息,能够对服装类商品进行详细描述及展现。

素养目标:
培养一丝不苟的工匠精神,树立严谨踏实、讲求实效、实事求是的职业精神。

案例导入

服装

中国服装的历史悠久,可追溯到远古时期。在北京周口店猿人洞穴曾发掘出约 1.8 万年前的骨针。浙江余姚河姆渡新石器时代遗址中,也有管状骨针等物出土。可以推断,这些骨针在当时也用于缝制原始衣服。

中国人的祖先最初穿的衣服,是用树叶或兽皮连在一起制成的围裙。后来,每个朝代的服饰都有其特点,这和当时农牧业及纺织生产水平密切相关。大麻、苎麻和葛织物是广大劳动人民的主要衣着用料,统治者和贵族大量使用丝织物。部分地区也用毛、羽和木棉纤维纺织织物。汉代，丝、麻纤维的纺织和印染工艺技术已很发达，染织品有纱、绡、绢、锦、布、帛等，服装用料大大丰富。西汉时已能用桑蚕丝制成轻薄透明的长衣。隋唐两代，统治者还对服装做出严格的等级规定。随着中外交往的增加，服式也互有影响，如团花的服饰是受波斯的影响；僧人则穿着印度式服装"袈裟"。现今日本的和服仍保留着中国唐代的服装风格。清代盛行马褂、旗袍等满族服式，体力劳动者则穿短袄长裤。近代，由于纺织工业的发展，可供制作服装的织物品种和数量增加，促进了服装生产。辛亥革命后，特别是五四运动后，吸收西方服式特点的中山装、学生服等开始出现。

1950 年以后，中山装几乎成为全国普遍流行的服装，袍褂几近消失。随着大量优质面料的出现，服装款式也有发展。现代服装设计已成为工艺美术的一个分支，而服装生产已经实现工业化大批量生产。

（案例来源：百度百科．服装［EB/OL］.（2022-08-20）［2022-09-06］. https://baike.baidu.com/item/%E6%9C%8D%E8%A3%85/247479.）

思考：
1. 什么是服装？服装如何分类？
2. 服装主要有哪些品种？

知识介绍

一、服装类商品概述

服装，是衣服鞋装饰品等的总称，多指衣服。在国家标准中，服装的定义为：缝制，穿于人体起保护和装饰作用的产品，又称衣服。服装在人类社会发展的早期就已出现，当时古人将一些材料做成粗陋的"衣服"，穿在身上。人类最初的衣服多用兽皮，而裹身的最早"织物"是用麻和草等纤维制成。对社会来说，服装已经是遮体、装饰的生活必需品，不仅仅为穿，还是一个身份、一种生活态度、一个展示个人魅力的表现。

拓展资料

复古风正确的搭配思路

二、服装类商品的基础知识

为了更好地把服装推荐给消费者，需要熟悉掌握服装的基础知识。服装类商品的知识涉及多个方面，如风格品类、面料成分、洗涤方法等，如图 5-1 所示。

图 5-1 服装类商品的基础知识

1. 服装的分类

服装可以按服装经营习惯、服装的名称、服装穿着季节、服装档次、服装用途来进行分类。

（1）按服装经营习惯分类。

按服装经营习惯可分为男式服装、女式服装、儿童服装、针织服装、裘革服装等。

男式服装为选用各种面料制的高、中档的男士服装。品种有长、短袖衬衫，运动衫，短裤，西装，中山装，长、中、短大衣，马甲，羽绒服，直筒裤，等等。

女式服装为选用各种面料制得的女士服装。品种有长、中、短袖衬衫，无领无袖衫，长、中、短大衣，羽绒服，夹克衫，马甲，长、短裙，连衣裙，旗袍，套装，西服，各种外衣，以及各种长、中、短裤，等等。

儿童服装为选用棉布、丝绸、化纤、粗纺呢绒等面料制得的儿童各款服装。品种有粗纺夹克、各种男女童大衣、长短袖衬衫、裤子、裙子、棉袄、棉裤、羽绒服、马甲等。

针织服装为男女老幼都可以穿的服装。品种有男女T恤衫、儿童T恤衫、运动服、睡衣、睡裤等。

裘革服装为选用裘革制品和皮革制品制作的男女都可以穿的各种款式服装。品种有女式裘皮大衣、外套，男士大衣、夹克，女士套裙、夹克，儿童夹克，等等。

（2）按服装的名称分类。

按服装的名称可分为大衣类、上装类、下装类、内衣类等。

大衣类是指穿在人体外面的服装，起防寒、防雨及装饰的作用。品种有长、中、短大衣。

上装类指遮盖上半身的衣服。品种主要有衬衫、外衣、上衣等。

下装类指穿在下半身的服装。品种有裙子、裤子等。

内衣类指贴身穿着的衣服。品种主要有保健型内衣、保暖性内衣、矫形性内衣、装饰性内衣等。

> 💻 **想一想**
>
> 我们平时穿的服装按这些方式来分类，属于哪些类别？

（3）按服装穿着季节分类。

按服装穿着季节可分为春秋季服装、夏季服装、冬季服装。

春秋季服装是由冷渐暖、由暖渐凉的季节穿着的服装，所以穿着服装的颜色应是由深变浅、由浅向深色过渡。面料的变化也应该是由厚变薄、由薄变厚。品种有西装、套装、夹克、裤子、风衣。

夏季炎热，夏季服装面料的选择主要以吸湿性强、透气性好为主；款式以简单、线条流畅为主；颜色以冷色调为主。主要品种有男女长、短袖衬衫，T恤衫，长短裤，裙子，裙裤，等等。

冬季寒冷，冬季服装选用的面料是质地较厚、保暖性好的面料；颜色以暖色为主；

可以增加一些辅料，使冬季服装既保暖又无臃肿感。主要品种有呢绒男女长、短大衣，男女羽绒服，裘皮大衣，等等。

(4) 按服装档次分类。

按服装档次可分为高档服装、中档服装、低档服装。

高档服装主要以呢绒、真丝或改良化纤做面料缝制的服装。在辅料的使用上要求精细，款式上是流行新款、做工精细、色彩搭配恰当。品种有精仿呢绒为面料的男女西装、套装、风衣、裙子；粗纺呢绒为面料的男女大衣、外套、时装；丝绸为面料的男女衬衫、套装、背心、连衣裙；裘革中的裘皮大衣、夹克、裙子、裤子；等等。

中档服装主要以混纺织物作服装面料缝制而成。其辅料的使用、工艺、款式、色彩、外观造型等方面均比高档服装要次。由于成本低，带有流行色彩，故受到消费者喜爱。品种与高档服装相似。

低档服装主要是以化纤纺织品为原料缝制的服装。价格低廉，做工、款式、色调一般。品种与中、高档服装相似。

(5) 按服装用途分类。

按服装用途可分为生活服装、工作服装、运动服装等。

生活服装品种主要有日常外出服、休闲服、家庭服等。其中，日常外出服适宜外出活动穿着，款式趋于都市化，能表现出很强的流行性；休闲服是参观、旅游等室外活动时穿着的服装；家庭服包括居家服、睡衣、睡袍、浴袍等休息装和进行家务劳动、烹饪时所穿的服装。

工作服装是人们从事工作和劳动时穿用的服装。品种主要有工作服和制服两类。其中，工作服具有保健性能，如防寒、防暑、防火、防风和防酸碱等；制服是表示职业以及团体身份的服装，如军服、警服、邮电服、护士服、宾馆服务员等。

运动服装根据体育运动的种类不同而呈现出多样化，因此运动服的款式繁多，面料多数选用化纤。品种主要有体操服、击剑服、田径服、滑雪服、裁判服等。

2. 服装的品种

服装的主要品种有大衣类、上装类、套装类、裤子类、裙子类。下面以大衣为例，对服装类商品进行介绍。

大衣可分为长大衣、中长大衣和短大衣。长大衣的衣长至膝盖以下，中长大衣的长度一般在膝盖以上 3cm 左右，短大衣的后身长度以盖过臀部为宜。大衣的具体品种有呢绒大衣、风雨衣等。

呢绒大衣具有选择精细、做工考究、款式新颖、庄重大方、颜色纯正等特征，同时还具有美观潇洒的装饰性和防寒保暖的特性，适宜男女秋冬穿着。

风雨衣也称风衣，是与大衣款式相似，用于挡风、挡雨、遮沙的实用型服装。根据风雨衣的不同用途，其面料的选择较广，一是以满足风雨衣时装化倾向为目的，通常是采用较高档的各种精纺呢绒及新产品中的仿丝绸、水洗丝绸布、化纤中的超细旦纤维为原料制得的高密度织物，配以宽松而飘逸的风格款式，显得潇洒美观。男式风雨衣线条鲜明、舒适大方，在设计上基本是向大衣靠拢；女式风雨衣的款式更加复杂多样。

新时代 树理想 铸信念

××盲盒因虚假宣传被罚20万元

新京报讯（记者 张洁）12月7日，据国家企业信用信息公示系统官网显示，××文化创意有限公司盲盒因虚假宣传被罚20万元。对此该公司回应新京报记者称，这是今年4月由于运营人员失误，导致商品详情页描述出现错误，未来将加强监督管理。

据行政处罚信息显示，在该公司天猫店铺中，在商品宣传详情页面，"产品信息"一处使用了"面料：棉97％，氨纶3％"等作为表述。经执法人员网络查阅取证，对该公司进行询问调查，核对商品相关检测报告，确认该商品实际面料成分含量并未达到其宣传标准。在询问调查中，该公司确认了上述事实。

3. 服装的面料

有的服装由同种类型的纤维加工制成，例如，"100％棉"或"纯棉"。有的服装由不同纤维加工制成，一般情况下，可按照含量比例递减的顺序，列出每种纤维的通用名称，并在每种纤维名称前，列出该种纤维占产品总体含量的百分比。

例如：

```
55％羊毛
35％涤纶
10％粘纤
```

如果有一种或一种以上纤维的含量不足5％，则按下列方法之一标明其纤维含量：列出该纤维名称和含量；统一标注"其他纤维"字样和这些纤维含量的总量；若这些纤维含量的总量不超过5％，则可不提及。

若服装由绒毛和基布组成，应分别标明产品中每种纤维的含量，或分别标明绒毛和基布中每种纤维的含量。

例如：

```
绒毛    90％棉
        10％锦纶
基布    100％涤纶
```

若服装有里料，应标明里料的纤维含量。

例如：

```
面料  纯毛
里料  100％涤纶
```

若服装含有填充物，应标明填充物的种类和含量。羽绒填充物应标明含绒量和充绒量。

例如：

套	65％涤纶	35％棉
填充物	100％木棉	
面料	65％棉	
	35％涤纶	
里料	100％涤纶	
填充物	100％灰鸭绒	
含绒量	80％	
充绒量	200g	

若服装由两种或两种以上不同质地的面料构成，应分别标明每部分面料的纤维名称及含量。

例如：

身	100％丙纶
袖	100％棉纶

4. 服装的洗涤

服装的洗涤方法包括水洗、氯漂、熨烫、水洗后干燥和干洗等方法。

服装适用洗涤方式说明的基本图形符号，如图 5-2 所示。

符号	英文	中文
○	dryclean	干洗
⊗	do not dryclean	不可干洗
Ⓟ	compatible with any drycleaning methods	可用各种干洗剂干洗
⊿	iron	熨烫
⊿·	iron on low heat	低温熨烫 (100°C)
⊿··	iron on medium heat	中温熨烫 (150°C)
⊿···	iron on high heat	高温熨烫 (200°C)
⊠	do not iron	不可熨烫
△	bleach	可漂白
▲	do not bleach	不可漂白
□	dry	干衣
⊙	tumble dry with no heat	无温转笼干燥
⊙	tumble dry with low heat	低温转笼干燥
⊙	tumble dry with medium heat	中温转笼干燥
⊙	tumble dry with high heat	高温转笼干燥
⊠	do not tumble dry	不可转笼干燥
□	dry	悬挂晾干
▥	hang dry	随洗随干
□	dry flat	平放晾干
▽	line dry	洗涤
▽	wash with cold water	冷水机洗
▽	wash with warm water	温水机洗
▽	wash with hot water	热水机洗
▽	handwash only	只能手洗
⊠	do not wash	不可洗涤

图 5-2 服装适用洗涤方式说明的基本图形符号

三、服装类商品的描述及展现

线上经营服装类商品，需要制作相关的详情页进行介绍，如介绍服装的分类、品种、成分、洗涤信息，展示服装的细节，突出服装的亮点，等等。服装类商品的详情页通常由基础展示页面、产品参数、商品展示图、商品细节图、商品亮点、商品搭配方式、商品颜色展示等部分构成。

1. 基础展示页面

详情页面中最基础的页面就是发布宝贝时所生成的页面，这个页面是买家把商品加入购物车的页面，如图5-3所示，注意事项如下。

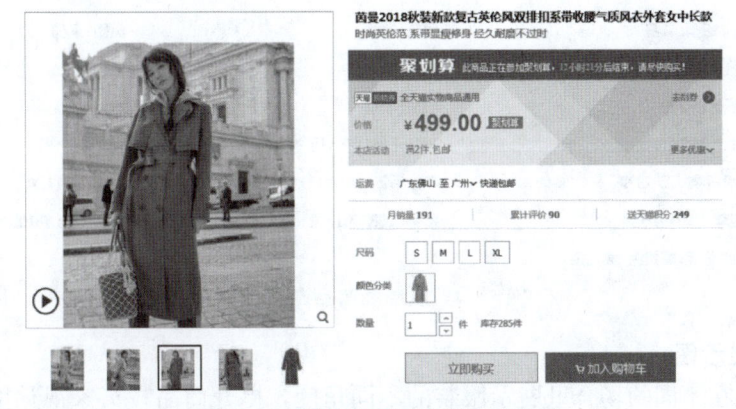

图5-3 服装类商品基础展示页面

首先，主图的发布规范。

（1）必须为服装实物拍摄图，并且每张图片必须大于等于800像素×800像素。

（2）第五张图须白底，展示服装正面的实物图。

（3）主图不得拼接，不得出现水印，不得包含促销、夸大描述等文字说明（包括但不限于秒杀、限时折扣、包邮、×折、满×就送等）。

（4）品牌标志放置于主图的左上角，大小为主图的1/10。

（5）服装类目商品（不包括贴身衣物）的宝贝竖图必须是模特或商品的正面全貌实物图，且模特全貌图的要求如下：

女装类目商品：

1）上装。从头到脚或从头到膝盖；

2）下装。从腰到脚或从头到脚；

3）套装。从头到脚。

男装类目商品：

1）上装。从头部到大腿中部；

2）下装。从腰部到脚；

3）套装。从头到脚。

（6）服装类目商品第一张主图和宝贝竖图，如果是模特全貌图，只展示一个模特，不允许出现多个模特（情侣装、亲子装除外）；如果是商品全貌图，要求商品平铺不能折叠。

其次，服装标题设置规范。

（1）品牌＋商品名称；

（2）商品标题中不得带有任何与商品真实信息无关的文字或符号。

2. 产品参数

所展示的服装商品各项参数须与商品真实情况相符，需展示信息包括但不限于品牌名称、服装版型、适用风格、领子设计、图案设计、适用年龄、颜色分类、衣长、袖型、适合季节、衣门襟设计、尺码、材质成分等，如图5-4所示。

品牌名称：INMAN/茵曼

产品参数：

服装版型：修身　　厚薄：常规　　风格：通勤
通勤：简约　　衣长：中长款　　袖长：长袖
领子：西装领　　袖型：常规　　衣门襟：双排扣
图案：纯色　　流行元素/工艺：口袋 系带 纽扣　　里料分类：棉
适用年龄：25-29岁　　年份季节：2018年秋季　　尺码：S M L XL
品牌：INMAN/茵曼　　货号：1883061291　　材质成分：棉100%
颜色分类：暗橙色- 姜黄色-

图5-4　服装类商品产品参数

3. 商品展示图

服装模特在不同的场合里展示服装的不同角度，提升商品在买家视觉里的美感，给买家营造出良好的代入感，可利用咖啡厅、书吧、大自然等适合该服装的场景来营造这种体验，如图5-5所示。

图5-5　服装类商品场景展示图

4. 商品细节图

商品细节图是描述商品局部属性的重要方法，是商品展示不可或缺的内容。服装商品细节图里，可以选择展示服装外观的细节，也可以展示服装的内部细节。服装商品可展示的细节包括但不限于衣领、肩部、口袋、袖口、衣兜、印花、图案、腰部、背部、拉链、下摆、纽扣、面料、内里、剪裁、缝线、做工等，如图5-6所示。

图5-6 服装商品细节图

5. 商品亮点

每一件服装都有亮点，展现服装商品的亮点、特点能对买家产生吸引力，从而达到提升网店销售的目的。服装商品亮点要求卖家必须披露服装完整的成分及含量，除此之外，所展示的亮点包括但不限于设计亮点、搭配亮点、面料亮点等，如图5-7所示。

图5-7 服装的亮点展示

6. 商品搭配方式

提供给买家更多的商品搭配方式，能提高该服装的多用性、实用性和易用性，可与前面展示的场景搭配不同，如图5-8所示。

图5-8 商品搭配方式

7. 商品颜色展示

实物平铺图能展示出服装商品的颜色种类，可描述不同的颜色所适合的风格，如图5-9所示。

图5-9 商品颜色展示

8. 商品属性、材质及洗涤说明

为保证消费者在购买商品时拥有充分的知情权，商家须在发布产品时明示产品号型、规格、使用原料的成分和含量、洗涤标签、护理标签等，其中洗涤、护理标签应包含五个图案（水洗、漂白、干燥、熨烫、专业纺织品维护），如图5-10所示。

9. 卖家实力资质展示或证明

向买家展示服装卖家实力或传递服装品牌故事，可让买家对商品更有安全感，增加买家的信任度，如图5-11所示。

COMMODITY ATTRIBUTE
商品属性

款号：1883061291
面料：100%棉
里料：无

柔软　偏硬　**适中**　柔软
弹性　**无弹**　微弹　弹力　超弹
版型　修身　**适中**　宽松

模特【菁菁】　试穿尺码：M码　身高：170cm 48kg

款号：1883061291
面料：100%棉
里料：无
标注可水洗的，请使用中性洗涤剂，深浅颜色分开洗，反面洗涤不可长时间浸泡，胶面印花部位不可熨烫

洗涤护理说明
- 不可漂白
- 不可干洗
- 不高于30度常规洗涤
- 遮阴晾干
- 不高于110度反面熨烫

图 5-10　商品属性、材质及洗涤说明

M茵曼+ 千城万店

2015年茵曼正式启动千城万店计划，在全国各个城市开设线下体验店，目前已开通：北京、上海、广州、深圳、武汉、合肥、烟台、重庆、西安、南京、长沙、成都、青岛、苏州、昆明、石家庄、郑州、大理、洛阳、南昌等150多个城市，为茵符提供贴心的服务和慢生活空间体验。

图 5-11　卖家实力资质展示或证明

岗位任务训练

服装类商品的描述

● 工作典型任务：服装类商品的描述

要对服装进行商品详情描述，须了解服装行业的基础知识，掌握各式服装的特点，熟悉服装的参数，能抓住服装的细节和亮点，能搭配场景展示服装的魅力，从而获得消费者的喜爱和信任。

● 训练目的

通过对服装类商品进行商品描述的训练，理解商品描述的重要性，培养对服装类商品的分析与描述能力。

● 训练内容

根据素材完成服装类商品的详细描述。

● 训练要求

在对服装类商品进行描述的过程中，需要结合本节课程的知识，使商品描述科学、合理，使描述后的商品具有吸引力。

● 训练评价

训练测评				
序号	测评内容	分值	自评	小组评
1	商品参数描述详细	10		
2	商品展示图有吸引力	10		
3	商品细节图说明	10		
4	商品亮点突出	10		
5	商品搭配方式介绍	10		
6	商品颜色展示	10		
7	商品洗涤说明	10		
8	商品设计特色	10		
9	展示网店荣誉、资质等让买家信任	10		
10	整体排版整洁、有条理	10		
合计：		100		
学生体会：				
教师评语：				

案例评析

服装在人类社会发展的早期就已出现，古代人把身边能找到的各种材料做成粗陋的"衣服"用以护身。在现代社会，服装已不仅仅是遮蔽和保护身体的必需品，还是一个人身份、生活态度及个人魅力的象征。

1. 什么是服装？服装如何分类？

服装是衣服、鞋、包、玩具、饰品等的总称，多指衣服。依据不同的标准，服装有不同的分类。按服装经营习惯可分为男式服装、女式服装、儿童服装、针织服装、裘革服装等；按服装的名称可分为大衣类、上装类、下装类、内衣类等；按服装穿着季节可分为春秋季服装、夏季服装、冬季服装；按服装档次可分为高档服装、中档服装、低档服装；按服装用途可分为生活服装、工作服装、运动服装等。

2. 服装主要有哪些品种？

服装的主要品种有：大衣类、上装类、套装类、裤子类、裙子类。不同种类的服装具有不同的特点。

本节小结

知识方面：通过本节课程的学习，大家对服装类商品的描述有了一定的认识，理解了服装类商品描述对服装网店运营的重要性，了解了服装类商品描述的内容和方式。

技能方面：通过服装类商品描述的训练，理解了商品描述的重要性，了解了服装类商品描述的内容，学会了对服装类商品进行详细描述。

通过知识的学习及技能的训练，达到了知行合一、学以致用的效果，为后续店铺开展商品描述打好了基础。

拓展实践

利用课余时间，为自己最喜欢的一套服装拍照，设计文案，完成该服装的描述与展现。

课后复习与思考

1. 简述服装的概念和种类。
2. 服装的洗涤方法有哪些？
3. 服装的成分和含量怎么标示？

第 2 节　鞋类商品的描述及展现

学习目标

知识目标：

认识鞋类商品；

了解鞋类商品的基础知识；

掌握鞋类商品的描述。

技能目标：

掌握鞋类商品的基础信息，能够对鞋类商品进行详细描述及展现。

素养目标：

培养精益求精的工匠精神，树立追求卓越、开拓创新、踔厉奋发的职业精神。

案例导入

鞋子——婚俗中的吉祥物

在中国传统婚俗中，鞋子是一种吉祥物，这是由于鞋子的成双成对及"鞋"和"偕"同音而产生的一种象征民俗。

在一些地区，民间嫁女，预备嫁妆时，必制新娘和新郎鞋子各一双，并要将新娘之鞋纳入新郎的鞋中，新娘出嫁时将鞋带到夫家，象征白头到老之意。

（案例来源：鞋子——婚俗中的吉祥物［EB/OL］.（2021-03-11）[2022-09-06]. https://new.qq.com/rain/a/20210311A00ZBZ00.）

思考：

1. 鞋主要有哪些种类？
2. 鞋的保养方法有哪些？

知识介绍

一、鞋类商品概述

鞋子是由于人类的需求而产生的，是穿在脚上用来保护足部，便于人们行走的穿着物，由皮革、布帛、胶皮等材料制成。鞋子有着悠久的发展史。大约在 5 000 多年前的仰韶文化时期，就出现了兽皮缝制的最原始的鞋，当时的鞋饰没有明显的男女差别，到了纺织业有了较大发展的殷商时代，才开始有了缎面鞋。最早人们为了克服特殊情况，不让脚难受或者受伤，就发明了毛皮鞋子。随着制作的材料、式样及用途越来越多，鞋的种类逐渐丰富起来，目前市面上各式各样功能的鞋子如皮鞋、运动鞋、休闲鞋、高跟鞋等随处可见。

二、鞋类商品的基础知识

为了更好地把鞋子推荐给消费者，需要熟悉掌握鞋类商品的基础知识。鞋类商品的知识涉及多个方面，如鞋子的分类、鞋子的质量与

鞋子的搭配技巧

保养、鞋子的型号规格等，如图5-12所示。

图 5-12　鞋类商品的基础知识

1. 鞋子的分类

鞋的种类繁多，其分类方法主要有：按所用原料分有皮鞋、胶鞋、旅游鞋、布鞋和塑料鞋五类；按用途分有民用鞋、劳保用鞋、文体用鞋和军用鞋四类；按穿用对象分有成人鞋、童鞋和婴儿鞋三类；按季节分有棉鞋、夹鞋、单鞋和凉鞋四类。

从目前市场来看，民用鞋是各大商场的主营鞋类。其用料范围广、款式变化快、销售人群多。民用鞋一般按所用原料分为皮鞋、旅游鞋、布鞋、塑料鞋、运动鞋等。

> 在进行鞋子的商品描述时，可根据分类来寻找挖掘鞋子的特点、亮点。

2. 运动鞋知识

下面以运动鞋为例，给大家介绍鞋类商品的描述及展示。

运动鞋，是根据人们参加运动或旅游的特点设计制造的鞋子。运动鞋的鞋底和普通的皮鞋、胶鞋不同，一般都是柔软而富有弹性的，能起一定的缓冲作用。运动时能增强弹性，有的还能防止脚踝受伤。所以，在进行体育运动时，大都要穿运动鞋。

运动鞋的色彩是由其所使用材料本身反射的光所决定的。运动鞋设计运用颜色的搭配不光体现设计风格、设计流行趋势，还能使运动的观瞻性、娱乐性大大提高，同时体现运动本身活泼、动感和明快的特色。运动鞋的色彩与皮鞋、胶鞋相比，具有色彩运用幅度大、范围广，色彩搭配复杂，视觉感受丰富的特点。

运动鞋在装饰上，图案、文字、标识、金属和塑料部件等都可作为装饰材料；装饰部位比较自由，效果较醒目，多以动感、时尚、色彩鲜艳为特征，部件朝着美观与功能相结合的方向发展。

运动鞋材料运用的范围宽广。在帮面上大量运用纺织材料、皮革、人造革、合成材料。在大底材料中，运用橡胶、PU等，还大量使用各种热塑性弹性体、高分子复合材料、功能材料。辅料方面，经常使用金属部件、塑料部件。

3. 质量与保养

（1）运动鞋的质量。

鉴定运动鞋质量的好坏，需要从外观和内在指标两方面着眼。由于内在指标往往需要借助于检测仪器，对于一个消费者来讲，从外观上来鉴别鞋的质量更具有实际意义，主要通过对鞋的材料（包括鞋面、鞋底、鞋里）质量和做工两方面来鉴别鞋质量的好坏。尺码可以度量，工艺以目测、手摸、捏、推为主。

(2) 运动鞋的保养。

运动鞋在保养中,要注意放在较为干燥通风的地方,避免阳光直射,因为潮湿的环境下会引起鞋体的腐化,太阳光的暴晒会使鞋的一部分材料变质变色,但环境又不宜过于干燥,过于干燥会导致皮革的龟裂。保存鞋的时候,可在鞋内塞上柔软的纸团,这样做的目的主要是纸团可将鞋子内部残余的水分吸收,保持内部的干燥,有利于保持鞋形的固定,不至于变形。对于收藏型运动鞋的保存,最好买一些收缩膜,像鞋店里面一样把一双鞋完全包住,以求得鞋子最大限度地与空气隔离,防止鞋内空气长时间对鞋的氧化。

> 不同的鞋子具有不同的保养方法,我们要分清楚,不能混淆。

4. 鞋号与尺码

(1) 鞋号。

我国鞋号采用GB/T3293.1《鞋号》国家标准,对鞋的大小、肥瘦有两种表示方法:

1) 用脚长和脚宽的毫米数表示。

脚长是指最长脚趾的顶端至脚后跟突点间的距离;脚宽是指第一趾至第五趾之间的距离,两个数据间用斜线隔开。如260/94号的鞋适用于脚长260毫米、脚宽94毫米的人穿着。

2) 用脚长的毫米数值和表示鞋肥瘦的"型"表示。

如260(2.5)表示该鞋号适用于脚长为260毫米,肥瘦为二型半的人穿着。

(2) 鞋的尺码。

鞋子的尺码,常见有以下标法:国际、欧洲、美国和英国。国际标准鞋号表示的是脚长的毫米数。中国标准采用毫米数或厘米数为单位来衡量鞋的尺码大小。例如,123表示的是以毫米为单位,而12.3则表示的是以厘米为单位,实际上两者的指代是一致的。三种尺码的对应关系如图5-13所示。

男鞋

US/美码	6.5	7	7.5	8	8.5	9	9.5	10	10.5	11	12	13
EUR/欧码	39	40	40.5	41	42	42.5	43	44	44.5	45	46	47.5
CM/脚长	24.5	25	25.5	26	26.5	27	27.5	28	28.5	29	30	31

女鞋

US/美码	5	5.5	6	6.5	7	7.5	8	8.5	9
EUR/欧码	35.5	36	36.5	37.5	38	38.5	39	40	40.5
CM/脚长	22	22.5	23	23.5	24	24.5	25	25.5	26

童鞋GS

US/美码	5C	6C	7C	8C	9C	10C	11C	12C	13C	1Y	2Y	3Y	3.5Y	4Y	4.5Y	5Y	5.5Y	6Y
EUR/欧码	21	22	23.5	25	26	27	28	29.5	31	32	33.5	35	35.5	36	36.5	37.5	38	38.5
CM/脚长	11	12	13	14	15	16	17	18	19	20	21	22	22.5	23	23.5	24	24	

图5-13 三种尺码的对应关系

> **新时代 树理想 铸信念**
>
> **构建精准的详情页文案设计及科学合理的详情页结构设计**
>
> 1. 构建精准的详情页文案设计
>
> 成功的文案设计不仅源自深厚的文字功底,更离不开生活实践的多样化沉淀,再经由文字具现化,让目标受众阅读顺畅才是主旨。因此,只有将文案与商品展现的结合点对准消费者,有精确的定位目标,抓住其最关心的问题作为切入点,才能达到营销的目标。
>
> (1)措辞精确简洁有力。简洁有力并且精确的文案措辞有利于消费者浏览商品时准确地抓住重点。
>
> (2)紧抓核心卖点,摒弃面面俱到。文案的组织主旨是让消费者在短时间内意识到商品的核心卖点,看似面面俱到的文案最易将消费者的注意力带散,导致抓不住想要突出的核心卖点。因此,在文案设计之初就应该确定好贯穿全文的主题,突出核心卖点。
>
> 2. 构建科学合理的详情页结构设计
>
> 科学合理的商品详情页可以向消费者循序渐进地提出购买理由,使其对商品逐步产生信任感从而激发购买行为,因此框架结构的渐次铺陈顺序显得尤为重要。
>
> (1)把握好详情页首屏。详情页面的首屏不仅仅是商品的展示,而是要把消费者的视觉焦点紧紧把控住。首屏必然包含黄金视觉区的"创意海报",设计可通过色彩的对比凸显品牌特性和气质。
>
> (2)符合购买者思维行为惯式。页面框架设计应该符合消费者的思维惯式,帮助消费者从感性认知到理性认知。商品详情页的首屏决定消费者是否对该商品感兴趣,然后通过商品信息的描述,加深消费者对商品的了解;其次就需要用实拍细节图及数据对比等手段来帮助消费者进行理性决断;最后则是通过售后服务信息打消消费者的购物顾虑。
>
> 如果逆向或者紊乱呈现的递进顺序,则容易打断消费者的思考惯式,从而提前结束其购物行为,值得一提的是,在进行递进呈现的同时,页面应该使用清晰的分隔条,并且过程中排除无关信息,做到清晰流畅、一目了然。
>
> 未来详情页设计基于个性化的视觉营销将成为大势所趋,依据高效化的大数据环境,从数据挖掘的角度入手,深度了解消费者的视觉喜好,提供目标精准的视觉投放。
>
> (案例来源:网易.商品详情页如何优化[EB/OL].(2021-02-02)[2022-09-06]. https://www.163.com/dy/article/G1QLMEIM05149IMH.html.)

三、鞋类商品的描述及展现

线上经营鞋类商品,需要制作相关的详情页进行介绍,如介绍鞋的分类、品种、鞋子的质量与保管方法、鞋子的型号规格,展示鞋子的细节,突出鞋子的亮点等。鞋类商品的详情页通常由基础展示页面、产品参数、商品场景展示图、商品细节图、商品亮点、商品颜色展示、商品尺码说明等部分构成。

1. 基础展示页面

鞋类商品基础展示页面如图 5-14 所示，注意事项如下。

首先，主图的发布规范。

（1）男女鞋/童鞋/孕妇鞋要求必须有两张或两张以上主图图片，第一张主图商家可自行决定使用脚模图、花底图等，第二张主图需采用白底。

（2）主图不得拼接，不得出现水印，不得包含促销、夸大描述等文字说明（包括但不限于秒杀、限时折扣、包邮、＊折、满＊送＊等）。

（3）商标持有人可将品牌标志放置于主图左上角，大小为主图的 1/10。

（4）第二张主图商品朝左 45 度拍摄，且为单只拍摄。

（5）运动鞋/户外鞋首张主图需采用白底，商品摆放水平朝左，且运动鞋的鞋底摆放位置为图片自上而下十分之七的水平线处。

其次，标题设置规范。

（1）男女鞋/童鞋/孕妇鞋：品牌＋材质＋货号＋其他相关描述。

（2）运动鞋类：品牌＋货号＋年份＋季节＋其他相关描述。

（3）其他鞋类：品牌＋货号＋其他相关描述。

（4）商品标题中不得带有任何与商品真实信息无关的文字或符号。

图 5-14　鞋类商品基础展示页面

2. 产品参数

所展示的鞋类商品各项参数需与商品真实情况相符，需展示信息包括但不限于品牌名称、颜色分类、上市时间、适合季节、适用性别、所具功能、鞋帮高度、适合场地、帮面材质、鞋子码数、鞋底材质等，如图 5-15 所示。

图 5-15　鞋类商品产品参数

3. 商品场景展示图

模特穿戴好鞋子在适合的场景展示鞋子的不同角度,能给买家营造出良好的沉浸式体验。例如,篮球鞋可选择在篮球运动场进行商品场景拍摄,如图 5-16 所示。

图 5-16 鞋类商品场景展示图

4. 商品细节图

鞋类商品细节图里可展示的细节包括但不限于鞋面、鞋头、鞋跟、鞋型、鞋带、鞋垫、鞋底、系扣、外观设计、外用材料、内里材料、所具功能等,如图 5-17 所示。

图 5-17 鞋类商品细节图

5. 商品亮点

鞋类商品所展示的亮点包括但不限于设计亮点、功能亮点、搭配亮点、材质亮点等，如图 5-18 所示。

图 5-18 鞋类商品亮点展示

6. 商品颜色展示

展示时可采用不同角度平铺拍摄展示鞋类商品的颜色种类，也可展示不同的颜色所适合的服装搭配，如图 5-19 所示。

图 5-19 鞋类商品颜色展示

7. 商品尺码说明

鞋子尺码对照表里通常展示的有中国码、美国码、英国码、欧洲码，如图 5-20 所示。

男鞋尺码对照表

页面显示码	36	37	37.5	38	39	39.5	40	41	41.5	42	43	43.5
中码CHN	220	225	230	235	240	245	250	255	260	265	270	275
美码USA	4.5	5	5.5	6	6.5	7	7.5	8	8.5	9	9.5	10
欧码EUR	36 1/3	37	37 2/3	38 1/3	39	39 2/3	40 1/3	41	41 2/3	42 1/3	43	43 2/3
英码UK	3.5	4	4.5	5	5.5	6	6.5	7	7.5	8	8.5	9
页面显示码	44	45	45.5	46	47	47.5	48	49	49.5	50	51	51.5
中码CHN	280	285	290	295	300	305	310	315	320	325	330	335
美码USA	10.5	11	11.5	12	12.5	13	13.5	14	14.5	15	15.5	16
欧码EUR	44 1/3	45	45 2/3	46 1/3	47	47 2/3	48 1/3	49	49 2/3	50 1/3	51	51 2/3
英码UK	9.5	10	10.5	11	11.5	12	12.5	13	13.5	14	14.5	15
页面显示码	52	53	53.5	54	55	55.5	56	57	57.5	58	59	59.5
中码CHN	340	345	350	355	360	365	370	375	380	385	390	395
美码USA	16.5	17	17.5	18	18.5	19	19.5	20	20.5	21	21.5	22
欧码EUR	52 1/3	53	53 2/3	54 1/3	55	55 2/3	56 1/3	57	57 2/3	58 1/3	59	59 2/3
英码UK	15.5	16	16.5	17	17.5	18	18.5	19	19.5	20	20.5	21

女鞋尺码对照表

页面显示码	33.5	34	35	35.5	36	37	37.5	38	39	39.5	40	41
中码CHN	205	210	215	220	225	230	235	240	245	250	255	260
美码USA	4	4.5	5	5.5	6	6.5	7	7.5	8	8.5	9	9.5
欧码EUR	33 2/3	34 1/3	35	35 2/3	36 1/3	37	37 2/3	38 1/3	39	39 2/3	40 1/3	41
英码UK	1.5	2	2.5	3	3.5	4	4.5	5	5.5	6	6.5	7

尺码测量

1、将脚平放在一张白纸上，用笔标出前后最长点，两点距离为脚长
2、一般情况下，左右脚有微小差距，应以偏大脚数据为准
3、如果您的脚型肥宽，脚背偏高，建议选大一个尺码，脚背扁平，脚型纤瘦，建议选择偏小一码
4、测量的尺码应与平时穿着尺码大致相同，如有较大偏差说明不正确或数据不准确

*测量单位均为毫米！
测量需采取正确的姿势，双脚平行站立（勿坐！勿蹲！）体重均在双脚上

图 5-20　鞋类商品尺码说明

8. 商品属性、材质及洗涤保养说明

为保障消费者在购买商品时拥有充分的知情权，商家须在发布产品时明示品牌、产品颜色、货号、材质等，说明鞋的主要材质信息，提供鞋子的保养常识，如图 5-21 所示。

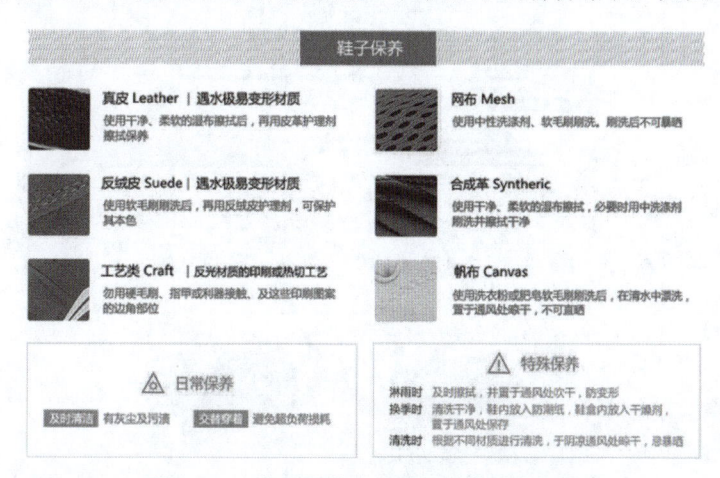

图 5-21　商品属性、材质及洗涤保养说明

9. 常见问题解答、物流或包装说明

配送说明是关于物流配送及费用的说明，大多消费者不是专业的买家，可能对发往各地的配送情况、商品的包装情况等不甚了解，对商品情况的预先告知是卖家的责任，也是商品优质服务的体现，如图5-22所示。

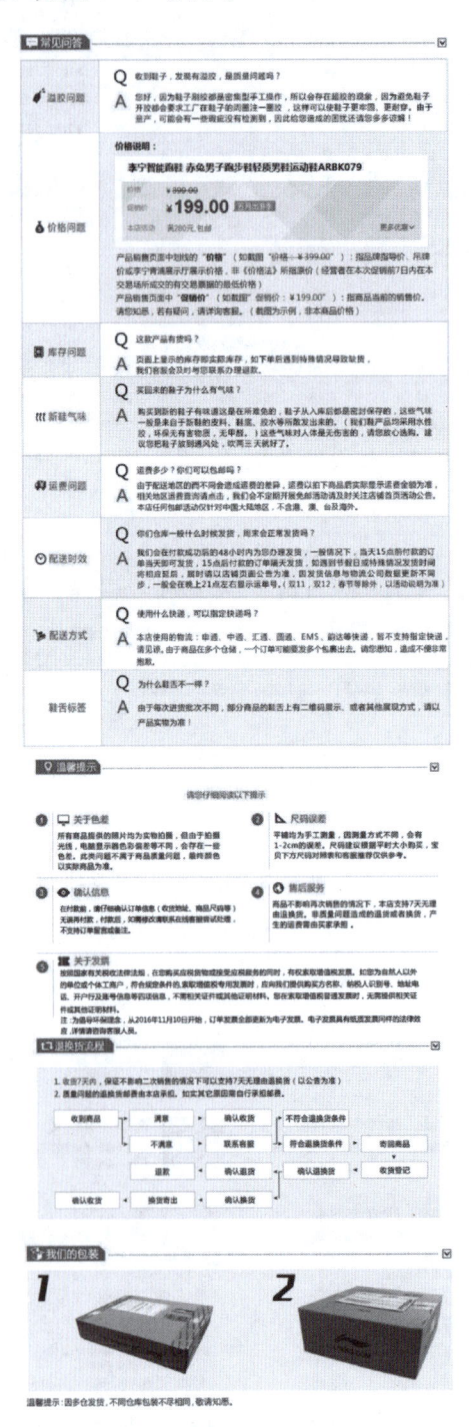

图5-22 常见问题解答、物流或包装说明

岗位任务训练

鞋类商品的描述

● 工作典型任务：鞋类商品的描述

要对鞋子进行商品详情描述，须了解鞋类行业的基础知识，掌握各式鞋子的特点，熟悉鞋类商品的参数，能抓住各类鞋子的细节和亮点，能搭配场景展示各类鞋子的魅力，从而获得消费者的喜爱和信任。

● 训练目的

通过对鞋类商品描述的训练，理解商品描述的重要性，培养对鞋类商品的分析与描述能力。

● 训练内容

根据素材完成鞋类商品的详细描述。

● 训练要求

在对鞋类商品进行描述的过程中，需要结合本节课程的知识，使商品描述科学、合理，使描述后的商品具有吸引力。

● 训练评价

训练测评				
序号	测评内容	分值	自评	小组评
1	商品参数描述详细	10		
2	商品展示图有吸引力	10		
3	商品细节图展示	10		
4	商品亮点突出	10		
5	商品颜色展示	10		
6	商品尺码说明	10		
7	商品保养说明	10		
8	商品物流、包装说明	10		
9	展示店铺荣誉、资质等让买家信任	10		
10	整体排版整洁、有条理	10		
合计：		100		

学生体会：

教师评语：

案例评析

鞋在我国有着悠久的发展史,据考古发现,5 000多年前的仰韶文化时期就出现了兽皮缝制的最原始的鞋。鞋的主要功能是保护人们的脚不受伤。

1. 鞋主要有哪些种类?

鞋的分类有很多种:按穿用对象分,有男鞋、女鞋、童鞋等;按季节分,有单鞋、夹棉鞋、凉鞋等;按材料分,有皮鞋、布鞋、胶鞋、塑料鞋;按款式分,鞋的头型有方头、方圆头、圆头、尖圆头、尖头,跟型有平跟、半高跟、高跟、坡跟;按用途分,有日常生活鞋、劳动保护鞋、运动鞋、旅游鞋、增高鞋等。

2. 鞋的保养方法有哪些?

不同的鞋有不同的保养方法。

合成革鞋面:用湿布清洁皮面后立刻用干布擦拭即可,切忌长期用擦皮鞋的保养油来擦拭鞋面,这样会导致鞋面皮质出现小裂纹。

磨砂皮鞋面:用一把干净且干燥的小牙刷在鞋面上向一个方向刷即可。为了保证鞋的使用寿命,在平时穿着时尽量避免鞋面接触水和油。

漆皮鞋面:这种鞋面比较容易清洁,用潮湿的布擦拭后再用干布擦干即可。

特殊织物鞋面:用小牙刷蘸加有清洁剂的水清洁鞋面较脏的地方,再用小牙刷蘸清水清洁,最后用干布擦拭即可。勿用刷子和水直接去刷鞋面,尽量避免用鞋油保养鞋面,这些都会减少鞋子的寿命。

本节小结

知识方面:通过本节课程的学习,大家对鞋类商品的描述有了一定的认识,理解了鞋类商品描述对鞋类网店运营的重要性,了解了鞋类商品描述的内容和方式。

技能方面:通过鞋类商品描述的训练,理解了商品描述的重要性,了解了鞋类商品描述的内容,学会了对鞋类商品进行详细描述。

通过知识的学习及技能的训练,达到了知行合一、学以致用的效果,为后续店铺开展商品描述打好了基础。

拓展实践

利用课余时间,为自己最喜欢的一双鞋子拍照,设计文案,完成该鞋子的描述与展现。

课后复习与思考

1. 鞋子有哪些分类?
2. 鞋子的型号规格如何表示?
3. 如何保养不同材质的鞋子?

第 3 节　化妆品类商品的描述及展现

学习目标

知识目标：
认识化妆品类商品；
了解化妆品类商品的基础知识；
掌握化妆品类商品的描述。

技能目标：
掌握化妆品的基础信息，能够对化妆品类商品进行详细描述及展现。

素养目标：
培养遵纪守法的意识，树立依法办事、按章做事、工作严谨的职业精神。

案例导入

化妆品的发展历史

在原始社会，一些部落在开展祭祀活动时，会把动物油脂涂抹在皮肤上，使自己的肤色看起来健康而有光泽，这算是最早的护肤行为了。由此可见，化妆品的历史几乎可以推算到自人类的存在开始。在公元前 5 世纪到公元 7 世纪期间，各国有不少关于制作和使用化妆品的传说与记载，如古埃及人用黏土卷曲头发，古埃及皇后用铜绿描画眼圈、用驴乳浴身，古希腊美人亚斯巴齐用鱼胶掩盖皱纹等，还出现了许多化妆用具。

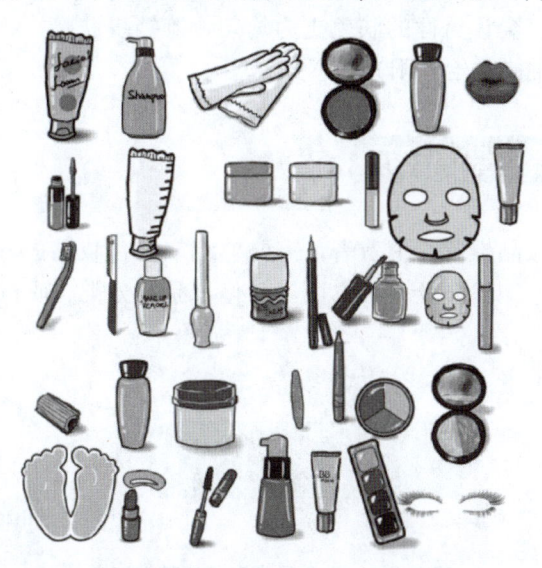

从 20 世纪 80 年代开始，皮肤专家发现，在护肤品中添加各种天然原料，对肌肤有

一定的滋润作用。这个时候大规模的天然萃取分离工业已经成熟,此后,市场上护肤品成分中慢慢能够找到天然成分了!从陆地到海洋,从植物到动物,各种天然成分应有尽有。有些人甚至到人迹罕至的地方,试图寻找到特殊的原料,创造护肤的奇迹。当然,此时的天然有很多是噱头,大部分底料还是沿用矿物油时代的成分,只是偶尔添加些天然成分,因为成分混合、防腐等方面有很多难题难以攻克。

2010年后,"零负担"产品开始诞生,一批"零负担"产品以"减少没必要的化学成分、增加纯净护肤成分"为主题,给频繁使用化妆品的女性带来了全新的体验。"零负担"产品的主要特点在于,产品减少了很多无用成分,性质温和。

(案例来源:化妆品的发展历史,你知道多少?[EB/OL].(2022-01-12)[2022-09-06]. https://view.inews.qq.com/k/20220112A0DA7500.)

思考:
1. 什么是化妆品?
2. 如何选购化妆品?

知识介绍

一、化妆品类商品概述

化妆品类商品无论是在线上还是线下,都很普遍。化妆品是指以涂抹、喷洒或者其他类似方法,散布于人体表面的任何部位,如皮肤、毛发、指趾甲、唇齿等,以达到清洁、保养、美容、修饰和改变外观,或者修正人体气味,保持良好状态的目的的化学工业品或精细化工产品。

化妆品并非是女性的专属,男性也需要化妆。现代男性化妆已经比较普遍的事情,妆容会让男性的肤色更为均匀,遮挡皮肤暗沉,从而看起来干净整洁不油腻,给人阳光的感觉。

拓展资料

化妆品的这些标签你了解吗

二、化妆品类商品的基础知识

为了更好地把化妆品推荐给消费者,需要熟练掌握化妆品的基础知识。化妆品类商品的知识涉及多个方面,如化妆品的分类、质量要求、使用注意事项等,如图5-23所示。

图5-23 化妆品类商品的基础知识

1. 化妆品的分类

化妆品的种类繁多，分类方法也很多，最常用的分类方法有以下几种。

按化妆品实际用途分为洁肤类化妆品（如香皂、洗面奶等）、护肤类化妆品（如化妆水、冷霜、晚霜等）、发用化妆品（如香波、护发素、发胶、摩丝、啫喱水等）、美容类化妆品（如香粉、胭脂、眉笔、唇膏、眼影、指甲油等）和芳香类化妆品（如香水等）等。

按商品的物理状态分为流质化妆品（如香水、花露水、香波、指甲油等）、膏质化妆品（如雪花膏、香脂、唇膏等）和粉质化妆品（如香粉、爽身粉、胭脂等）。

按使用者不同分为女性化妆品、男性化妆品、婴幼儿化妆品。近几年来随着人们生活水平的提高，男性化妆品和婴幼儿化妆品的需求不断扩大，市场比例不断增加。

按使用者不同的肤质分为干性皮肤用化妆品、油性皮肤用化妆品、中性皮肤用化妆品和敏感性皮肤用化妆品等。

2. 化妆品的质量要求

第一，配方合理。要求各主要成分比例恰当，成分与成分之间不产生对人体有影响的物质，更不能产生有害物质。

第二，安全性。要求必须有卫计委批准文号及生产许可证，按照国家标准所规定的卫生标准和安全评价程序及评价方法进行安全评价，合乎标准后方可出厂。为保险起见，消费者第一次使用前最好做过敏试验。

第三，适用性。要求具有一定的性能特点，要适应一定的用途。

第四，稳定性。要求在一定时期，如保质期内，商品内部无物理变化，即无分层、絮凝等现象。

第五，耐储性。要求具有一定的化学稳定性，在一定时期内商品成分无化学反应，具有一定的防腐、抗氧化性能。

> 根据化妆品的质量要求，我们是不是应该在描述的时候，适当地展示我们化妆品所具有的质量优势？

3. 化妆品使用注意事项

我们在做化妆品的详情描述时，最好对化妆品的主要成分进行说明。因为对于皮肤敏感的消费者来说，化妆品的选择关乎皮肤安全。皮肤敏感者最好不要选择气味过于芬芳的化妆品，因为气味芳香的护肤品大多含有多种香料，化学成分复杂，容易引起过敏，同时可能还含有其他对皮肤刺激大的成分，对敏感性肌肤无疑是雪上加霜。一般来说，敏感肌肤的过敏症状因人而异，其表现也各不相同，如有的人在使用护肤乳液过敏时可能有些瘙痒，而有些人会出现红肿成片、灼烧、刺痛的感觉，所以务必在商品详情页提醒消费者，第一次使用时若皮肤感到不适，就要停用该化妆品。

提醒每个消费者应根据自身肤质特性选择化妆品，购买时，敏感肌肤人群最好选用标有"敏感肌肤用""低过敏""经皮肤科医生测试"等字样的产品。

4. 洁肤类化妆品

下面以洗面奶为例，对洁肤类化妆品进行介绍。洗面奶，又称洁面乳，属于洁肤类化妆品。洗面奶的主要成分是表面活性剂和羊毛脂，它既有良好的清洁作用，对皮肤又无刺激，洗后可在皮肤上留有一层油膜，令皮肤爽洁润滑。因其添加剂成分的不同，品种也较多，如有收敛作用的青瓜洗面奶、柠檬洗面奶、芦荟洗面奶等，有营养作用的蛋白洗面奶、人参洗面奶、维生素 E 洗面奶等。

（1）按产品形态分类。

洗面奶按产品形态可分为固体类、膏霜类、液体状、粉末状、泡沫状。

1）固体类：使用便利、使用感好，是传统的洁肤制品；但用后皮肤有紧绷感觉。
2）膏霜类：弱酸性-碱性，面部专用，使用感、泡沫性能优异，使用方便。
3）液体状：弱酸性-碱性，弱酸性相对清洁力较弱，碱性清洁性较强。
4）粉末状：使用方便，由于不含水，可渗入木瓜酶或其他酶。
5）泡沫状：一种以泡沫形式直接喷出；另一种是以液状挤出、使用时发泡。

（2）按主要表面活性剂分类。

洗面奶按主要表面活性剂种类可分为皂基型、氨基酸型以及复配型洗面奶。

1）皂基型洗面奶。

皂基是由脂肪酸和碱中和而成，脂肪酸一般包含月桂酸、肉豆蔻酸、棕榈酸和硬脂酸，用来中和的碱一般是氢氧化钾。皂基洗面奶具有质感好、泡沫丰富、柔滑、致密、清洁能力强、易于冲洗、使用后清爽的特点。

2）氨基酸型洗面奶。

氨基酸型洗面奶是以氨基酸体系表面活性剂为主体，以低刺激性清洁基剂构成的中性至弱酸性洁面乳。氨基酸类表活的优点是去污力适中，起泡性能佳，冲水性能优异，与皮肤的亲和性好，刺激性低；缺点是起泡力弱。

3）复配型洗面奶。

不同的表面活性剂会有不同的体验感和特点，为发展更优使用效果的洗面奶，在泡沫、清洁效率、皮肤温和性及愉快舒适肤感中达到一个平衡，通常会选择将不同特性的表面活性剂复配的方式。

例如：皂基类表活起泡速度快，泡沫细密丰富，易冲洗，但洗后会带来干涩的肤感，而 AES 体系泡沫性能稍弱，在冲洗时会有滑腻感，将皂基和 AES 复配比较容易调整到泡沫丰富，而且清爽感和滋润感适中的产品。

新时代　树理想　铸信念

××产品违规使用医疗用语违反广告法被罚

中国网财经 8 月 23 日讯（记者 钟文鑫）据上海市市场监督管理局消息，近日，上海××公司违规使用医疗用语，被上海市宝山区市场监督管理局罚款。

处罚决定书显示，当事人自 2022 年 3 月起在抖音店铺经营品名为××商品，在该商品详情页面中宣称"抑菌消炎""具有活肤抗炎保湿功效"。当事人涉案商品是国产非特殊用途化妆品，在商品详情页中使用了"抑菌""消炎""抗炎"的医疗用语。

当事人在商品详情页中使用"抑菌""消炎""抗炎"医疗用语的广告行为，违反了《中华人民共和国广告法》第十七条"除医疗、药品、医疗器械广告外，禁止其他任何广告涉及疾病治疗功能，并不得使用医疗用语或者易使推销的商品与药品、医疗器械相混淆的用语"的规定。

依据《中华人民共和国广告法》第五十八条第一款第二项的规定，上海市宝山区市场监督管理局除责令当事人停止发布违法广告，在相应范围内消除影响，并处以罚款。

三、化妆品类商品的描述及展现

线上经营化妆品类商品，需要制作相关的详情页进行介绍，如介绍化妆品的分类、质量要求、使用注意事项，展示化妆品的细节，突出化妆品的亮点，等等。化妆品类商品的详情页通常由基础展示页面、产品参数、商品场景展示图、商品成分说明、商品亮点、商品搭配方式、商品作用等部分构成。

1. 基础展示页面

化妆品类商品基础展示页面如图 5-24 所示，注意事项如下。

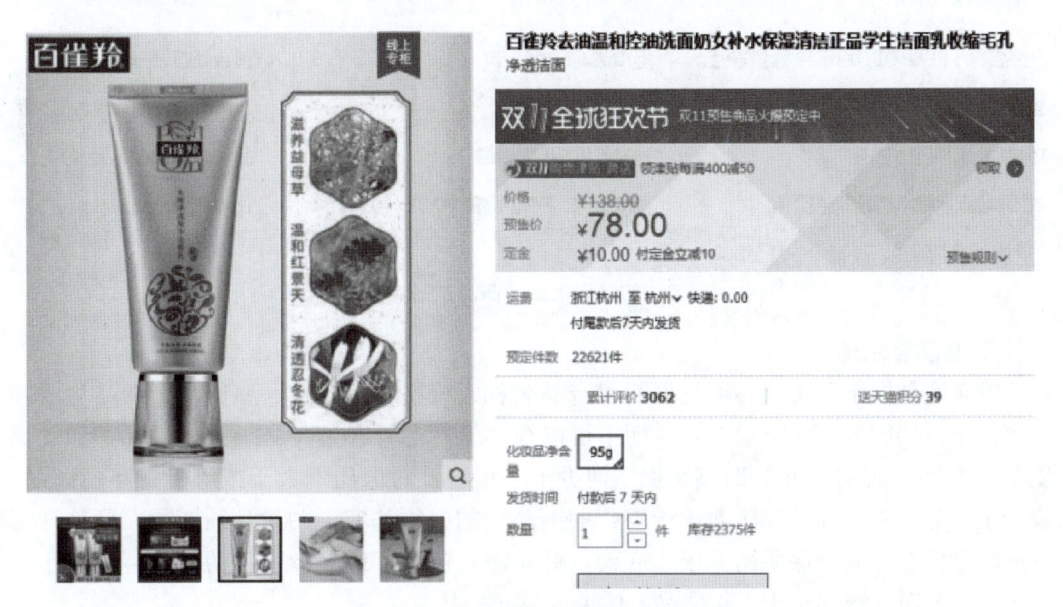

图 5-24 化妆品类商品基础展示页面

首先，主图的发布规范。

（1）主图图片必须达到 5 张且必须为实物拍摄图，并且每张图片必须大于或等于 800 像素×800 像素。

（2）其中一张主图必须为白底的实物图；主图需展示完整的产品标签细节图；主图

需展示商品资质，要求文字清晰可见。

（3）不许出现图片留白、拼接、水印，不得包含促销、夸大描述等文字说明（包括但不限于秒杀、限时折扣、包邮、×折、满×送×等）。

（4）不得出现店铺名称或所属公司名称、文字和水印，如 ** 品牌旗舰。商标持有人可将品牌标志放置于主图左上角，大小为主图的 1/10。

（5）允许出现赠品图，但不允许出现"赠品""赠送""赠"等促销类文字。

（6）进口化妆品需展示完整中文标签细节图，国产化妆品需展示国妆特字或卫妆准字细节图，且文字清晰可见。

其次，标题设置规范。

（1）品牌＋商品名称＋净含量，且标题命名必须符合国家关于《化妆品命名规定》的要求。

（2）商品标题中不得带有任何与商品真实信息无关的文字或符号。

2. 产品参数

所展示的化妆品商品各项参数须与商品真实情况相符，需展示信息包括但不限于品牌名称、产品名称、上市时间、适合肤质、所起功效、洁面分类、净含量、规格类型、使用期限、批准文号等，如图 5-25 所示。

品牌名称：PECHOIN/百雀羚

产品参数：

产品名称：PECHOIN/百雀羚 水嫩净透...	上市时间：2009年	适合肤质：任何肤质
起泡程度：泡沫	洁面分类：洁面乳	是否为特殊用途化妆品：否
功效：补水 保湿 控油	规格类型：正常规格	品牌：PECHOIN/百雀羚
洁面单品：水嫩净透精华洁面乳	批准文号：沪G妆网备字2017003990	化妆品净含量：95g
限期使用日期范围：2020-09-01至2021...		

图 5-25　化妆品类商品产品参数

3. 商品展示图

发布商品展示图时，必须正确明示产品名称、规格、有效期、原产地、产品主要性能等信息，如图 5-26 所示。有效期不可以写详见产品外包装，必须具体展示，如"保质期×个月"。如商品销售时剩余保质期少于一年（针对保质期大于或等于三年的商品）或少于三分之一（针对保质期小于三年的商品）的必须如实说明，且须展示在商品详情页面醒目位置；剩余保质期少于 180 天（针对保质期大于或等于三年的商品）或少于六分之一（针对保质期小于三年商品）的商品禁止销售。

4. 商品成分说明

化妆品的商品描述要求商家必须对产品的全成分进行展示，展示可用文字或图片形式，图片展示要求文字清晰可见，如图 5-27 所示。

图 5-26 化妆品类商品展示图

图 5-27 化妆品类商品成分说明

5. 商品亮点

化妆品商品所展示的亮点,包括但不限于产品自身功效的亮点、产品行业的亮点、产品服务的亮点等,如图 5-28 所示。

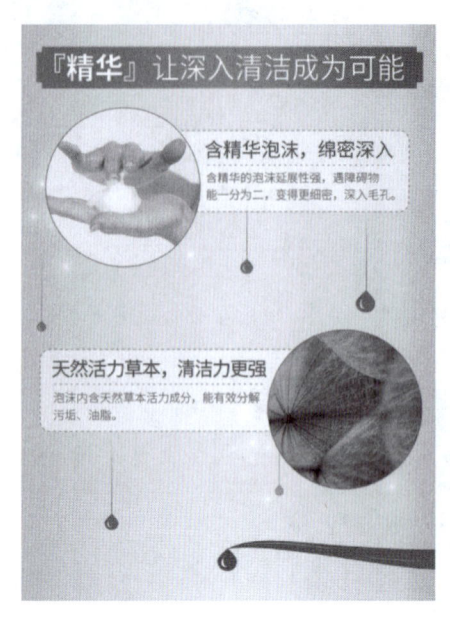

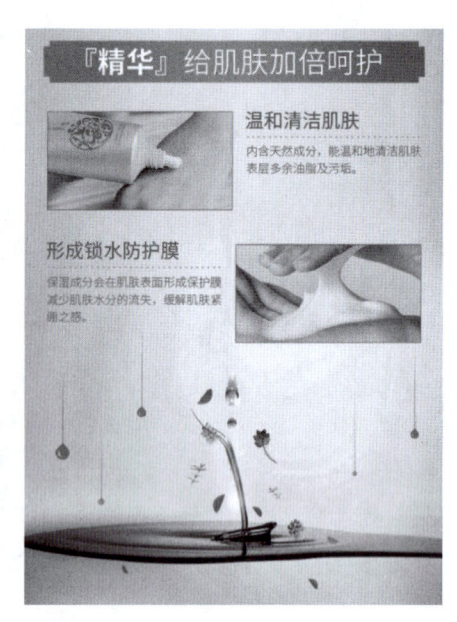

图 5-28 化妆品类商品亮点

6. 商品搭配方式

为保证消费者对商品拥有充分的知情权，可适当地推荐与该化妆品搭配使用的系列产品，避免因消费者不懂商品成分而混搭使用其他化妆品，导致商品效能相互削弱或抵消的情况，如图 5-29 所示。

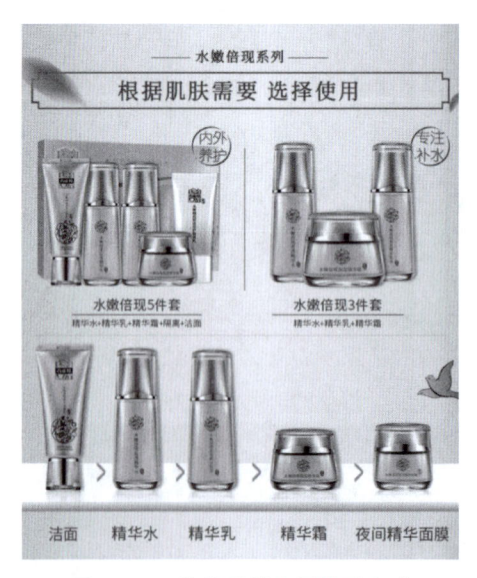

图 5-29 化妆品类商品搭配方式

7. 商品作用

商品作用是展示商品的主要性能，告知消费者使用该商品可以解决哪些肌肤问题，使用后会有怎样的效果，明确商品的适用人群。但不得含有医疗术语、明示或者暗示医疗作用和效果的用语、虚假/夸大/绝对化的词语、医学名人的姓名等国家相关法律法规明确规定禁止使用的词。化妆品类商品作用展示如图5-30所示。

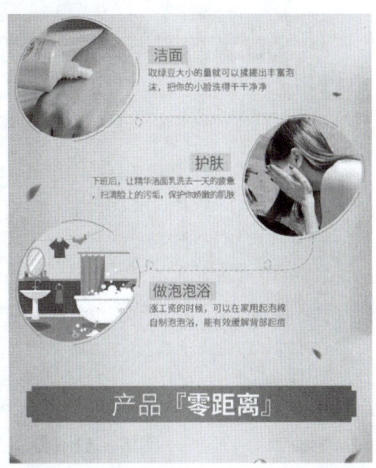

图5-30 化妆品类商品作用展示

8. 商品外观设计、材质等说明

在化妆品市场，消费者除了在意产品本身的功能性与实用性，同时也关注产品的视觉感受与包装质感。色彩、造型、材质、文字商标等元素和人性化的设计，可以提高商品的"附加值"，帮助商品从视觉和触觉上给予消费者感官冲击，激起消费者的购买欲望，如图5-31所示。

图5-31 商品外观设计、材质等说明

9. 商品正确使用方法说明

化妆品类商品需要在详细描述里给出商品的正确使用说明，包括正确的使用方法和使用顺序,如图 5-32 所示。

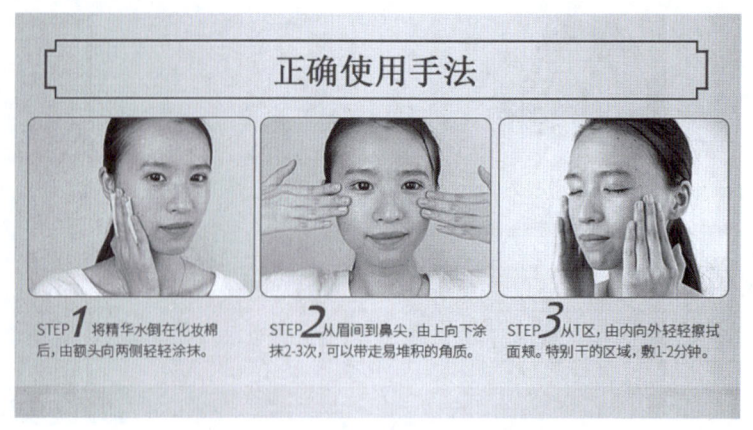

图 5-32 商品正确使用方法说明

岗位任务训练

化妆品类商品的描述

- 工作典型任务:化妆品类商品的描述

要对化妆品进行商品详情描述,须了解化妆品行业的基础知识,掌握化妆品的分类和质量要求,熟悉化妆品的参数,能抓住化妆品的作用和亮点,熟悉化妆品的使用方法,从而获得消费者的青睐和信任。

- 训练目的

通过对化妆品类商品描述的训练,理解商品描述的重要性,培养对化妆品类商品的分析与描述能力。

- 训练内容

根据素材完成化妆品类商品的详细描述。

- 训练要求

在对化妆品类商品进行描述的过程中,需要结合本节课程的知识,使商品描述科学、合理,使描述后的商品具有吸引力。

- 训练评价

训练测评				
序号	测评内容	分值	自评	小组评
1	商品参数描述详细	10		
2	商品展示图有吸引力	10		
3	商品成分说明	10		
4	商品亮点突出	10		
5	商品作用说明	10		
6	商品使用说明	10		
7	商品设计特色	10		

8	商品搭配使用介绍	10	
9	展示店铺荣誉、资质等让买家信任	10	
10	整体排版整洁、有条理	10	
合计：		100	
学生体会：			
教师评语：			

案例评析

被称为"美丽经济"的中国美容化妆品市场，经过20多年的迅猛发展，现今已经取得了前所未有的成就。中国的化妆品市场是全世界最大的新兴市场，在短短的20多年的时间里，中国化妆品行业从小到大，由弱到强，从简单粗放到科技领先、集团化经营，全行业形成了一个初具规模、极富生机活力的产业大军。

1. 什么是化妆品？

根据《化妆品标识管理规定》中的定义，化妆品是指以涂抹、喷洒或者其他类似方法，散布于人体表面的任何部位，如皮肤、毛发、指趾甲、唇齿等，以达到清洁、保养、美容、修饰和改变外观，或者修正人体气味，保持良好状态目的的化学工业品或精细化工产品。

2. 如何选购化妆品？

选择化妆品最重要的是看质量是否有保证。一般来说，选择名厂、名牌的化妆品比较好，因为名厂的设备好、产品标准高、质量有保证，而名牌产品一般也是比较信得过的产品，使用起来比较安全；不能买无生产厂家和无商品标志的化妆品。同时要注意产品有无检验合格证和生产许可证，以防假冒。此外，要注意化妆品的生产日期，一般膏、霜、蜜类产品尽可能买出厂一年内的。

本节小结

知识方面：通过本节课程的学习，大家对化妆品类商品的描述有了认识，理解了化妆品类商品描述对化妆品类网店运营的重要性，了解了化妆品类商品描述的内容和方式。

技能方面：通过化妆品类商品描述的训练，理解了商品描述的重要性，了解了化妆品类商品描述的内容，学会了对化妆品类商品进行详细描述。

通过知识的学习及技能的训练，达到了知行合一、学以致用的效果，为后续店铺开展商品描述打好了基础。

> **拓展实践**

利用课余时间,为一款熟悉的化妆品拍照,设计文案,完成该化妆品的描述与展现。

> **课后复习与思考**

1. 化妆品有哪些种类,其特点是什么?
2. 如何正确使用化妆品?
3. 化妆品有哪些质量要求?

第4节 厨房电器类商品的描述及展现

> **学习目标**

知识目标:

认识厨房电器类商品;
了解厨房电器类商品的基础知识;
掌握厨房电器类商品的描述。

技能目标:

掌握厨房电器的基础信息,能够对厨房电器类商品进行详细描述及展现。

素养目标:

培养执着专注的工匠精神,树立创新突破、勇于进取的职业精神。

> **案例导入**

科技创新推动厨电企业新一轮增长

前不久,中国社科院发布的《中国厨房高品质生活趋势报告》显示,健康化、环保化、社交化、智能化、美学化、套系化将成为厨电企业技术创新的六大方向。厨电企业在加快技术创新、将发明专利技术加快应用到产品中时,不仅有望开启企业的第二增长曲线,也能更好地满足消费者日益多样化、个性化的需求,让消费者更好地享受到技术创新带来的生活品质提升。

过去厨电企业的技术创新多集中在产品外观、样式设计等领域,但随着技术创新能力的不断增强和发明专利质量的逐渐提高,厨电企业的创新科技应逐渐从聚焦应用技术创新深入到基础领域创新。

下一步,厨电企业可以从两方面持续加大技术创新力度:一是从厨房电器产品需求出发进行技术创新,如通过对油烟治理中滤、排、静、净等更深层面的研究与分析,细化吸油烟机功能，提升产品质量，满足消费者多样化需求；二是拓展领域进行跨界创新，如将用于航空航天领域的空气动力学、流体力学、热能学等前沿技术与厨房生活需求结合进行创新，打造厨房电器新科技，或将互联网技术与厨房电器结合开展技术创新，实现产品智能化。

（案例来源：经济日报. 科技创新推动厨电企业新一轮增长. [EB/OL]. (2022-12-13)[2023-01-07]. https://finance.eastmoney.com/a/202212132586021696.html.）

思考：
1. 什么是厨房电器？其分类有哪些？
2. 厨房电器的选购技巧有哪些？

知识介绍

一、厨房电器类商品概述

随着近年来人们生活水平的不断提高，厨房电器越来越多地进入到普通家庭的厨房，"厨房环境"的概念被越来越多的家庭所熟知和重视，宽敞、舒适、健康、洁净的厨房空间，甚至已经成为居家幸福的象征。我国的厨房电器产业从无到有，到现在的繁荣发展，仅仅经历了20多年的时间，有数据显示，目前我国厨房电器市场的规模正以每年30%的速度飞速增长。随着厨房电器产业的不断发展，一种"厨房生活中心"的理念正在逐步形成，人们对于厨电产品如电饭煲、电冰箱、消毒柜、油烟机、燃气灶、烤箱、微波炉等设备的健康需求在不断增强。

拓展资料

CC教你设计家装，橱柜小电搭起来

二、厨房电器类商品的基础知识

为了更好地把厨房电器推荐给消费者，需要熟悉掌握厨房电器的基础知识。厨房电器类商品的知识涉及多个方面，如厨房电器分类、电饭锅的知识、商品相关认证、使用注意事项等，如图5-33所示。

图5-33 厨房电器类商品基础知识

1. 厨房电器分类

厨房电器是专供家庭厨房使用的一类家用电器，按用途分为食物准备、制备、烹饪、储藏和厨房卫生五种类型。

(1) 食物准备类厨房电器。

食物准备类厨房电器主要有洗菜机、和面机、切片机、开罐器、食物加工机、打蛋器、搅拌器、绞肉机、果菜去皮机、咖啡磨、食物混合器、电切刀等。

(2) 食物制备类厨房电器。

食物制备类厨房电器主要有挤汁器、酸奶生成器、爆米花器、刨冰器等。

(3) 食物烹饪类厨房电器。

食物烹饪类厨房电器主要有气电一体炉、电灶、集成环保灶、微波炉、微晶灶、电磁灶、电饭锅、电烤箱、烤面包片器、电蒸炉、电炸锅、电火锅、电热锅、电饭盒、电高压锅、三明治烤炉、电饼铛、电炒锅、蒸蛋器、烤肉器、咖啡机等。

(4) 储藏类厨房电器。

储藏类厨房电器主要有电冰箱、消毒碗柜、红酒柜等。

(5) 厨房卫生类厨房电器。

厨房卫生类厨房电器主要有洗碗机、电热水器、餐具干燥箱、垃圾压紧器、食物残渣处理器、抽油烟机、电开水器、净水器、磁水器、电水壶、紫外线消毒器等。

> 我们每天生活里需使用的电器,相信很多人在不了解商品的情况下,也不知道如何描述它们的优点吧?

2. 商品相关认证

厨房电器类商品的相关认证有:CCC认证、中国节能产品认证、中国能源效率标识、CQC自愿认证、CB、CE、UL、SASO、欧盟、澳洲、香港、沙特能效标识等。

(1) CCC认证。

CCC认证即是"中国强制认证",其英文名称为"China Compulsory Certification",缩写为CCC。CCC认证的标志为"CCC"(如图5-34所示),是国家认证认可监督管理委员会根据《强制性产品认证管理规定》(中华人民共和国国家质量监督检验检疫总局令第5号)制定的产品认证制度。CCC是中国政府按照世贸组织有关协议和国际通行规则,为保护广大消费者人身和动植物生命安全,保护环境、保护国家安全,依照法律法规实施的一种产品合格评定制度。主要特点是:国家公布统一目录,确定统一适用的国家标准、技术规则和实施程序,制定统一的标志标识,规定统一的收费标准。凡列入强制性产品认证目录内的产品,必须经国家指定的认证机构认证合格,取得相关证书并加施认证标志后,方能出厂、进口、销售和在经营服务场所使用。

(2) 中国节能产品认证。

中国节能产品认证是依据我国相关的认证标准和技术要求,按照国际上通行的产品认证程序,经中国节能产品认证管理委员会确认并通过颁布认证证书和节能标志(如图5-35所示),证明某一产品为节能产品的活动,属于国际上通行的产品质量认证范畴。节能产品认证制度是国家经贸委为配合《中华人民共和国节约能源法》的有效实施而推出的一项重要节能措施,是适应并发展社会主义市场经济的需要,旨在推动节能技术进步，促进节能产品的健康发展和市场公平竞争，维护生产企业和广大消费者的利益。

图 5-34　CCC 认证标志

图 5-35　中国节能认证标志

（3）中国能源效率标识。

中国能源效率标识，简称为能效标识，是附在耗能产品或其最小包装物上，表示产品能源效率等级等性能指标的一种信息标签，目的是为用户和消费者的购买决策提供必要的信息，以引导和帮助消费者选择高能效节能产品。全球已有100多个国家实施了能效标识制度。

中国能源效率标识为蓝白背景的彩色标识（如图 5-36 所示），分为 1、2、3、4、5 共 5 个等级，等级 1 表示产品达到国际先进水平，最节电，即耗能最低；等级 2 表示比较节电；等级 3 表示产品的能源效率为我国市场的平均水平；等级 4 表示产品能源效率低于市场平均水平；等级 5 是市场准入指标，低于该等级要求的产品不允许生产和销售。

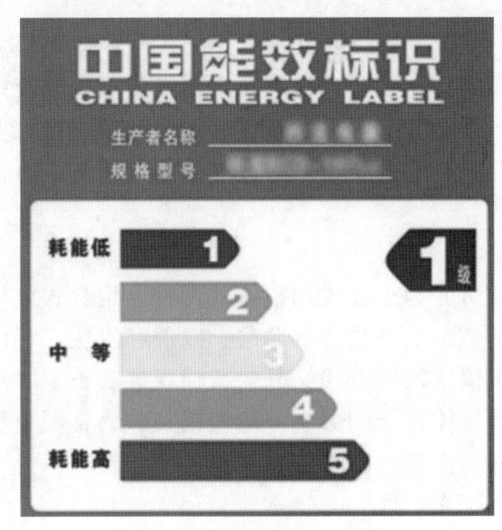

图 5-36　中国能源效率标识

3. 使用注意事项

电炊具如果使用得当，不仅使用方便，还可以延长使用寿命。因此，在使用电炊具时应注意以下几个方面：

(1) 电炊具使用前必须准备符合要求的电源，加装保险装置，确保安全。

(2) 避免几个电炊具共用一个电源插座，或者与其他大功率电器共用一个电源插座。否则容易超过插头负荷，烧坏插座甚至引起火灾。

(3) 电热炊具的周围不能存放易燃、易爆品，如液化气罐、汽油、酒精等。

(4) 避免空器具通电加热。如电炒锅在通电前应先加入食油或管料，否则时间一长会损坏电热元器件。

(5) 避免电热炊具遭受剧烈的温度变化。如电火锅在切断电源后不能马上用冷水冲洗，以防止电热丝断裂。

(6) 避免电炊具在使用过程中剧烈震动或碰撞，否则容易造成电炊具变形，电器件损坏、漏电。

(7) 避免使用含有酸、碱等腐蚀性强的洗涤剂洗涤炊具，注意防水防潮，不要将液体渗入电热元器件、电源插座等处，一旦发现渗水应立即用干布擦净，待等彻底干燥后方可使用。

(8) 避免断电后立即倒尽食物，应使其逐渐降温，从而延长元器件的使用寿命。

(9) 电炊具不用时，应将其洗净、擦干后放置。

4. 电饭锅的知识

下面以电饭锅为例，对厨房电器进行介绍。电饭锅，又称电锅、电饭煲，是利用电能转变为热能的炊具。最初的电饭煲设计相当简单，通过一个按键进行操作，锅胆则是采用铝材质。此后这种机械式电饭煲的外观设计也有了很大改变，原本一身白的电饭煲机身上开始增加了印花及卡通图案。电饭煲在锅盖的设计上也有了不少改变，更有效地保存食物中的水分及营养，不仅美味，而且营养更加丰富。

(1) 电饭锅的用途。

电饭锅通常指在较低温度下以较长时间烹饪食物的一类电热炊具，可以进行蒸、煮、炖、煨、焖等多种烹饪操作。在我国、日本和东南亚各国，电饭锅是主要用来焖制米饭的电热锅具，常称为"电饭煲"。电饭锅煮饭的最大特点是能恰到好处地自动控制温度，并且能自动保温，无须照看，不会发生烧焦或夹生饭等情况。电饭锅使用方便、清洁卫生、没有污染。

(2) 家用电饭锅的分类。

电饭锅按其结构形式可分为组合式和整体式两种。组合式电饭锅结构简单。整体式电饭锅是近几年来国际上流行的结构，有单层、双层和三层三种。目前我国生产的一般为双层整体式结构。电饭锅按控制方式又分为普通保温式、定时启动保温式和电脑控制式。根据做饭时对锅内部气体压力的大小，电饭锅又分为常温电饭锅和压力电饭锅。若说明书无特殊说明，一般为常温电饭锅。

(3) 电饭锅的结构与工作原理。

1) 组合式电饭锅。组合式电饭锅主要由电热座和锅体两大部分组成。其锅体可以随时从电热座上取下。锅体的材料通常有搪瓷、陶瓷、铝合金和不锈钢等多种。有的锅体内壁喷涂四氟乙烯涂层，使饭不粘锅底。

2) 双层整体式电饭锅。双层整体式电饭锅主要由外壳、内锅、锅盖、电热盘、电源开关、限温器、恒温器等组成。另外还配有电源引线、蒸笼及量杯等材料。

3) 自动保温式电饭锅。自动保温式电饭锅的自动保温控制系统，主要采用温控器（磁钢限温器）和温度调节器（双金属片恒温器）器件。当锅内温度超过 100℃时，紧贴于内锅底面的感温磁钢温度，也随之上升而失去磁性，并通过杠杆的作用，使电饭锅断电。当温度下降到一定值时，双金属恒温器的双金属片由膨胀（断开位）变为收缩，触点闭合，再次接通电源。如此反复动作，就可以保持恒温。电饭锅的恒温要求为 60℃～80℃，是由厂家出厂前调整好的。

4) 定时启动式自动电饭锅。定时启动式自动电饭锅是在自动保温式电饭锅的基础上加装定时器制成的。定时器分为 6h、12h、24h 三种，可以在任何时间内选定做饭时间。一般可以手动调整煮饭过程的起始时间，当运行到所选定的时间时，便自动接通电源，使电饭锅开始工作。饭熟后，磁钢限温器自动切断电源。

> 要了解电饭锅的分类，不一样的分类描述时要强调的优势是不同的。

新时代　树理想　铸信念

厨具类创新小家电走红

随着人们对高品质生活的追求，厨房被赋予了越来越丰富的生活内涵，厨具也不限于传统的炒锅、蒸锅、煮锅等。记者走访发现，近两年来，各式各样的厨具类创新小家电越来越频繁地出现在大家的生活中，让做饭的过程变得更加方便快捷。不过，因为清洗不方便、不实用、维修麻烦等原因，让不少创新小家电短暂使用几次以后，难逃在橱柜一角生灰的命运。

线上购买为主　年轻人是消费主力

"我想入手一个空气炸锅，你们帮我看看这一款怎么样？"近日，市民李婕在微信群里征求朋友们的意见。经历了一番激烈的讨论，李婕下单了性价比较高的某知名品牌的空气炸锅。"我特别喜欢吃炸物，但感觉外面卖的不是很卫生。看了好多美食博主的视频后，我觉得空气炸锅还挺方便的，很适合我这种厨房'小白'，就买来尝试一下呗！"李婕告诉记者。除了李婕说到的空气炸锅之外，还有自动炒菜机、汉堡机、三明治机、多功能料理锅、破壁机等厨具类创新小家电成为不少年轻人的心头好。因为年轻人更倾向于网购，所以他们通常在网上购买这些厨具类创新小家电。记者随机浏览了几家网购平台，发现各类高颜值、小巧、功能鲜明且价格相对便宜的厨具类创新小家电月销量可以达到几千甚至上万。

（案例来源：玉林新闻网. 厨具类创新小家电走红［EB/OL］.（2021-11-11）［2022-09-06］. https://baijiahao.baidu.com/s? id＝1742032153945518640.）

三、厨房电器类商品的描述及展现

线上经营厨房电器类商品，需要制作相关的详情页进行介绍，如介绍厨房电器的分类、主要品种、使用注意事项，展示厨房电器的细节，突出厨房电器的亮点，等等。厨房电器类商品的详情页通常由基础展示页面、产品参数、商品展示图、商品细节图、商品亮点、商品搭配清单、功能展示、商品材质说明、家电安装及保修等部分构成。

1. 基础展示页面

厨房电器类商品基础展示页面如图5-37所示，注意事项如下。

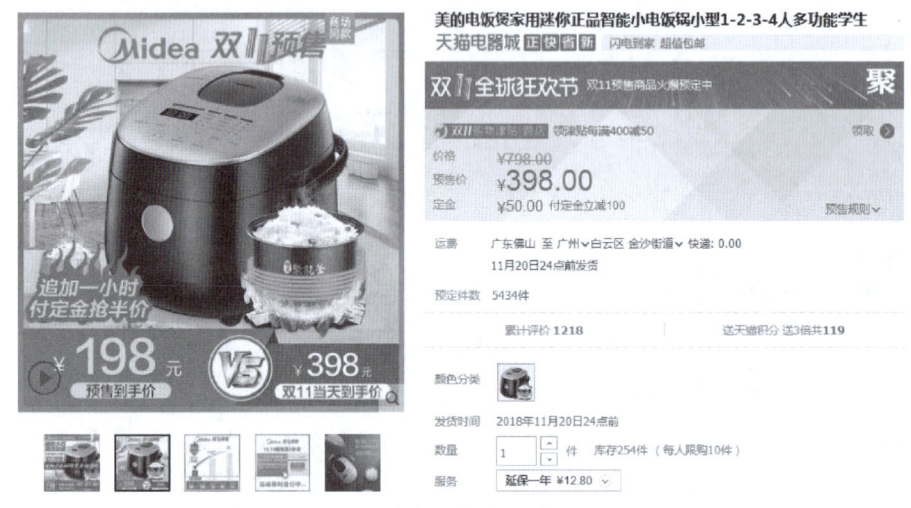

图 5-37　厨房电器类商品基础展示页面

首先，主图的发布规范。

（1）第一张主图由商家自定义设计。

（2）第二张主图必须是清晰的白底图，不得出现水印、文字说明、商家标志、促销信息等类似信息。

（3）如果是强制3C认证的商品，必须在第三张主图展示3C认证标志。

（4）如果是强制要求有能效标识的商品，必须在第四张主图展示能效标识。

其次，标题设置规范。

（1）须包含"品牌＋商品名称或型号/规格＋其他信息"。

（2）商品的品牌信息须标注在商品名称或型号/规格之前，"其他信息"在标题中的位置不限。

（3）商品标题中不得带有任何与商品真实信息无关的文字或符号。

2. 产品参数

所展示的厨房电器类商品各项参数须与商品真实情况相符，需展示信息包括但不限于品牌名称、产品名称、产品型号、产品容量、产品形状、证书编号、3C规格型号、加热方式、颜色分类、内胆材质、适用人数等，如图5-38所示。

图 5-38　产品参数

3. 商品展示图

厨房电器类商品展示图要求展示的是商品实物在不同场景的全景展示图，为消费者提供美好的沉浸式体验，如图 5-39 所示。

图 5-39　厨房电器类商品展示图

4. 商品细节图

厨房电器类商品细节图里可展示的细节包括但不限于设计细节、材料细节、功能细节、颜色花纹风格等，如图 5-40 所示。

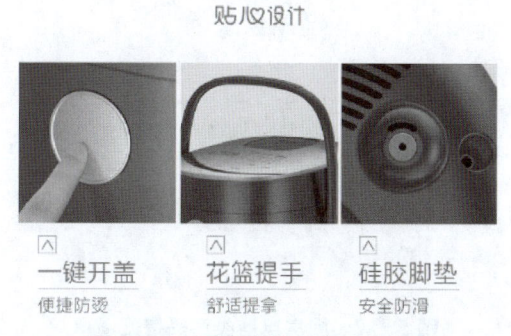

图 5-40　厨房电器类商品细节图

5. 商品亮点

厨房电器类商品所展示的亮点包括但不限于安全特性、智能特性、容量特点、外形亮点、设计亮点、功能亮点、使用方便性等，如图 5-41 所示。

图 5-41　厨房电器类商品亮点展示

6. 商品搭配清单

厨房电器类商品一般情况下都会配置有相关的配件，为了保障商家和消费者的权益，需要准确明示该厨电商品的所有配件清单，避免不必要的纠纷，如图 5-42 所示。

图 5-42　厨房电器类商品搭配清单

7. 功能展示

功能展示是对厨房电器类商品的功能进行全方位的展示以达到吸引消费者的目的，所展示的产品主要功能及规格参数要与商品真实情况相符，以官网参数为准，无官网参数的以产品外包装或产品说明为准，如图 5-43 所示。

图 5-43　厨房电器类商品功能展示

8. 商品属性、材质说明

为保障消费者在购买商品时拥有充分的知情权，商家需要在发布产品时明示产品名称、产品号型和规格等，如图 5-44 所示。产品安全性必须符合中国强制性产品认证的要求，产品质量必须符合产品标签上所标识的产品执行标准，强制 3C 认证的产品须展示其 3C 认证标志。在国内生产的厨房电器产品，标签上须标注制造商名称和地址信息；进口家用电器产品，标签上须标注原产国和简体中文说明。

9. 物流、家电安装、保修等说明

在厨房电器类商品描述中，店铺服务详情描述须符合以下要求：包含使用或安装介绍图；以图片形式展示发票样本；明确描述产品使用的物流配送方式及无法履行物流配送服务的区域，并且准确描述消费者付款成功后的商品发货时间；告知是否提供安装服务，如提供安装服务需要明确描述安装服务实施流程；明确描述签收验货流程和注意事项；展示产品售后服务政策。商品售后服务政策如图 5-45 所示。

图 5-44 厨房电器类商品属性、材质说明

小电保修

产品大类	保修内容
电饭煲	整机包修1年（IH智能电饭煲整机保修3年），内胆保修1年，附件（可拆卸式电源线、饭勺、量杯等）不在保修范围内；
炒菜机	整机包修1年，内胆保修1年，附件（可拆卸式电源线、饭勺、量杯等）不在包修范围内；
电压力锅	整机包修1年，附件（饭勺、量杯等）不在包修范围内，可拆卸式电源线不包修；
面包机	整机包修1年，面包桶、搅拌棒包修1年，附件不包修（如量杯、量勺等）；
电磁炉	整机包修1年，可拆卸式电源线不包修，赠送的砂锅、汤锅等不包修；
煎烤机（电饼铛）	整机包修1年，可拆卸式电源线不包修；
果汁机	整机包修1年，2012年起可拆卸式电源线不包修；
豆浆机	整机包修1年，量杯、接浆机、滤网、电源线（可拆式）等耗材或附件不包修；

免责条款——下列情况不属"三包"范围，特约服务网点可实行收费修理：
（1）消费者因搬运、使用、维护、保管不当造成的损坏的；
（2）非我司指定维护点安装、维修造成损坏的(包括消费者自行安装或拆卸修理的)；
（3）无保修卡或购买证明的，且无法证明属于包修期内的；
（4）因不可抗拒的自然灾害造成损坏的；
（5）超过保修期的；
（6）使用环境（如电压、湿度、温度、通风条件等）不合产品说明书的表述。

图 5-45 商品售后服务政策

岗位任务训练

厨房电器类商品的描述

● 工作典型任务：厨房电器类商品的描述

要对厨房电器进行商品详情描述，须了解厨房电器行业的基础知识，掌握各式厨房电器的特点，熟悉厨房电器的参数，能抓住厨房电器的细节和亮点，能搭配场景展示厨房电器的魅力，从而获得消费者的喜爱和信任。

● 训练目的

通过对厨房电器类商品进行商品描述的训练，理解商品描述的重要性，培养对厨房电器类商品的分析与描述能力。

● 训练内容

根据素材完成厨房电器类商品的详细描述。

● 训练要求

在对厨房电器类商品进行描述的过程中，需要结合本节课程的知识，使商品描述科学、合理，使描述后的商品具有吸引力。

● 训练评价

训练测评				
序号	测评内容	分值	自评	小组评
1	商品参数描述详细	10		
2	商品展示图有吸引力	10		
3	商品细节图说明	10		
4	商品亮点突出	10		
5	商品搭配清单介绍	10		
6	商品功能展示说明	10		
7	商品材质说明	10		
8	商品保修说明	10		
9	展示网店荣誉、资质等让买家信任	10		
10	整体排版整洁、有条理	10		
合计：		100		
学生体会：				
教师评语：				

案例评析

厨房电器产业属于传统行业，竞争较为激烈。随着人们生活水平的不断提高，新型厨房电器逐渐被人们所接受，城市是高技术含量、节能环保的新型厨房电器产品市场的主要增长动力。随着国家的家电下乡、节能补贴等政策的出台，农村家电市场需求呈现增长态势，特别是厨房电器产品，未来有很大的增长空间。

1. 什么是厨房电器？其分类有哪些？

厨房电器是专供家庭厨房使用的一类家用电器，按用途分为食物准备、食物制备、食物烹饪、储藏和厨房卫生五类；按安装的方式可分为独立式、普通嵌入式和全嵌入式三种；按工作原理分为电动、电热两类，其中电热类又分为电阻式、红外式、微波式和电磁感应式。

厨房电器具体有电冰箱、消毒柜、油烟机、燃气灶、烤箱、微波炉等电器。

2. 厨房电器的选购技巧有哪些？

应选择具有生产厂家或经销商名称、商标、额定电压、额定输入功率、认证等标志的正规厨电商品；应选择易于有效清洁、表面光滑平整的厨电商品；应根据自家厨房的大小选择合适的厨电商品；应选择售后服务好的生产者和经营者；应根据自己的消费能力来选择厨电商品；安静、运行平稳的厨电商品是首选。

本节小结

知识方面：通过本节课程的学习，大家对厨房电器类商品有了认识，理解了厨房电器类商品描述对厨房电器类网店运营的重要性，了解了厨房电器类商品描述的内容和方式。

技能方面：通过厨房电器类商品描述的训练，理解了商品描述的重要性，了解了厨房电器类商品描述的内容，学会了对厨房电器类商品进行详细描述。

通过知识的学习及技能的训练，达到了知行合一、学以致用的效果，为后续店铺开展商品描述打好了基础。

拓展实践

利用课余时间，为一款熟悉的电器产品拍照，设计文案，完成该商品的描述与展现。

课后复习与思考

1. 厨房电器有哪些？其特点是什么？
2. 电饭锅的工作原理是什么？
3. 电器类商品有哪些相关认证？

第 5 节　塑料制品类商品的描述及展现

▶ 学习目标

知识目标：
认识塑料制品类商品；
了解塑料制品类商品的基础知识；
掌握塑料制品类商品的描述。

技能目标：
掌握塑料制品的基础信息，能够对塑料制品类商品进行详细描述及展现。

素养目标：
培养诚实守信的社会主义核心价值观，树立诚信经营、依法办事的职业精神。

▶ 案例导入

塑料制品

相对于金属、石材、木材，塑料制品具有成本低、可塑性强等优点，应用非常广泛。塑料工业在当今世界上占有极为重要的地位，塑料制品的生产在世界各地高速发展。我国塑料制品产量在世界上位于前列，其中多种塑料制品产量已经位于全球首位，我国已经成为世界塑料制品生产大国。

从需求来看，我国人均塑料消费量与世界发达国家相比还有很大的差距。据统计，作为衡量一个国家塑料工业发展水平的指标塑钢比，我国仅为30∶70，不及世界平均的50∶50，更远不及发达国家如美国的70∶30和德国的63∶37。未来随着我国改性塑料的技术进步和消费升级，我国塑料制品需求预计可保持10%以上的增速。

当前，我国塑料制品市场需求主要集中于农用塑料制品、包装塑料制品、建筑塑料制品、工业交通及工程塑料制品等几个方面。

（案例来源：百度百科. 塑料制品［EB/OL］.（2022-01-12）［2022-09-06］. https://baike.baidu.com/item/%E5%A1%91%E6%96%99%E5%88%B6%E5%93%81/2960445.）

思考：
1. 什么是塑料？塑料有哪些分类？
2. 塑料制品的鉴别方法有哪些？

知识介绍

一、塑料制品类商品概述

塑料是指以合成树脂为主要成分，在一定程度、压力等条件下可以塑造成型，在常温下保持形状不变的材料。塑料制品是采用塑料为主要原料加工而成的生活用品、工业用品的统称。

塑料具有许多其他材料所没有的优点。与玻璃、陶瓷相比，它不易碎；与铁、锌、铝等金属相比，它不易被腐蚀，且比较轻便；与木材相比，它不怕水，且强度高。此外，它的电绝缘性好，黏附性好，透明性好，色泽鲜艳，既可做成硬质产品，又可制成软而有弹性的制品。塑料原料丰富，加工成型方便，生产效率高，具有品种多、性能优越的特点，可以充分适应多种用途对材料性能的要求，所以有人把塑料称之为"万能材料"。

拓展资料

绿色新时尚

二、塑料制品类商品的基础知识

为了更好地把塑料制品推荐给消费者，需要熟悉掌握塑料制品的基础知识。塑料制品类商品的知识涉及多个方面，如塑料的组成、分类，质量与性能，日用塑料制品及塑料回收标识等，如图 5-46 所示。

图 5-46 塑料制品类商品的基础知识

1. 塑料的组成

通常塑料是多组分材料，合成树脂是塑料的主要成分，在多数情况下，塑料的组成中除了含合成树脂外，还含有增塑剂、着色剂、润滑剂、发泡剂等塑料助剂。

（1）合成树脂。

合成树脂是人工合成的有机分子化合物，这种高分子化合物可以代替天然树脂（虫胶、松香、琥珀等）来生产油漆、涂料和各种塑料制品，故称为合成树脂。它是塑料的主要成分，其含量均为 40%～100%，又称塑料的粘结剂，决定着塑料的类型，并且决定塑料的主要性质，如机械强度、硬度、弹性、化学稳定性、导电性能等。

一般塑料可以按其组成成分分为简单型塑料与复杂型塑料。简单型塑料是指以合成树脂为主，仅加少许辅助剂（如着色剂）的塑料，如聚乙烯、聚苯乙烯等。复杂型塑料是由合成树脂、填充剂、增塑剂、着色剂、稳定剂等成分组成，如软聚氯乙烯塑料。

（2）塑料助剂。

塑料制品一般都是在合成树脂中添加适当助剂加工而成型，加入助剂可以改变加工性能，提高使用性能，延长使用寿命及降低制品成本。塑料助剂的种类也很多，其中主要概括为以下几类：

1）增塑剂。为了增加塑料的可塑性和柔软性，降低塑料的脆性和刚性，往往加入一定量的增塑剂。增塑剂分为主增塑剂和副增塑剂两大类。主增塑剂的特点是树脂相溶性好，塑化效率高，挥发性极低，不被油或水溶出，其制品的温柔性好。副增塑剂的相容性则较差，主要是与主增塑剂一道使用以降低成本，所以也称增量剂。

2）防老化剂。塑料中加入防老化剂是为了防止它受到光、热和氧的影响，致使其高分子发生分解，过早老化，以延长制品的使用寿命。

3）补强剂。为了提高塑料制品的强度和刚性，可以加入一定量的补强原材料。

4）填充剂。加入适量的填充剂可以改善塑料的某些性能，降低成本，同时也在一定程度上改善了塑料的某些物理性能。

5）抗静电剂。大多数塑料具有绝缘性能，由此却使塑料易于产生静电后而不易失去。塑料制品受了静电作用就容易吸附尘埃，使制品失去透明性，加速老化，并能引起放电，造成着火爆炸事故，因此，在塑料中必须加入抗静电剂。

6）阻燃剂。阻燃剂是指减缓塑料燃烧性能的助剂。

7）发泡剂。发泡剂是一种在一定温度下受热分解可以汽化的低分子有机物，是制造泡沫塑料的专用配合剂。为使塑料成为多孔性泡沫塑料，故加入泡沫剂。

8）润滑剂。高聚物在热加工过程中，为了使制品表面光滑，往往要加入润滑剂才能加工，达到便于脱模的目的。

9）着色剂。着色剂能赋予塑料制品各种鲜艳的色泽，分为无机颜料、有机颜料和染料三大类。由于染料耐光性、耐热性、耐有机溶剂性差，故经常使用的是前两种。

10）交联剂（固化剂）。在热固性塑料中加入固化剂是为了对树脂在固化过程中起催化作用或其本身参加交联反应。

> 要描述塑料制品时，一定要了解该塑料制品是由什么组成的，从而才知道它会有什么特点。

2. 塑料的分类

（1）根据塑料的用途分类，分为通用塑料、工程塑料及耐烧蚀塑料。

通用塑料又称常用塑料，是指产量大、价格低、应用范围广的塑料。

工程塑料又称新颖塑料，是指用来做工程和代替金属制造机械零件或设备的塑料。

耐烧蚀塑料是一类在短时间内能耐上千度高温，适于特殊用途的材料。

（2）根据合成树脂受热后所引起的变化分类，分为热塑性塑料和热固性塑料。

热塑性塑料在加工过程中，一般只起物理变化，即加热变软，冷却变硬，再加热再变软，可以反复加工，而树脂结构不起变化，其废旧物品可以回收利用。

热固性塑料在加工过程中起化学变化，受热时开始软化而具有一定可塑性，随着进一步加热，树脂就硬化定型，若再加热，也不会变软。热固性塑料只有一次可塑性，废旧物品不能再回收利用，仅能粉碎后用于填料。

（3）根据塑料的燃烧性能分类，分为易燃塑料制品、可燃塑料制品、难燃塑料制品。

易燃塑料制品遇明火可以猛烈燃烧。

可燃性塑料制品遇明火可燃烧，不能自熄。

难燃塑料制品在较强的明火中可燃烧，但离开火焰后，自熄。

（4）根据是否会对环境造成污染分类，分为绿色塑料和非绿色塑料。

绿色塑料，又称新一代降解塑料，是泛指一切能够自行降解和再利用，不会污染环境的塑料，具体地说，就是指在一定期限内具有与普通塑料制品同样的功效，而在完成一定的功效后能自行降解，与自然环境同化的一类聚合物。非绿色塑料即不具备以上特征的塑料。

塑料一经问世，便由于其使用方便、价格便宜等特点被广泛利用，但同时也带来了严重的塑料垃圾，即"白色污染"问题。普通塑料普遍存在由于不能自行降解而污染土壤、焚烧又会严重污染大气、回收利用成本相对高等问题，严重影响了人类的生存环境。因而"绿色塑料"的研制生产已成为未来塑料制品行业的必然趋势。

绿色塑料可以分为化学与光分解塑料、生物降解塑料和光与生物双作用降解塑料等三大类。目前，这三大类塑料的研究都已经取得了一定的成果，并已在某些领域得到了推广。但要大范围推广，目前还存在着经济成本和技术条件要求高等多方面因素的制约。

想一想

我们生活中最常使用的塑料制品属于哪一些分类呢？

新时代 树理想 铸信念

擅自使用他人短视频用于商业推广构成侵权

随着抖音等短视频 App 的异军突起，受众广、流量高的短视频逐渐成为互联网商业的新宠。一些"淘宝客"为帮助电商卖家扩大商品推广力度，擅自搬运他人录制的相关短视频，并在视频中附上商品的网购链接引导消费者购买，以此快捷的方式赚取佣金，却没有意识到相应的法律责任。近日，浙江省瑞安市人民法院审结一起新类型著作权侵权纠纷案件，厘清了"淘宝客推广模式"下的"淘宝客"、电商卖家、网购平台之间的法律关系以及共同侵权的认定标准，探索界定新型推广模式下的著作权保护方式和边界。

2020 年 4 月，傅某作为水木公司的主编，按照公司要求拍摄了内容为"装修经典元素、过气元素"的短视频，在某视频平台上首次发表。2020 年 9 月，水木公司发现刘某在某网购平台上擅自发布该视频，获 9 人点赞、1 人转发，该视频中还添加了某公司在该网购平台经营的旗舰店中的门把手商品链接，点击商品链接可以进入商品详情页面，在浏览该商品详情页面时，上述视频仍在页面右下角播放。

水木公司认为刘某擅自在自己的视频作品中植入某公司网店的商品链接并通过其他平台公开发布，侵害了视频作品的著作权。某公司委托刘某对其商品进行推广，二者属于委托代理关系，构成共同侵权。网购平台作为运营商未对侵权视频进行审核，构成帮助侵权。故水木公司诉至法院要求刘某、某公司共同赔偿经济损失及维权合理费用105 000元，网购平台对此承担连带责任。

法院经审理查明，某公司与刘某通过"淘宝客平台"就涉案商品链接建立了推广合同关系，但某公司并不知道刘某将其商品链接添加至侵权视频进行推广。发布侵权视频并在视频中添加商品链接的行为完全可以由刘某自行实施，无须经过某公司的同意或协助。网购平台要求用户注册前均需同意平台制定的服务协议及相关规定，其中规定用户不得发布涉嫌侵犯他人知识产权或其他合法权益的商品或服务信息，并将"不当使用他人权利的行为"定义为违规行为，规定了相应的处罚措施。

经网购平台查询，刘某发布的涉案视频引导1人支付购买。目前被诉侵权视频已被删除。

法院审理后认为，刘某未经许可，从网络上转载涉案视频后发布于自己的网购平台账号，并在视频中添加商品链接用以推广赚取佣金，构成对涉案作品信息网络传播权的侵害。

（案例来源：人民法院报．擅自使用他人短视频用于商业推广构成侵权［EB/OL］．（2022-06-01）[2022-09-06]. http://ruian.zjcourt.cn/art/2022/6/1/art_1229514531_58576397.html.）

3. 日用塑料制品

（1）聚乙烯塑料（PE）。

聚乙烯塑料是由乙烯聚合而得。根据聚合时压力不同，可以分成高压聚乙烯（1 000～2 000大气压）、中压聚乙烯（30～70大气压）、低压聚乙烯（常压）三种。中压产品质量高，物理机械性能都比较好，但工艺流程复杂。目前我国生产中常把高压聚乙烯与低压聚乙烯混合使用，其制品有饭碗、热水瓶壳、提桶、面盆、皂盒、水壶等。

聚乙烯制品是无毒、无味、无臭的白色固体，比重在0.91～0.96，制成的薄膜透明性较好。可以制作餐具、药品的包装及容器。聚乙烯制品的化学性能较好，能耐酸、碱、盐类水溶液的腐蚀。在6℃以下，一般有机溶剂对聚乙烯不起作用。但聚乙烯制品不适宜盛装植物油、矿物油等物质。

（2）聚氯乙烯塑料（PVC）。

聚氯乙烯塑料是一种通用热塑性塑料。由于纯聚氯乙烯树脂是坚硬的热塑性物质，其分解温度与塑化温度极为接近，而且机械强度较差，因此，无法直接用聚氯乙烯树脂来塑制产品，必须加入增塑剂等，以改善性能，生成聚氯乙烯塑料，然后再塑制成各类产品。

聚氯乙烯塑料成品根据增塑剂加入的多少，分为硬质聚氯乙烯（≤5%）、软质聚氯乙烯（20%～40%）和聚氯乙烯糊制品（80%左右）。聚氯乙烯塑料具有耐化学性、难燃、离火即熄、耐磨、消声消震、强度高、电绝缘性较好、来源广、价廉等特点。根据不同的用途需要加入不同的添加剂，制出不同的产品，常用的聚氯乙烯制品有压延薄膜、人造革、凉鞋等。

(3) 聚苯乙烯塑料（PS）。

聚苯乙烯塑料由纯聚苯乙烯加入少量着色剂与稳定剂组成。它是先从煤焦油中提取苯和从石油气中提取乙烯，合成乙基苯，然后乙基苯脱氢，净化后形成苯乙烯，最终聚合形成聚苯乙烯。

聚苯乙烯流动性好，容易加工成型，透明度高，容易着色，硬度好，耐蚀，耐碱，耐酸（如磷酸、硼酸、盐酸等），但不耐氧化性酸（如硝酸等）。其卫生性能良好，耐水，无臭，无毒，无味，常用作餐具、纽扣、刀架、电视机、精密仪器等方面的原料。但聚苯乙烯在80℃以下使用，硬如玻璃，80℃以上逐渐软化，用它制作的餐具不宜蒸煮。其耐冲击强度及机械强度较差，易断裂。

(4) ABS塑料。

ABS塑料是由丙烯腈（A）、丁二烯（B）和苯乙烯（S）三种成分共聚而成，是聚苯乙烯塑料改进性能的一个新品种。改性后塑料结实，故又称"抗高压塑料"。

这种塑料具有三种成分的共同性能，丙烯腈使塑料具有一定的表面硬度、耐热性、耐化学腐蚀的物性；丁二烯使塑料具有橡胶状的韧性，提高了耐冲击强度；苯乙烯使塑料保留了优良的电绝缘性能及良好的加工成型性。ABS的缺点是：不能与酒精、醋酸及某些植物油长期接触，否则会引起制品开裂；耐气候性也不好，不能露天长期使用，受日光照射易老化；能燃烧；制品不透明。ABS塑料可制成各种家用电器的外壳和各种日用塑料制品。金属化的ABS还可以代替金属制作铬牌、装饰件等。

(5) 聚丙烯塑料（PP）。

聚丙烯塑料是一种常见的热塑性通用材料。它的成分、结构、性质及生产技术与聚乙烯塑料极为相似，由聚丙烯树脂和极少量的稳定剂、着色剂组成。

聚丙烯是一种无色、无味、无毒的塑料。它与其他塑料相比质轻、机械强度高，耐热性能比聚氯乙烯、聚乙烯、聚苯乙烯都高；吸湿性小，透气性差，耐曲折性好，有较好的电绝缘性和防化学腐蚀性。用它可以生产纤维、单丝、扁丝、扁条等，可制成绳索、包装袋、窗纱、藤椅以及绳织工艺品等。

(6) 有机玻璃塑料（PMMA）。

有机玻璃塑料是一种透明的热塑性塑料。它是用丙酮、甲醇、氢氰酸、硫酸等经过化学方法制成的甲基丙烯酸甲酯，再经过聚合制成的一种新型材料。化学名称叫"聚甲基丙烯酸甲酯"塑料，俗称有机玻璃，别名"不碎玻璃"和"塑料玻璃"。它的性能优良，透明度特别好，质轻，光学性质好，可以储存生物标本，能制造多种制品。有机玻璃塑料也存在着缺点，如热性差、表面硬度较低、受擦伤后制品的透明度变差等。

(7) 硝酸纤维素塑料——赛璐珞（CN）。

硝酸纤维素塑料俗称"赛璐珞"，是以硝酸纤维素为主体的热塑性塑料。其中有70%~90%的硝酸纤维素，10%~30%的增塑剂，主要用作樟脑、润滑剂、着色剂和稳定剂等。它是由天然纤维（棉短绒或无酸纸浆），经硝酸处理后，其纤维素分子上的羟基被硝酸酯化而形成的。一般先制成片材、管材再进行二次加工制成成品。

赛璐珞机械性能好，质轻，弹韧性优，外观漂亮，加工容易，成本较低，能制成多种日用品。但使用日久或长期在热和光的作用下，会发生老化现象。赛璐珞制品易燃，遇火立即燃烧，当温度升高到170℃左右会起火自燃。

(8) 尼龙塑料（DA）。

尼龙塑料学名叫聚酰胺，品种很多，性能上稍有差异，其共同点是具有良好的耐磨性；具有一定的机械强度和较好的冲击韧性，可在温度-45℃～100℃的范围内使用；具有耐弱酸、弱碱及醇等溶剂的性能，但对强酸的抗蚀力差，能溶于热的浓硫酸和苯酚、甲醇等化学药品。

尼龙用途甚广，可用来制造齿轮、轴套、泵叶轮、高压油管、密封圈及一般机械配件，而尼龙丝又可用来纺织角网、渔线、绳索等。

(9) 酚醛塑料（PF）。

酚醛塑料俗称电木或胶木，是一种发明最早、用途广泛的热固性塑料。酚醛塑料主要成分是酚醛树脂，它是由酚（主要是苯酚）、醛（主要是甲醛）及甲酚等原料合成的。

树脂中加入木粉等可制成模塑粉（电木粉）。这种模塑粉在加热、加压条件下，就可制成电木制品。电木制品为暗红色或黑色的固体物质，外观光滑，具有光泽，不溶于任何溶剂，不易发生化学变化，具有耐磨、耐热、耐寒、不怕火、加热不熔化、不变形、硬度大和低频绝缘等良好性能。可用来制作一些日用品如纽扣、自来水笔杆、瓶盖、电话机壳、电气开关、灯头、收音机、电视机壳等。电木的缺点是脆性较大，吸水性也较大，其制品不易在空气潮湿环境中或露天保管。酚醛树脂的原料苯酚和甲醛对人体都有一定毒性，制品固化成型后，还有一些游离分子存在，故不宜存放食品或做饮食用具。

(10) 脲醛塑料（PF）。

脲醛塑料是一种热固性塑料，是用尿素和甲醛在酸性或碱性催化剂作用下，经过复杂反应而制成。其制品又称电玉制品，主要成分是脲醛树脂。电玉制品与电木制品在性质上有很多相似之处，如表面硬度大、光滑、有光泽、低频绝缘性好、耐热、不易燃烧、不易变形而脆性较高。但其耐水性及化学稳定性都比电木制品差。脲醛树脂本身为无色透明体，若加入纤维素作填充材料则为乳白色半透明体，加入二氧化钛为不透明的纯白色。

常见的电玉制品有杯、碟、盘、纽扣、收音机外壳，还可以制造家具、地板、桌面等装饰材料。电玉制品在使用和保管中的注意事项和电木制品基本相似，不适宜在潮湿空气中和露天保管，以防龟裂破碎。电玉制品虽无臭、无味，但如用醋酸在100℃沸水中浸泡会有游离的甲醛析出，对人体有害，不宜用作食具。

(11) 密胺塑料（MF）。

密胺塑料是以三聚氰胺甲醛树脂为主要成分的塑料，是氨基塑料中的一个重要品种，是一种多成分的热固性塑料。它的特性是强度大，难变形，表面硬度好，外观似瓷器，其抗冲击强度比瓷器高三倍，制品在一米高度落地，不会破裂；耐热、耐水性较好，在110℃水中煮沸消毒也不会破裂褪色，烟头、余火也不会将其烫焦；卫生性好，无臭无味，可用来盛食品，因此密胺塑料常用来制造杯盘、碗筷、烟缸等日用品。

日用塑料制品有这么多，我们在描述商品时，要特别留意不同的日用塑料制品有什么优点。

4. 质量与性能

（1）外观质量。

塑料制品的外观质量是指制品的外形结构、色泽等有无缺陷。一般来说，外形不应有翘曲缺角，尺寸要符合一定的偏差规定，装配制品的部件尺寸要互相配合得当，中空制品要厚薄均匀，色泽鲜艳，光亮平滑。塑料制品的外观质量，概括起来是坚固、适用、美观。常见的外观疵点有裂印、水泡、杂质点、拉毛、起雾、皱裂、肿胀、小孔、麻点、色调不均、浑浊银纹等。

（2）物理机械性能。

塑料制品的物理机械性能实际就是指它的内在质量，一般注重下述几点：

1）比重。比重是单位体积的重量，其单位为克/立方厘米。不同类型的塑料，比重不同。酚醛塑料比重为1.3~1.4，脲醛塑料比重为1.45~1.55。测定塑料比重是将塑料压成$12×1.5×1$立方厘米的标准样片来称量，计算其每1立方厘米的重量。

2）耐醇性、耐汽油性和耐润滑性。塑料受到酒精、汽油等成分的作用时，如仍能保持它的物理机械性能，即称它具有耐醇性、耐汽油性和耐润滑性。

3）收缩率。制品从压模中取出后，因冷却而引起尺寸缩小的现象称为收缩。收缩率用百分数表示。

4）强度。抗张强度是塑料（包括软质和硬质）的重要质量指标。硬质塑料要考虑其抗弯曲、抗冲击和抗压强度，软质塑料要考虑其拉断时相对伸长率。

5）耐寒性和耐热性。多种塑料及制品在高温或过低温度条件下，其机械强度将发生显著变化，致使其降低甚至丧失使用性能。因此，在使用塑料制品时，应考虑其适用环境温度范围。

6）磨耗。磨耗是塑料制品在摩擦过程中其尺寸不断的改变（主要是变小）的机械性破坏过程。磨耗量的大小表示塑料的耐磨耗程度，常用一定距离体积磨耗指标来表示。

7）吸水性。塑料吸水性是指规定尺寸的试样浸入一定温度（23℃~27℃）的蒸馏水中，经过一定时间后（24小时）所吸收的水量。吸水量与试样重量之比称吸水率，以百分数表示。塑料吸水性的大小，与塑料制品的稳定性、电绝缘性以及保管都有密切关系。

8）环境应力开裂。这是指望料制品抵抗由于外界酸、碱、盐等溶液作用而引起开裂的能力。一般成型时温度控制不好、未经热处理的塑料制品，往往会造成内应力，从而使塑料制品易于产生环境应力开裂。

5. 塑料制品回收标识

塑料制品回收标识，是将塑料材质辨识码打在容器或包装上，可以让我们无须费心去学习各类塑料材质的异同，就可以简单地进行回收工作。塑料制品回收标识会打在塑料容器的底部，是一个三角形的符号，三角形里边有1~7数字（如图5-47所示），每个编号代表一种塑料容器，它们的制作材料不同，使用禁忌上也存在不同。

1）PET 聚对苯二甲酸乙二醇脂：常见矿泉水瓶、碳酸饮料瓶等。热至70℃易变形，有对人体有害的物质溶出。1号塑料用了10个月后，可能释放出致癌物 DEHP。其不能放在汽车内晒太阳，不要装酒、油等物质。

图 5-47 塑料制品回收标识

2）HDPE 高密度聚乙烯：常见白色药瓶、清洁用品、沐浴产品。不要再用来作为水杯，也不要用它做储物容器来盛装其他物品。

3）PC 聚氯乙烯：常见雨衣、建材、塑料膜、塑料盒等。可塑性优良，价钱便宜，使用很普遍，只能耐热 81℃，高温时容易产生有害的物质，很少用于食品包装；难清洗易残留，不要循环使用。

4）PE 聚乙烯：常见保鲜膜、塑料膜等。高温时有有害物质产生，毒物随食物进入人体后，可能引起乳腺癌、新生儿先天缺陷等疾病，因此，一般不建议将保鲜膜放进微波炉加热。

5）PP 聚丙烯：常见豆浆瓶、优酪乳瓶、果汁饮料瓶、微波炉餐盒。熔点高达 167℃，是唯一可以放进微波炉的塑料盒，可在小心清洁后重复使用。需要注意，有些微波炉餐盒，盒体以 5 号 PP 制造，但盒盖却以 1 号 PE 制造，由于 PE 不能耐受高温，故不能与盒体一并放进微波炉加热。

6）PS 聚苯乙烯：常见碗装泡面盒、快餐盒。不能放进微波炉中，以免因温度过高而释出化学物；装酸（如柳橙汁）、碱性物质后，会分解出致癌物质；避免用快餐盒打包滚烫的食物。

7）其他类：常见水壶、太空杯、奶瓶。百货公司常用这样材质的水杯当赠品，但它很容易释放出有毒的物质双酚 A，对人体有害，使用时不要加热，不要在阳光下直晒。

三、塑料制品类商品的描述及展现

线上经营塑料制品类商品，需要制作相关的详情页进行介绍，如介绍塑料的分类和组成、塑料制品的质量、塑料制品回收标识，展示塑料制品的细节，突出塑料制品的亮点，等等。塑料制品类商品的详情页通常由基础展示页面、产品参数、商品展示图、商品细节图、商品亮点、商品规格展示等部分构成。

1. 基础展示页面

塑料制品类商品基础展示页面如图 5-48 所示，注意事项如下。

首先，主图的发布规范。

（1）主图必须实物拍摄且图片必须达到 5 张。

（2）第二张主图不许出现图片留白、拼接、水印，不得包含促销、夸大描述等文字

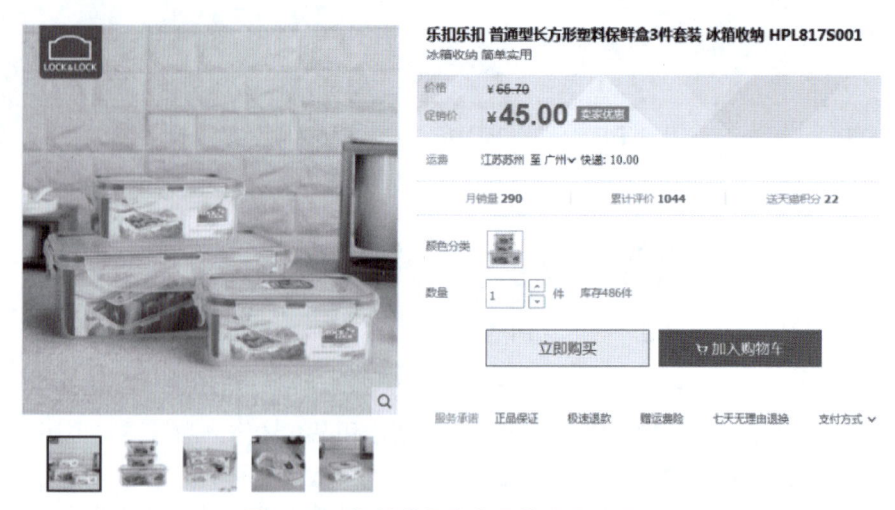

图 5-48 塑料制品类商品基础展示页面

说明（包括但不限于秒杀、限时折扣、包邮、×折、满×送×等，其余主图商家可自定义设计）。

其次，标题设置规范。

(1) 必须包含品牌名＋通用名（商品名称）。

(2) 商品标题中不得带有任何与商品真实信息无关的文字或符号。

2. 产品参数

所展示的塑料制品类商品各项参数须与商品真实情况相符，需展示信息包括但不限于品牌名称、产品名称、产品材质、产品型号、产品形状、颜色分类、尺寸、容量、重量等，如图 5-49 所示。需要注意的是，不能在颜色属性部分发布与颜色属性值无关的内容，比如不能将颜色属性部分内容编辑为型号、规格等与颜色无关的内容。

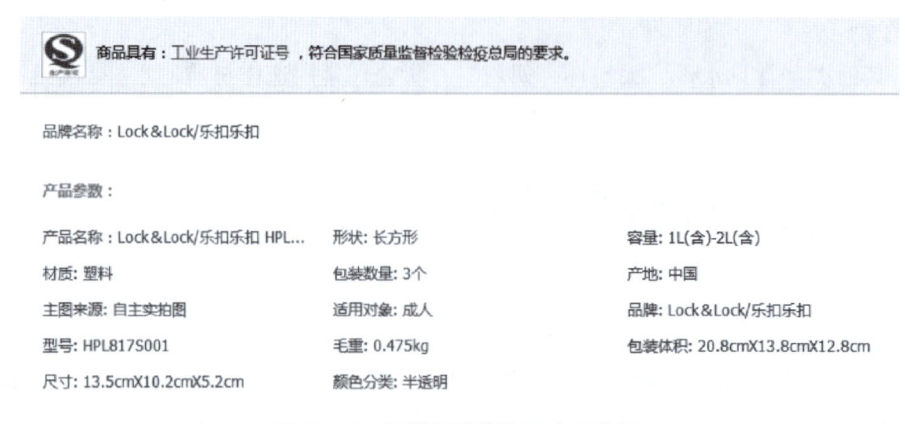

图 5-49 塑料制品类商品产品参数

3. 商品展示图

对于实用性塑料制品类商品来说，可以通过多个使用场景展示展现多个功能点，以增强商品的使用价值，尽量统一页面图片风格，营造良好的视觉体验，给人一种清新简单的愉悦感，如图 5-50 所示。

图 5-50 塑料制品类商品展示图

4. 商品细节图

塑料制品类商品细节图需实拍，可展示的细节包括但不限于设计细节、材料细节、功能细节、颜色花纹、健康环保细节等，如图 5-51 所示。

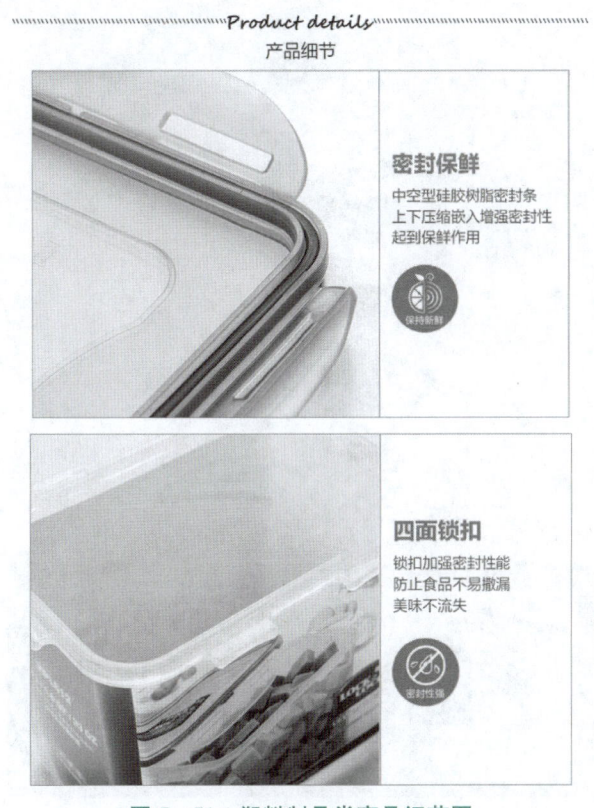

图 5-51 塑料制品类商品细节图

5. 商品亮点

塑料制品类商品所展示的亮点包括但不限于安全特性、材料优点、容量大小、外形亮点、设计亮点、功能亮点、使用便捷性等，如图 5-52 所示。

图 5-52 塑料制品类商品亮点

6. 商品规格展示

为了保障消费者对商品的知情权，根据塑料制品的特点和使用要求，需要标明产品规格、等级、所含主要成分的名词和含量等，如图 5-53 所示。

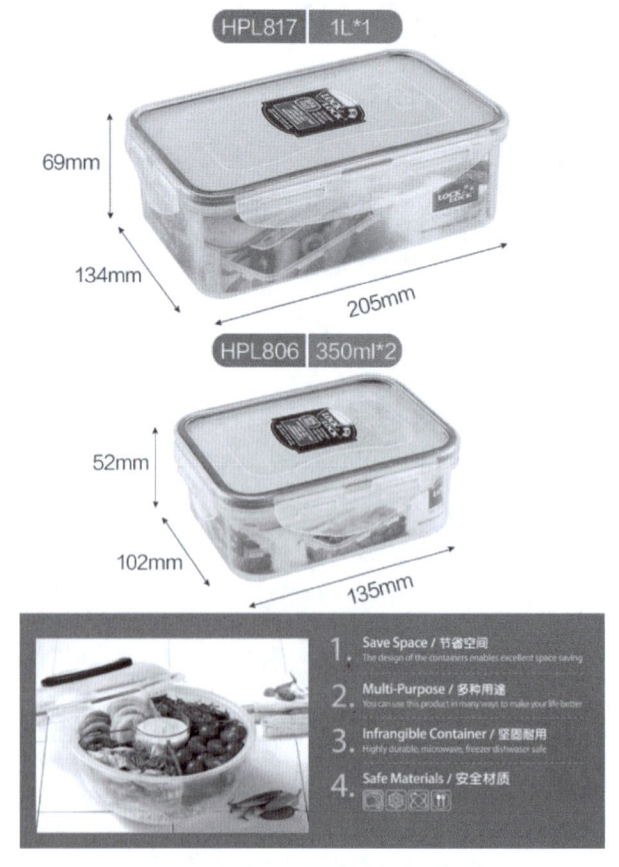

图 5-53 塑料制品类商品规格展示

7. 商品属性、材质等说明

塑料制品品质必须符合已有的国家标准、行业标准以及商品本身标注的产品标准。

要求商品有产品质量检验合格证明，需中文标明产品名称、产地、产品标准号等；限期使用的产品，应当在显著位置清晰地标明生产日期和安全使用期或失效日期，如图5-54所示。

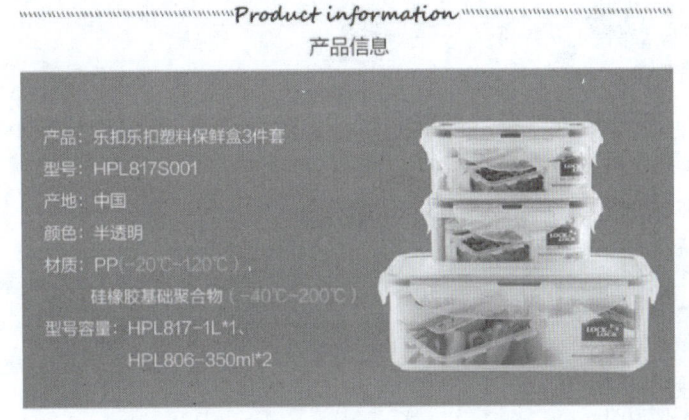

图5-54　塑料制品类商品属性、材质等说明

8. 使用说明

塑料制品材质特殊，若使用不当，容易造成产品本身损坏或者危及人身、财产安全。需要事先让消费者知晓的应当在外包装标明，或者预先向消费者提供有关资料，如图5-55所示。

图5-55　塑料制品类商品使用说明

岗位任务训练

塑料制品类商品的描述

- **工作典型任务**：塑料制品类商品的描述

要对塑料制品进行商品详情描述，须了解塑料制品行业的基础知识，掌握各式塑料制品的特点，熟悉塑料制品的参数，能抓住塑料制品的细节和亮点，能搭配场景展示塑料制品的安全性和使用多样性，从而获得消费者的喜爱和信任。

- 训练目的

通过对塑料制品类商品进行商品描述的训练,理解商品描述的重要性,培养对塑料制品类商品的分析与描述能力。

- 训练内容

根据素材完成塑料制品类商品的详细描述。

- 训练要求

在对塑料制品类商品进行描述的过程中,需要结合本节课程的知识,使商品描述科学、合理,使描述后的商品具有吸引力。

- 训练评价

训练测评				
序号	测评内容	分值	自评	小组评
1	商品参数描述详细	10		
2	商品展示图有吸引力	10		
3	商品细节图说明	10		
4	商品亮点突出	10		
5	商品规格展示	10		
6	商品材质说明	10		
7	商品使用说明	10		
8	商品多用途展示	10		
9	展示网店荣誉、资质等让买家信任	10		
10	整体排版整洁、有条理	10		
合计:		100		
学生体会:				
教师评语:				

案例评析

塑料在我们的生活中随处可见,塑料制品是由不同材质制成的,材质不同,应用的要求也不同。塑料瓶底部的数字分别代表不同的材质。塑料制品的生产工序一般包括塑料的配料、成型、机械加工、接合、修饰和装配等,后 4 个工序是在塑料已成型为制品或半成品后进行的,又称为塑料二次加工。

1. 什么是塑料?塑料有哪些分类?

塑料是以合成树脂为主要成分,加入各种添加剂,在一定温度和压力等条件下可以塑制成一定形状,在常温下保持形状不变的材料。常见的分类方法如下:按合成树脂受热后所引起的变化分为热固性塑料和热塑性塑料;按用途分为通用塑料、工程塑料和耐烧蚀塑料;按燃烧性能分为易燃塑料、可燃塑料、难燃塑料;按是否会对环境造成污染分为绿色塑料和非绿色塑料。

2. 塑料制品的鉴别方法有哪些?

塑料制品的鉴别可以利用红外线光谱仪、核磁共振仪等科学仪器,也可采用简易的方法。简易鉴别方法:(1)看。看制品的色泽、透明度。聚苯乙烯和有机玻璃的制品为透明;低密度聚乙烯、纤维素塑料、聚氯乙烯、聚丙烯、环氧树脂、不饱和树脂的制品为半透明;高密度聚乙烯、聚氨酯的制品为不透明。(2)听。用硬质物品敲击时,其声不同,聚苯乙烯制品似金属声,有机玻璃制品其声较粗、发闷。(3)摸。用手摸产品,感觉像蜡状的,必定是聚烯烃材料。由于人们生理情况的差异,感官鉴定所得感觉并不相同,所以该鉴别方法仅作参考。

本节小结

知识方面:通过本节课程的学习,大家对塑料制品类商品有了认识,理解了塑料制品类商品描述对塑料制品类网店运营的重要性,了解了塑料制品类商品描述的内容和方式。

技能方面:通过塑料制品类商品描述的训练,理解了商品描述的重要性,了解了塑料制品类商品描述的内容,学会了对塑料制品类商品进行详细描述。

通过知识的学习及技能的训练,达到了知行合一、学以致用的效果,为后续店铺开展商品描述打好了基础。

拓展实践

利用课余时间,为一款塑料商品拍照,设计文案,完成该商品的描述与展现。

课后复习与思考

1. 塑料制品的概念、分类及特点是什么?
2. 塑料制品底部的数字代表什么?
3. 生活中哪些产品是塑料制品?有什么优缺点?

模块总结

本模块的学习内容是商品描述及展现,与前面3个模块的知识具有密切的联系。对商品进行合适的描述以展现商品,是网店经营中最重要的工作之一。优秀的商品描述可以为网店的经营带来正面影响,吸引顾客停留在商品详情页面,令顾客对网店的商品产生信任感,最终达到促进网店销售的目的。反之,如果商品描述不到位,顾客很可能会立刻关闭网页或跳转到其他店铺相关商品的页面中去。

本模块主要是引导大家在掌握商品知识的基础上,学习商品描述的内容和方法,认识商品描述的重要性，学会对各类商品进行合理恰当的描述，以展现商品的吸引力。

<table>
<tr><td colspan="2" align="center">模块5　商品描述及展现</td></tr>
<tr><td align="center">章节名称</td><td align="center">相关知识点</td></tr>
<tr><td>第1节　服装类商品的描述及展现</td><td>1. 服装类商品概述
2. 服装类商品的基础知识
3. 服装类商品的描述及展现</td></tr>
<tr><td>第2节　鞋类商品的描述及展现</td><td>1. 鞋类商品概述
2. 鞋类商品的基础知识
3. 鞋类商品的描述及展现</td></tr>
<tr><td>第3节　化妆品类商品的描述及展现</td><td>1. 化妆品类商品概述
2. 化妆品类商品的基础知识
3. 化妆品类商品的描述及展现</td></tr>
<tr><td>第4节　厨房电器类商品的描述及展现</td><td>1. 厨房电器类商品概述
2. 厨房电器类商品的基础知识
3. 厨房电器类商品的描述及展现</td></tr>
<tr><td>第5节　塑料制品类商品的描述及展现</td><td>1. 塑料制品类商品概述
2. 塑料制品类商品的基础知识
3. 塑料制品类商品的描述及展现</td></tr>
</table>

重点巩固

1. 服装类商品的描述有哪些要点？
2. 鞋类商品的描述有哪些要点？
3. 化妆品类商品的描述有哪些要点？
4. 厨房电器类商品的描述有哪些要点？
5. 塑料制品类商品的描述有哪些要点？

参考文献

[1] 沃尔夫冈·谢夫,等.品牌思维[M].李逊楠,译.北京:中国华侨出版社,2021.

[2] 陈亮途.营销长尾:利用口碑构建品牌力[M].北京:中信出版集团,2018.

[3] 天下网商图媒体.图说电商选品推广和物流[M].北京:电子工业出版社,2016.

[4] 郭军军.微商干货[M].北京:电子工业出版社,2017.

[5] 陆其伟.商品采购管理[M].大连:东北财经大学出版社,2016.

[6] 刘宝红.采购与供应链管理[M].北京:机械工业出版社,2019.

[7] 张哲.降低成本50%的实际操作程序[M].北京:东方出版社,2010.

[8] 贝克,等.麦肯锡定价:第2版[M].赵银德,译.北京:机械工业出版社,2017.

[9] 王阳.小米有品商品详情页爆品设计手册[M].北京:人民邮电出版社,2020.

[10] 京慧越商学院.主图与详情页设计实训[M].郑州:河南大学出版社,2017.